L'Au-delà
à notre écoute

Serge Girard

L'Au-delà à notre écoute

Essai

ÉDITIONS FRANCE LOISIRS

Édition du Club France Loisirs,
avec l'autorisation des Éditions JCL.

Éditions France Loisirs,
123, boulevard de Grenelle, Paris.
www.franceloisirs.com

ISBN : 978-2-298-04925-1

À mes parents bien-aimés,
Henri et Gabrielle,
décédés pendant la rédaction de cet ouvrage.
Leur quotidien d'incarnés fut un constant exemple
du respect de la volonté divine.

À toi, chère lectrice, cher lecteur,
qui cherches et veux savoir.

SOMMAIRE

Note au lecteur

Il m'a fallu utiliser des noms fictifs dans les témoignages auxquels je réfère pour vous livrer mon expérimentation spirituelle. J'ai également modifié certains détails qui auraient pu dévoiler l'identité de ces personnes. Cette précaution était nécessaire pour assurer le respect de leur vie privée et celle de leur famille. Le cœur de ce qui vous est rapporté a cependant été scrupuleusement conservé, de sorte que la valeur des phénomènes n'en a aucunement été affectée.

***

Comme je livre le fruit de mes propres expériences médiumniques, je dois référer tout au long de cet écrit à des témoignages où je fus directement impliqué. C'est donc par la force des choses que je procède ainsi. Cette façon de faire ne vise aucunement à me mettre en valeur. Je sais fort bien que l'exercice de la médiumnité n'est rien de plus que l'acceptation d'être utilisé comme un simple instrument. Mes recherches m'ont clairement démontré qu'un médium ne diffère pas de tous les autres incarnés sur cette Terre, en ce sens qu'il ne trouve sa vraie valeur et n'accumule de vrais mérites que dans la mesure du bien qu'il applique dans son quotidien.

***

J'aimerais également souligner que je ne m'accorde qu'un mérite relatif pour la rédaction de ce troisième livre. Comme pour les deux premiers, je reçus l'assistance directe de mes amis de lumière, autant pendant mes expérimentations que pendant la composition de cet écrit. Parfois, en déposant mon crayon, juste avant de quitter mon bureau, il m'arrivait d'apercevoir deux Esprits très lumineux devant moi. Ils se retournaient lentement, sortaient de la pièce, puis disparaissaient. Ils étaient venus m'aider dans ce que j'écrivais, m'inspirant pour que tout soit conforme avec ce qui devait être publié.

***

À certaines étapes du développement, je reviendrai sporadiquement sur des éléments déjà vus dans les pages antérieures. Cette façon de procéder ne découle pas d'un manquement aux règles littéraires, mais du désir de m'assurer que la réflexion sera bien comprise dans toutes ses nuances et sa globalité.

***

Avant que vous ne commenciez la lecture de cet ouvrage, j'aimerais vous signaler qu'il contient des témoignages susceptibles d'impressionner certains lecteurs ou lectrices peu habitués aux types de manifestations rapportées. Vous les retrouverez principalement dans la troisième partie du chapitre trois traitant de l'action de la prière face aux manifestations malveillantes. J'ai cependant tenu compte de cette particularité dans l'élaboration de ce sujet. Le lecteur ou la lectrice qui le désire peut donc passer outre à cette partie sans perdre l'essentiel de la réflexion globale.

Introduction

Nous voilà de nouveau réunis par le lien de l'écriture. Comme vous le voyez, ma démarche spirituelle n'a pas cessé depuis la publication de mon deuxième ouvrage.

Je retourne à la plume, car depuis, d'autres expériences ont enraciné encore davantage toutes les conclusions antérieures que je vous ai livrées. Je les partage donc simplement avec vous en espérant, sans aucune prétention, qu'elles pourront vous inciter à utiliser un formidable levier que Dieu a mis à notre portée : la prière dans toute sa gratuité.

L'invocation spirituelle constitue Sans contredit le mode d'échange avec l'au-delà le plus répandu sur notre planète. Presque toutes les cultures et toutes les religions de l'histoire se la sont appropriée sous une forme ou sous une autre. La raison de son omniprésence est fort simple : l'homme est un Esprit incarné en constante relation, consciente ou inconsciente, avec l'au-delà qui l'entoure.

L'émergence de la science moderne eut comme premier effet d'étouffer l'importance officielle de l'appel vers Dieu. Stimulé par un orgueil doublé d'une ignorance spirituelle, l'homme savant crut un temps que la matière représentait la source de remèdes à tous ses maux. Mais en dépit de ses préjugés et même de sa volonté, il ne put couper les ponts avec le monde invisible qui se maintenaient bien malgré lui.

En avançant dans le vingt et unième siècle, la science découvrira progressivement toute la place qui doit être sienne. De plus en plus, elle cessera de rejeter systématiquement tout ce qui ne cadre pas avec la teneur matérialiste de son message traditionnel. Non pas qu'elle ne soit pas importante, bien au contraire, mais la science en verra les limites et finira par jouer son véritable rôle, à savoir de permettre la découverte et l'élargissement de la connaissance humaine dans toutes les sphères qui la concernent, autant dans le monde matériel que spirituel.

Des recherches très sérieuses ont déjà fait l'objet de publications dont les résultats démontrent très clairement la force réelle de nos requêtes spirituelles. Bien d'autres se rajouteront plus tard, alimentées par de véritables scientifiques qui ne borneront pas leurs hypothèses aux limites de leurs préjugés personnels, mais s'ouvriront au champ presque infini de la véritable connaissance.

La démarche que j'ai personnellement entreprise depuis le décès de ma sœur Denise m'a conduit à plusieurs de leurs conclusions et à bien d'autres encore, bien que le motif de mon expérimentation fût plus exclusivement spirituel.

Dans les pages qui vont suivre, je tenterai donc de vous exposer les différentes composantes que mes recherches m'ont confirmées et qui sont impliquées dans le processus de l'invocation de l'au-delà. Mon approche pourra parfois vous sembler un peu technique, mais je crois que toutes les informations que je vous livrerai auront vraiment leur place pour assurer une bonne compréhension du phénomène et de ses possibilités.

Bien sûr, je suis bien conscient que, vous qui lisez ces lignes, pouvez vivre des expériences aussi enrichissantes et peut-être même encore plus que les miennes, mais je crois que celles que j'ai retenues pourront répondre à plusieurs questions, du moins chez ceux et celles qui s'interrogent dans la sincérité de leur cheminement.

Je vous ouvre maintenant la porte des connaissances que ma démarche m'a fait découvrir. Puisse Dieu autoriser qu'elles vous soient profitables à votre tour dans votre propre réflexion spirituelle.

Chapitre 1

La nature intime de l'homme

Pour bien saisir toutes les données qui seront dévoilées, nous devons d'abord nous assurer que nous comprenons bien la nature intime de l'être humain. Pour ce faire, nous commencerons notre réflexion par un bref rappel de certaines informations reçues directement de l'au-delà et que j'ai expliquées dans mes deux premiers ouvrages. Je procède ainsi autant pour les initiés que pour les néophytes, car ces connaissances sont tout à fait fondamentales si nous voulons parcourir les chapitres à venir avec clarté et en tirer la meilleure compréhension.

1. LES QUATRE COMPOSANTES INTERACTIVES DE L'ÊTRE HUMAIN

Un œil mécanique, qui regarderait l'homme actuel de la Terre, définirait l'objet de sa vision comme un être de chair pourvu d'une intelligence articulée à partir d'un cerveau complexe qui lui délimite toutes ses fonctions. Basant son analyse sur des données strictement empiriques, il ne verrait que les apparences qui masquent les dimensions intrinsèques et plus subtiles qui font de nous des êtres humains.

Évidemment, si nous partions d'un tel niveau de compréhension de l'homme, notre étude sur la prière n'aurait aucun sens et notre réflexion spirituelle aboutirait directement au néant.

Or, qu'en est-il réellement ?

L'homme possède quatre composantes fondamentales dont l'interaction lui permet de vivre dans son contexte d'incarnation.

La première composante est celle qu'aurait perçue l'œil mécanique dont nous parlions tout à l'heure. C'est la partie la plus évidente de l'homme : le corps physique avec toute son opacité. Celui-ci constitue le véhicule de chair qui permet à l'Esprit de vivre en relation directe avec les dimensions physiques de notre monde. Ce véhicule temporaire possède une énergie de vie bien à lui qui est différente de celle de l'Esprit. Il est périssable et mortel. L'Esprit incarné y est rattaché de la première seconde de la conception jusqu'au dernier instant de sa mort physique. Cette première composante est très importante pour l'Esprit, car elle lui permet d'atteindre des objectifs d'évolutions intellectuelle et morale qu'il ne pourrait réussir sans elle.

La seconde composante est celle de l'Esprit, siège de toute notre personnalité. C'est lui qui se personnalise dans le corps de chair. L'Esprit est strictement de nature divine. S'il était dépouillé de son enveloppe, l'Esprit ne serait que lumière sans forme bien définie. C'est dans cette composante que réside notre moi avec son histoire et tous ses acquis.

L'Esprit est foncièrement éternel. Bien qu'il ait été créé à son origine, la mort ne peut avoir aucune emprise sur lui. Il survit à une multitude d'incarnations où, chaque fois, il doit s'unir à un véhicule charnel qui lui permet de progresser vers Dieu, son créateur. C'est parce que l'Esprit est éternel que nous pouvons recevoir un retour de nos prières. En survivant au-delà de la mort, chaque défunt peut ainsi agir auprès de nous dans la pleine mesure de ses acquis.

La troisième composante constitue l'enveloppe intime dont l'Esprit est revêtu de façon permanente : c'est le périsprit. Il pourrait se définir comme étant un véritable corps semi-matériel dont l'Esprit ne peut se séparer. C'est par cette composante que l'Esprit exprime son individualité et son identité. L'Esprit y conserve le souvenir de toute son antériorité. Son histoire intime y est totalement imprégnée. À la création de l'Esprit, cette enveloppe présente une densité très opaque qui empêche la lumière intérieure dont il est fait de s'exprimer. C'est le siège de toutes nos pulsions et de toutes nos faiblesses.

Pendant l'incarnation, c'est dans cette composante que se répercute presque tout ce que nous vivons pour s'y inscrire à tout jamais dans une mémoire éternelle.

Lorsque nous parlons d'épuration spirituelle, nous référons directement à cette composante. Nous évoquons alors un processus par lequel les impuretés intellectuelles et morales se détachent du périsprit pour permettre à l'Esprit de s'exprimer dans toute sa lumière. Cette épuration est progressive et nécessite de nombreuses incarnations adaptées à l'histoire intime de l'Esprit.

Cette composante est également le modèle constitutif de nos corps charnels. Contrairement à ce que nous pensons, le code génétique n'apporte qu'une contribution partielle au développement fœtal. Il n'est en fait que le support à l'organisation matérielle, elle-même conditionnée par le modèle que lui impose le périsprit rattaché aux cellules de base depuis la conception. À titre d'exemple, si nous avons deux oreilles, un nez et deux yeux, c'est parce qu'il y a deux oreilles, un nez et deux yeux dans le périsprit. Le code génétique ne fait que conditionner la forme. C'est ainsi que nous aurons le nez d'un tel parent ou les yeux de tel autre. Chaque organe physique y trouve son correspondant.

Le périsprit est extrêmement important dans la compréhension des phénomènes spirituels, car, sans lui, aucun Esprit ne pourrait entrer en relation avec les vivants. Sans cette composante, il nous serait même impossible d'utiliser nos corps charnels, car elle constitue le tampon indispensable à toute action de l'Esprit dans le monde matériel. C'est par le périsprit que l'Esprit peut organiser et transmettre les commandes psychomotrices à son corps physique. De plus, il est le siège de la réserve du fluide animalisé d'où le corps de chair puisera son énergie de vie pendant toute l'incarnation.

La quatrième composante s'appelle la corde d'argent. C'est le fil conducteur qui permet à l'Esprit de transmettre le flux vital à son corps physique. Son nom découle directement de l'apparence argentée qu'elle présente à tous ceux et celles qui sont en mesure de la percevoir. La corde d'argent est toujours rattachée au corps physique dans la zone comprise entre le milieu du sternum (pour les plus avancés en spiritualité) et la partie supérieure du ventre (pour les moins évolués dans la longue montée vers Dieu). C'est un peu l'équivalent du cordon ombilical qui relie le fœtus au placenta nourricier. La corde d'argent est un véritable prolongement du périsprit. Elle y reste liée pendant les périodes d'erraticité. Lorsque la mort survient, c'est la corde d'argent qui se rompt. Dès lors, l'Esprit ne peut plus transmettre ses ordres à son véhicule charnel qui cesse de recevoir le flux de la vie.

Chaque composante de l'être humain est donc intimement reliée aux trois autres, autant par son rôle que par ses fonctions. Les perturbations que l'une ou l'autre subit pendant l'incarnation peuvent engendrer d'importantes répercussions dans l'harmonie de l'Esprit et surtout du corps physique. Nous le verrons d'ailleurs de façon fort évidente dans les pages qui vont suivre. Nous y comprendrons également que nous avons été créés de façon à pouvoir reconnaître et atteindre tous les leviers de secours et de soutien que Dieu a mis à notre portée.

2. NOTRE EXISTENCE TERRESTRE

Le deuxième aspect de la nature intime de l'homme, dont nous devons nous rappeler pour aborder efficacement notre sujet, concerne le but de l'existence humaine sur Terre.

Nos conditions d'existence

Il est important de bien comprendre que nos conditions d'existence ne sont pas le fruit du hasard. Celui qui naît pauvre ou malade ne subit aucune injustice par rapport à celui qui naît riche ou en santé. Ce ne sont que des conditions d'incarnation différentes choisies — ou du moins acceptées — par l'incarné lui-même comme contexte idéal pour atteindre certains objectifs d'incarnation. Ainsi, celui qui connaît la richesse aujourd'hui pourra subir la pauvreté lors d'une autre existence s'il le juge à propos pour son évolution spirituelle.

Il en est ainsi pour notre milieu familial, notre niveau social, notre entourage de quartier, notre travail et même notre nationalité et le pays dans lequel nous vivons.

Notre contexte d'incarnation est directement relié à des objectifs que nous nous sommes fixés avant de naître. Ainsi, si en Esprit il nous est apparu favorable de subir telle souffrance et de traverser telle difficulté, nous naissons dans des conditions qui les placent sur notre route. Sous le voile qui fait oublier, nous pouvons nous plaindre et pleurer, mais, dans notre lucidité d'Esprit que nous retrouvons à chaque période de sommeil, nous constatons que tout cela a sa raison d'être et nous revenons de bon gré vivre chacune de nos journées.

Nos objectifs d'incarnation

Nous vivons sur Terre un peu comme des écoliers qui vont apprendre à l'école. Nous avons des devoirs à accomplir et des leçons à retenir. Selon les efforts fournis et la motivation qui les aura alimentés, nous réussirons à gravir les degrés qui nous seront garantis pour l'éternité.

De façon plus précise, nous pourrions dire que la Terre est un des immenses laboratoires d'expérimentation qui nous permet de mieux atteindre notre composante de base : celle de l'Esprit. Cette expérimentation dans le monde de la matière peut découler de trois types d'objectifs qui, bien que distincts, poursuivent tous le but commun de l'avancement spirituel.

Le karma

C'est l'objectif d'incarnation qui engendre le plus de confusion chez l'incarné, car ses conditions d'application peuvent facilement donner la fausse impression d'une injustice divine.

Le karma regroupe toutes les conséquences qui découlent des mauvais choix de notre ignorance passée. Exception faite des suicidés qui doivent revenir dès la fois suivante avec des séquelles consécutives à leur geste autodestructeur, l'affranchissement karmique n'apparaît généralement que lorsque l'esprit a compris l'importance de son avancement spirituel. Il peut donc s'être écoulé une très longue période d'incarnations et d'erraticités avant que l'Esprit n'assume les conséquences karmiques de ses erreurs passées. La raison en est fort simple : c'est l'Esprit lui-même qui se l'impose lorsqu'il désire se rendre digne des vibrations divines pour partager sa proximité.

Dans notre lente évolution, nous commettons bien des fautes et, par le fait même, nous nous endettons à bien des égards. Au début, nous passons facilement pardessus tout cela, nous sentant plus ou moins en obligation devant tout ce qui a pu découler de notre ignorance. Or, à force de grandir, nous parvenons à un degré d'épuration et d'éveil qui nous fait comprendre toute la grandeur du Créateur. À force de monter, notre avancement devient tel, que nous voulons partager nos vibrations de plus en plus lumineuses avec celles de Dieu. C'est à ce moment que nous regardons bien en face tout le mal que nos pèlerinages d'incarnation ont pu semer. Nous nous sentons alors tout à fait indignes de Dieu. Les conséquences négatives de nos erreurs lointaines constituent dorénavant un véritable boulet nous empêchant d'accéder au monde de la lumière pure. Il devient donc impératif de nous débarrasser de ce fardeau. C'est là que nous demandons de nous affranchir en venant subir à notre tour ce que nous avons fait subir aux autres.

Dieu ne l'exige aucunement et Il est prêt à nous accueillir ainsi, mais, jusqu'à ce jour, dans l'écoulement des milliards de siècles où une multitude d'Esprits se sont réincarnés, nul ne semble avoir échappé à cette façon de réagir. C'est comme si c'était la seule manière de pouvoir accéder au bonheur d'être près de Dieu.

C'est pour cela que, malgré un grand avancement, nous pouvons quand même revenir dans des contextes d'existences souvent fort difficiles qui nous libèrent graduellement de notre passé. C'est ce qui explique d'ailleurs que tant de difficultés frappent si souvent des personnes justes et honnêtes. Ce sont des Esprits qui ont grandement évolué et qui expriment leurs acquis éternels à travers leurs souffrances libératrices.

Un Esprit incarné n'est donc jamais en état de punition découlant d'une sentence divine; il ne fait qu'assumer son propre jugement qu'il s'est appliqué à lui-même dans la grande lucidité de l'au-delà.

Les épreuves

Cet objectif d'incarnation terrestre prend une large part dans la vie de plusieurs d'entre nous. Par les épreuves, l'Esprit découvre la véritable mesure de ses acquis. Il sonde également son rythme de progression et constate la profondeur d'enracinement de son désir d'avancer. Par elles, il évalue le chemin qu'il reste à parcourir.

Pour être vraiment comprises, les épreuves terrestres doivent être définies dans le sens pédagogique du terme. Ce sont de véritables examens que nous subissons par intervalles adaptés à notre vécu. Tout se passe comme chez l'écolier qui doit réussir ses examens scolaires à la fin de son trimestre. Il est soumis à une série d'épreuves qui lui permettent, ainsi qu'aux maîtres qui lui enseignent, de mesurer son niveau réel de compréhension et d'intégration des enseignements reçus.

Il est primordial de bien saisir qu'aucune épreuve ne découle d'une punition divine ou du plaisir morbide d'un Dieu maniaque qui nous regarde souffrir. L'enseignant qui fait passer un examen à ses élèves ne cherche pas à leur faire du tort. Il ne veut que les aider dans leurs apprentissages.

Un peu avant d'écrire ces lignes, j'entendais à la radio un intervenant social exprimer la fragilité de sa foi devant toutes les souffrances qu'il rencontrait. Il disait avec beaucoup d'amertume qu'un supposé Dieu d'amour ne pourrait abandonner ainsi tous ses enfants. Je comprenais son désarroi, car, avec les fausses prémisses sur lesquelles se fondait son raisonnement, il ne pouvait conclure autrement.

Or, la dure réalité qu'il nous décrivait avait une raison d'être bien différente de celle qui référait à une négligence divine. Plusieurs des personnes souffrantes dont il s'occupait venaient, comme nous l'avons vu tout à l'heure, se libérer d'un lointain passé. Plusieurs autres voulaient mesurer leur compréhension des lois divines. D'autres évaluaient la profondeur de leur dégagement, d'autres constataient l'ampleur de leurs faiblesses, d'autres enfin venaient se grandir. Quant à lui, il subissait l'épreuve de la compassion et du dévouement envers les siens, épreuve qu'il réussissait d'ailleurs fort bien.

La situation des gens dont il s'occupait s'avérait certes très difficile, mais jamais Dieu n'avait voulu toutes ces souffrances. À la demande de ces personnes et de leur Ange gardien, Il les avait autorisées parce qu'elles permettaient de se dégager plus vite et de s'approcher davantage des vibrations divines. Dieu avait encore agi en bon père du ciel qui ne veut que le bien ultime pour toute sa progéniture.

N'en est-il pas ainsi pour nous lorsque nous encourageons nos propres enfants à entreprendre tel choix d'études ou de carrière alors que nous savons que les exigences sont grandes et qu'il n'y aura rien de facile ? Ce n'est pas que nous souhaitions qu'ils souffrent, mais simplement que nous désirons qu'ils réussissent dans ce qu'ils veulent et peuvent accomplir.

L'évolution spirituelle

Le dernier type d'objectif d'incarnation terrestre n'est pas plus facile que les deux autres, car il demande autant d'efforts, et ses conditions d'application ne sont souvent pas plus enviables.

L'évolution spirituelle ne se centre que sur un seul volet par incarnation, soit celui de l'avancement intellectuel ou celui de l'avancement moral. Les objectifs qui visent l'avancement intellectuel sont nécessaires dès notre création, car, à l'origine, notre être baigne dans la complète ignorance. Il faut donc très tôt gagner les premiers centimètres de la longue route qui nous conduira vers l'omniscience éternelle.

Lorsque nous nous incarnons pour grandir en intelligence, les conditions nous sont données pour nous stimuler et nous outiller en ce sens.

Nous référons ici à tout ce qui peut toucher l'intelligence humaine, au-delà des apprentissages scolaires, bien qu'ils soient aussi concernés. Par exemple, savoir se sortir d'une situation compliquée, savoir réfléchir, comprendre le sens de la vie, comprendre l'importance relative des choses, apprendre à apprendre, savoir se débrouiller avec le strict minimum ne sont que quelques facettes de l'évolution intellectuelle qui peut et, souvent même, doit se faire sans le cadre scolaire conventionnel.

Toute la potentialité intellectuelle de notre Esprit a été développée de cette manière en franchissant progressivement chacune des étapes de ce volet de notre évolution spirituelle.

Le second volet de cet objectif que nous pouvons poursuivre sur cette Terre concerne l'avancement moral. C'est souvent à lui que nous référons lorsque nous parlons d'épuration spirituelle. Par ces objectifs, nous libérons notre périsprit de ses scories qui étouffent la lumière à l'intérieur de lui. Toutes nos faiblesses morales, nos pulsions, nos vices et nos tendances y sont directement concernés.

Les incarnations qui visent à atteindre cet objectif nous plongent dans des plans de vie qui laissent souvent peu de place à l'expression des acquis déjà enracinés. Ceci permet à l'Esprit de mieux centrer ses efforts et de ne pas manquer la cible visée. C'est l'atteinte de cet objectif qui, comme le disait Jésus, engendre tant de joie dans l'au-delà, car nos faiblesses morales sont les plus grosses chaînes qui nous rattachent au monde matériel. Les visages que prend l'ensemble de ses maillons se décrivent très bien dans les sept péchés capitaux dont parlait l'ancien petit catéchisme de l'Église catholique romaine. Débarrassé de ses faiblesses, l'Esprit rayonne de tous ses feux à travers un périsprit dégagé qui ne lui fait plus obstacle. Après notre mort, c'est l'évolution morale qui détermine directement notre niveau d'élévation. C'est par ce volet de notre épuration que nous pouvons améliorer nos vibrations périspritales et accéder ainsi aux merveilleux mondes de lumière qui s'étendent dans une grande partie de l'au-delà.

Notre présence sur Terre a donc une raison bien précise en fonction de l'histoire intime de chacun. Nous avons tous des objectifs d'incarnation qui peuvent prendre des visages différents, autant par leur nature que par leur origine — souvent beaucoup plus lointaine que nous ne pouvons l'imaginer. Bref, nous sommes des êtres intrinsèquement spirituels et nous sommes tous venus vivre une autre de nos nombreuses expériences libératrices via le monde matériel.

3. L'HOMME : UN ÊTRE ÉTERNEL

Les trompeuses illusions de notre monde matériel peuvent facilement nous donner la fausse impression que notre existence a commencé à notre naissance et qu'elle cessera à la mort de notre corps. Cette illusion est engendrée par les limites de l'espace-temps dans lesquelles nous sommes plongés sur cette Terre. Or, toutes les manifestations de l'Esprit et les contacts avec l'au-delà nous démontrent avec évidence que l'essence fondamentale de l'homme est éternelle. Notre intelligence, notre mémoire, nos acquis et toute notre personnalité sont intrinsèquement éternels, au-delà des nombreuses morts physiques que nous devons affronter au fil de la longue montée spirituelle.

Il peut même arriver à certains incarnés de retrouver la mémoire de cette existence antérieure avec des précisions surprenantes. En voici un exemple :

TROIS DÉCÈS ANTÉRIEURS

Déjà trois mois s'étaient écoulés depuis la mort prématurée de son jeune fils, mais Isabelle pleurait encore son départ comme s'il eût été du jour même. Sa souffrance masquait toute la beauté que la vie pouvait désormais lui présenter. Depuis sa naissance, l'enfant avait été sa seule raison d'exister. Maintenant qu'il n'était plus là, la vie ne retrouvait plus son sens.

Isabelle inquiétait de plus en plus son entourage. Elle avait toujours été une bonne catholique, mais son apparente dévotion découlait beaucoup plus d'une simple routine sociale que d'un intérêt sincère pour la dimension spirituelle. Son manque de foi en la survie post mortem lui présentait la mort comme l'abomination ultime de l'existence terrestre. Son sort lui paraissait injuste. Il lui semblait insensé qu'un Dieu d'amour puisse lui imposer une telle souffrance.

Mais, malgré ses doutes, elle parlait intérieurement à son fils décédé, comme si, d'instinct, elle savait que la mort n'est qu'une porte ouvrant sur une autre vie.

Seule dans sa grande maison, Isabelle se berçait dans le gros fauteuil de son salon. Les yeux fermés, elle repassait les doux souvenirs qui la faisaient à la fois sourire et pleurer. Lentement, un curieux sommeil vint engourdir sa conscience de veille. Il lui semblait sombrer progressivement dans un état chevauchant à la fois le monde visible et invisible.

Isabelle eut soudainement l'impression de reculer dans le temps. Puis, elle se vit comme dans un film relatant une lointaine vie passée. Bien que le corps qu'elle voyait fût différent du sien, elle se reconnaissait comme si elle avait toujours eu cette autre apparence.

Elle se vit occupant le siège arrière d'une automobile aux lignes anciennes. L'auto filait maladroitement sur une route peu carrossable. Soudain, juste avant de s'engager sur un pont de bois, le conducteur effectua une fausse manœuvre et l'auto heurta violemment une grosse pièce de la charpente avant de plonger dans la rivière. Abasourdie, Isabelle sentit qu'elle s'enfonçait dans l'eau froide et profonde. L'habitacle fut rapidement inondé, l'eau s'engouffrant en quelques secondes et tout le précieux air s'échappant en grosses bulles. Isabelle vit alors à sa gauche une main tendue vers elle. Elle la saisit rapidement, ses doigts et ceux de son sauveteur s'entrelaçant. Cette main l'extirpa de la carcasse immergée avec une grande aisance. En regardant vers l'auto dont elle sortait, Isabelle aperçut son corps inerte sous la tôle tordue. Elle regarda alors qui lui tenait la main et vit un jeune homme lumineux lui souriant avec beaucoup de tendresse. C'était son Ange gardien venu la chercher. Isabelle était morte sans souffrance et, malgré le corps noyé, elle continuait à vivre en toute plénitude.

Les images cessèrent, puis Isabelle eut l'impression de reculer de nouveau dans les archives du temps.

Cette fois, elle se vit toute jeune fille. Une grande panique semblait s'être emparée de tous ceux et celles qui l'entouraient. Des gens pleuraient, d'autres criaient des ordres. Isabelle se rendit soudainement compte qu'elle se trouvait sur un gros bateau qui coulait. Isabelle se vit se jeter à l'eau pour rejoindre sa sœur. Sans gilet de sauvetage, elle s'était fiée à ses talents de bonne nageuse pour s'en sortir. Dès le contact avec l'eau glacée, ses muscles se contractèrent. Sa tête émergea de la surface, mais tout son corps s'engourdit rapidement. La nuit était sombre et opaque. Seules les lumières du gros bateau noir agonisant éclairaient les alentours. Le froid envahit progressivement tout son corps et elle dut lutter contre un sommeil irrésistible qui semblait venir la chercher. Isabelle se vit se diriger péniblement vers un objet flottant près d'elle. Elle s'y agrippa et tenta de se hisser sur le radeau de fortune. Mais elle n'avait plus de force. Isabelle se vit couler dans l'encre noire de la mer. Dans sa pensée, juste avant de mourir, elle se dit : « C'est ça, la mort ? Comme c'est facile ! Que j'avais tort d'avoir si peur ! »

Puis, les images cessèrent et le retour dans le temps la fit reculer encore plus loin.

Cette fois, Isabelle se reconnut dans le corps d'un jeune soldat courant dans un grand champ. Le ciel était bleu, s'harmonisant au vert tendre des pâturages. Des centaines de soldats semblables à lui l'accompagnaient. Tous tenaient une arme à la main, baïonnette au canon. Isabelle comprit qu'un combat corps à corps était imminent. Avant d'avoir pu observer davantage, elle se sentit transpercée d'une baïonnette ennemie. À sa grande surprise, Isabelle ne ressentit aucune douleur malgré la violence de cette mort. Seule une vague sensation de froid ouvrant la blessure mortelle revint à sa mémoire. Comme lors de la première expérience, elle se vit flottant au-dessus de son jeune corps mutilé. Puis, l'image se referma. On aurait dit que, dans l'au-delà, quelqu'un avait éteint les lumières.

Presque dans un état second, Isabelle réfléchit un instant à toutes ces visions, puis elle revint complètement dans notre monde.

Cette expérience spirituelle fut déterminante dans la vie d'Isabelle. Elle savait maintenant que la mort n'était pas le terrible supplice qu'elle avait cru. Elle savait désormais que la vie était vraiment éternelle. Elle comprenait enfin que son fils n'avait que changé de niveau d'existence. Convaincue que quelque part il l'attendrait, la mort ne prenait plus l'image d'une perte cruelle, mais plutôt celle d'un simple au revoir.

Dès notre naissance, nous possédons déjà la pleine lucidité d'adulte. L'impression du contraire découle de l'impossibilité de l'Esprit incarné d'utiliser son instrumentation cérébrale pour l'exprimer. Dans les premiers mois de la vie humaine, l'Esprit se sent fort limité, car le développement du système nerveux central est lent et il ne peut formuler toute la plénitude de sa pensée. Il m'est quelquefois arrivé d'établir des échanges télépathiques spontanés avec des tout petits bébés. Chaque fois, j'étais frappé par le décalage entre la maturité adulte de l'enfant qui me parlait en Esprit et le gazouillement primaire qu'il pouvait à peine exprimer dans son corps en développement.

Il m'est même arrivé, pendant mon sommeil, de vivre une expérience similaire directement dans le monde astral.

À cette époque, mon petit-fils n'avait que trois mois. Pour ma femme et moi, sa venue parmi nous marquait une autre étape importante de notre présente incarnation : celle de grands-parents où les devoirs spirituels prennent une autre forme dans la grande joie d'accueillir un Esprit qui grandira avec nous.

Cette nuit-là, la prise de conscience de mes activités de sommeil me plaça en présence du petit Guillaume avec toute sa lucidité d'Esprit. Son apparence était celle de ses trois mois, mais tous les muscles de son visage s'articulaient avec une précision d'adulte. Son regard exprimait beaucoup d'amour. Il semblait très heureux de pouvoir vivre une pareille expérience. Dans une grande douceur, il m'exprima le bonheur d'être mon petit-fils. Il me confia qu'il se sentait en sécurité lorsque je l'avais dans mes bras et qu'il était bien tout près de moi. Il me fit ensuite un beau sourire. Je voulus lui parler à mon tour, mais je perdis subitement le fil de ce contact privilégié.

Le lendemain, lorsque je pris Guillaume dans mes bras, il avait retrouvé toutes les limites imposées par son petit corps de nourrisson. Je lui tenais des propos pour son âge, mais je savais que son Esprit pensait comme le mien dans cette prison de chair qu'il avait adoptée pour grandir à son tour.

L'année suivante, je reçus une dame qui me rapporta sa propre expérience. Elle aussi put reconnaître l'Esprit adulte qui vit sous les traits limités des poupons. Malheureusement, son vécu avait un caractère beaucoup plus douloureux.

UN BÉBÉ DE DEUX JOURS

Lorsque Luce me consulta, plusieurs années s'étaient écoulées depuis le décès de son bébé, mais les émotions qu'elle exprimait étaient encore toutes fraîches, comme si le souvenir de cet enfant aimé avait résisté au temps. J'en compris la raison dès qu'elle me confia ce qu'elle avait vécu auprès de ce petit être disparu dont elle voulait prendre des nouvelles.

La grossesse s'était déroulée normalement, mais l'accouchement n'avait pas été des plus faciles. L'enfant se portait quand même bien, malgré une température un peu trop élevée et une certaine difficulté à ingurgiter sa nourriture. Mais les examens de routine ne décelaient aucune anomalie particulière et rien ne laissait présager le sort qui l'attendait.

Luce comprit le drame qui se préparait au deuxième jour du petit. Elle le tenait dans ses bras, admirait son beau visage et ses mains délicates et parfaites. Elle écoutait le tendre souffle de sa respiration comme un musicien devant les grandes compositions des maîtres.

Soudain, le bébé ouvrit les yeux et lui jeta un regard fort particulier, comme celui d'un adulte calme et serein. Une expression intelligente et intentionnée s'en dégageait. Il la fixa dans les yeux avec insistance, puis lui fit un sourire. Il referma ensuite les paupières comme pour se reposer d'un gros effort.

Luce y vit un message direct de l'Esprit de son enfant. Elle comprit alors qu'il avait voulu lui exprimer son amour avant de retourner dans le monde plus subtil de l'au-delà.

Lorsque Luce raconta ce qui s'était passé à son époux et à ses proches, tous parlèrent d'un effet de son imagination lié à la fatigue. Ils devinrent cependant un peu plus songeurs lorsque, trois jours plus tard, le bébé rendit l'âme sans cri ni plainte d'aucune sorte.

Il est important de bien comprendre qu'en arrivant sur cette Terre nous possédons déjà notre propre histoire. C'est précisément cette réalité qui explique toutes les disparités et les inégalités entre les êtres humains. Nos vies antérieures et nos erraticités qui les séparent ont conditionné notre existence actuelle comme elle-même le fait déjà pour notre avenir. Notre cheminement, nos efforts, notre progression et nos succès nous façonnent progressivement un avenir qui se veut meilleur. Chaque élément vécu, qui s'avère utile à notre évolution, s'incruste dans la mémoire de notre périsprit pour survivre intact dans les siècles des siècles.

L'éternité de notre personnalité avec sa mémoire intime s'exprimera dans plusieurs témoignages de cet ouvrage, mais, pour bien amorcer notre réflexion, voyons quelques cas bien spécifiques qui nous en démontrent la pleine réalité.

Le premier cas nous rappelle la survivance de l'amour humain qui se prolonge dans l'au-delà avec toute son intensité.

UN MAGNIFIQUE PIANO

Après le décès de son mari, Esther se refusait à l'idée qu'un être si cher, qui avait toujours été très amoureux d'elle, puisse vivre désormais dans un autre monde. Aussi conserva-t-elle soigneusement tous ses effets personnels. Le moindre objet lui ayant appartenu gardait rigoureusement sa place comme de son vivant. Pour s'assurer qu'il serait toujours proche, elle ne manquait jamais une occasion de lui adresser la parole, lui enjoignant de rester près d'elle et lui rappelant leur amour.

Cinq années s'étaient écoulées ainsi lorsque Esther découvrit mon premier livre, puis mon deuxième.

Ses lectures lui firent réaliser l'erreur qu'elle avait commise. Elle qui aimait tant cet homme agissait d'une manière qui risquait de lui faire un tort considérable. Elle comprit subitement tout l'égoïsme qui motivait son attitude et, du jour au lendemain, changea son fusil d'épaule.

Après quelques mois, elle voulut savoir si son défunt mari avait subi des dommages de toutes ces années. Si tel était le cas, elle se demandait comment elle pourrait réparer.

Esther vint me rencontrer un soir d'automne. Cette année-là, l'été avait bien voulu s'attarder dans nos contrées, nous faisant presque oublier la neige et ses froidures à la toute veille de frapper à nos portes.

Dès que je tins la photo du défunt dans mes mains, le contact s'établit immédiatement, comme si l'Esprit s'était longuement préparé à cet instant. Il tenta d'abord de bien certifier son identité. Pour ce faire, il me fit ressentir les douleurs symptomatiques de la maladie qui l'avait emporté. Une forte douleur à la jambe droite me fit vite comprendre le grave problème circulatoire qui l'assaillait. Je décrivis à Esther ce que je ressentais et elle m'en confirma la justesse. Puis un magnifique piano, d'un modèle que je n'avais jamais vu auparavant, apparut devant moi. Le bois admirablement sculpté en rehaussait la grâce, la finesse et la beauté. Je vis ensuite la silhouette du défunt s'avancer vers l'instrument. Il s'y installa et commença à en jouer. Je n'entendais aucune musique, mais l'homme me manifesta sa joie d'exécuter des prouesses que ses mains charnelles, rongées par de sérieux problèmes d'articulation, ne pouvaient plus se permettre. Lorsque je transmis ces informations à Esther, elle reconnut la preuve qu'il s'agissait bien de son défunt mari. De son vivant, il jouait effectivement du piano, il en raffolait, mais sa maladie l'avait presque obligé à renoncer complètement.

L'Esprit livra ensuite ses messages. Nous apprîmes entre autres qu'il se sentait en véritables vacances depuis qu'Esther l'avait libéré de son étreinte insistante. Il se présenta à l'intérieur de ce qui semblait être un chalet à l'ambiance fort reposante. Il s'y prélassait, attendant les heures de sommeil de sa tendre épouse pour se retrouver quelques heures ensemble.

Il lui signifia également qu'ils seraient toujours très liés et qu'ils se retrouveraient à nouveau lorsque son terme viendrait à son tour. Il lui rappela que, d'ici là, les routes seraient différentes, mais que tout cela n'était que momentané. Enfin, il fit comprendre que l'essentiel pour le moment était que chacun progresse le plus possible dans ses conditions respectives pour se mériter des vibrations encore plus proches de l'échéance divine.

***

Le prochain témoignage nous exprime bien la pleine lucidité que nous conservons avec la dimension terrestre, malgré la mort qui nous en exclut. Nous y voyons également toute la plénitude de nos souvenirs.

SA PIERRE TOMBALE

Caroline me consultait pour prendre des nouvelles de son conjoint décédé depuis plus de cinq ans. Elle avait déjà rencontré d'autres médiums, mais elle cherchait encore à se convaincre que c'était bien son amoureux qui entrait en contact avec elle.

Caroline et le défunt avaient vécu un grand amour qui les liait bien au-delà de la frontière imposée par la mort corporelle. Elle n'avait jamais pu combler son départ et ses sentiments la maintenaient en relation de pensée, comme avec quelqu'un parti au loin en voyage.

Caroline arrivait bien préparée. De nombreuses questions apparaissaient sur les deux côtés d'une feuille blanche sortie de son sac à main de cuir. Elle semblait bien à l'aise, ne précipitant rien.

Les premières images arrivèrent rapidement. J'eus l'impression que le défunt était déjà prêt bien avant nous. Il se montra tout de suite dans sa lumière, aucunement intimidé par ce que cela pouvait laisser voir de lui. Dès les premières questions de Caroline, des images vinrent donner un ton d'une grande intimité à l'échange médiumnique. Caroline put recevoir beaucoup d'informations, toutes utiles pour son évolution spirituelle.

À la fin de l'entretien, je reçus l'image très nette d'une étoile de David. Elle était toute lumineuse. Elle avait l'apparence exacte de celle utilisée dans la religion juive.

Je décrivis ce que je voyais, et Caroline trouva que cela allait de soi, puisqu'elle m'avait dit plus tôt que son défunt conjoint était juif. Toujours les yeux fermés, je vis ensuite un aigle magnifique tournoyant en plein vol. La grâce de ses ailes déployées était majestueuse. Il passa devant moi à deux reprises. La première fois, je le vis tout en lumière. Son corps était blanc argenté, dégageant une lumière nette, mais sans rayonnement. La seconde fois, il prit des traits de plus en plus charnels. Son plumage dévoila subitement ses couleurs. Je reconnus immédiatement un superbe aigle à tête blanche. Je décrivis ces images à Caroline qui ne comprit aucunement le sens qu'elle devait en donner.

Deux jours après notre consultation, Caroline me téléphona. Elle venait de comprendre le sens des dernières images reçues. Elle paraissait tout emballée. C'était, pour elle, la confirmation que son amoureux était bel et bien venu.

Le lendemain de notre entretien, Caroline avait parlé de l'aigle à tête blanche à son neveu. Lui se souvenait que des dessins avaient été gravés sur la pierre tombale du défunt et il lui semblait qu'il y avait un aigle. Caroline et son neveu se rendirent au cimetière pour en avoir le cœur net. À sa grande surprise, elle vit, gravés sur la pierre tombale, une étoile de David, symbolisant Israël, sa terre natale, et un aigle à tête blanche, symbolisant les États-Unis d'Amérique, pays sous le drapeau duquel il avait combattu.

Les images projetées par le défunt prenaient donc un sens très précis qui permettait à Caroline d'accorder le plein crédit à l'ensemble de l'échange reçu.

***

Le cas suivant nous démontre la survivance de certains engagements qui, appliqués dans l'au-delà, peuvent prendre un caractère tragique. Nous y voyons la pleine continuité de notre personnalité, avec ses forces, mais aussi ses faiblesses. Ce témoignage nous invite enfin à la sagesse face à certaines promesses qui engagent notre survivance post mortem.

UNE PROMESSE

Nicole me téléphona après qu'elle eut surpris une conversation entre son jeune fils de quatre ans et son cousin du même âge en visite chez elle. Le jeune garçon lui faisait part de son intention de mettre fin à ses jours pour rejoindre son défunt père dans l'au-delà. Il précisait même qu'il se jetterait devant une automobile filant à grande vitesse. Nicole tenta d'en parler avec son enfant, mais il refusa de s'ouvrir. Elle était très inquiète, car elle soupçonnait son défunt mari d'inciter son fils à désirer la mort. C'est d'ailleurs pour cette raison qu'elle crut que le problème pouvait être de mon ressort.

Nicole m'expliqua qu'après la naissance de Pierre, elle s'était sentie très épuisée. Elle avait eu beaucoup de peine à reprendre ses forces. Tout lui semblait gros. L'arrivée de ce deuxième enfant se présentait presque comme un fardeau pour elle. Aussi, elle dit un jour à son mari que s'il mourait, elle ne pourrait seule venir à bout de sa tâche de mère. Elle lui fit même promettre de venir le chercher s'il devait trépasser. Cette curieuse promesse calma sans doute son angoisse d'alors, mais les événements qui l'attendaient lui firent regretter cette demande. Quelques mois plus tard, un tragique accident de la route mit fin brusquement aux jours de son époux.

Le souvenir de cette folle promesse lui trottait souvent dans la tête, se mêlant à la douleur de l'épreuve sans retour.

Lorsque Pierre eut deux ans et demi, il commença à parler de son père qu'il disait retrouver pendant son sommeil. Il racontait que le défunt le promenait pendant toute la nuit. Il le serrait dans ses bras. Ils s'amusaient ensemble dans un monde où tout semblait bien réel.

Nicole ne s'était jamais inquiétée de ses propos. Elle y voyait même un côté très positif pouvant compenser l'absence du père. Mais maintenant, les contacts qu'entretenait son fils avec l'autre monde prenaient une tout autre forme. Les propos qu'elle avait entendus lui laissaient croire que le défunt cherchait à tenir sa promesse. En consultant l'au-delà, je reçus la confirmation que Nicole avait bien compris la trame de ce qui se dessinait.

Pour mettre fin à cette situation, Nicole dut demander de travailler en astral avec l'Esprit de son fils pendant ses heures de sommeil sur une période de trente jours. Elle dut également faire de nombreuses prières de libération de la promesse auprès de son défunt mari, assistée de son Ange gardien et de certains Esprits de lumière. Heureusement, l'Esprit écouta attentivement les messages qui lui étaient adressés. La somme de ses acquis pouvait lui permettre de saisir que sa promesse n'avait aucun fondement puisqu'elle allait contre la volonté divine. Libéré, l'enfant retrouva la sérénité. Quant à Nicole, elle comprit qu'il faut toujours bien mesurer la portée de nos propos, qui peut s'étendre bien au-delà de nos apparentes limites temporelles.

***

Enfin, un dernier exemple nous fait prendre conscience des liens que nous conservons entre nous dans la pleine réalité de notre existence d'outre-tombe. Nous y voyons encore la force de l'amour qui agrandit sans cesse le cercle de nos actions.

UNE AMIE DE LA FAMILLE

André était déjà venu me consulter pour prendre des nouvelles de son défunt père. Bien que ce dernier fût décédé depuis plusieurs années, André continuait à s'en inquiéter. Tout au long de sa vie terrestre, le défunt s'était montré dur et exigeant, autant envers les autres qu'envers lui-même. Croyant par simple habitude, les valeurs spirituelles n'avaient jamais transpiré à travers ses agissements, bien qu'il ait toujours été droit et honnête. En fait, c'était son esprit violent et intransigeant qui lui avait toujours joué de vilains tours.

La première fois qu'André vint me voir, l'au-delà nous confirma la pertinence de ses inquiétudes. L'Esprit de son père se maintenait dans notre dimension d'incarnés. Il était littéralement prisonnier des pulsions et des remords qui le détournaient du chemin de la lumière. Sa souffrance était grande.

Il me fut permis de recevoir des images très nettes de la situation qu'il vivait dans l'au-delà. Il m'apparut sous les traits exacts de la vieille photo que j'utilisais pour me rendre jusqu'à lui. Son regard ne présentait cependant plus la dureté exprimée sur la photographie. Elle avait fait place à une grande tristesse qui invitait fortement à lui venir en aide.

Je décrivis à André ce que l'au-delà me permettait de percevoir. Je lui conseillai des prières à adresser à Dieu et aux Esprits de lumière pour soulager et abréger la misère de son père. André s'engagea à suivre mes instructions pendant tout le délai que je lui proposais. André partit soulagé. Il savait son père malheureux, mais il avait la certitude qu'il pourrait réellement l'aider à se dégager de son état, lequel résultait directement de son ignorance de jeune Esprit.

André attendit tout près d'un an avant de revenir me rencontrer. Il savait que, malgré ses prières, le défunt devait lui-même se prendre en main. Il lui avait donc laissé le temps qui lui était nécessaire pour profiter des nouvelles possibilités que ses prières avaient pu lui ouvrir.

André me présenta la même photographie qui avait été utilisée lors de sa première visite. Dès la fin de mes demandes de protection, je perçus son père qui se déplaçait dans une pièce pseudo-matérielle de l'au-delà. Son contexte d'existence m'apparut beaucoup plus agréable que celui de l'année précédente. Il s'était enfin sorti de notre dimension matérielle qui prive les Esprits des bienfaits de la vie d'outre-tombe. Les prières d'André semblaient avoir atteint leur but, mais il restait encore beaucoup de travail à accomplir. Le défunt avait enfin compris ce qu'il devait faire grâce à l'assistance qu'avaient attirée vers lui les prières d'André. Il ne faisait cependant qu'amorcer un important cheminement qui impliquerait beaucoup d'efforts et de bonne volonté.

Lorsque je transmis ces explications à André, un personnage lumineux apparut près de son défunt père. Je distinguai vaguement son apparence féminine, puis des traits se définirent avec de plus en plus de précision. Il s'agissait d'une religieuse dont l'habit correspondait au costume traditionnel d'une communauté avantageusement connue au Saguenay-Lac-Saint-Jean. La dame paraissait très âgée dans la belle luminosité qui émanait de son visage. Elle se tenait agenouillée, en position de prière. Elle semblait très concentrée sur les demandes qu'elle adressait aux entités plus élevées. Un Esprit de mon équipe me précisa qu'elle avait demandé à Dieu d'assister le défunt repenti tant qu'il n'aurait pas atteint les dimensions de lumière. Les prières d'André l'avaient attirée vers son père. Elle avait suivi un des nombreux couloirs d'amour formés par ses demandes dans l'au-delà infini. Elle avait ainsi rejoint l'entité qui faisait l'objet d'un si bel élan du cœur.

Tous les détails que je pus fournir sur le personnage lumineux ne trouvèrent aucune référence dans les souvenirs d'André. Cette religieuse lui était totalement inconnue. Il en conclut que cet Esprit protégeait son père par simple dévouement inconditionnel.

Je recommandai à André d'unir ses prières à cet Esprit protecteur pour en augmenter la force vibratoire. Il nota mes conseils puis me quitta en se questionnant encore sur cette mystérieuse entité.

Le dimanche suivant, André me téléphona. Il avait parlé de son expérience à une sœur de son père. Sa vieille tante reconnut une amie de la famille décédée depuis fort longtemps. C'était sœur Sainte-Marthe. Toute la description rapportée par André activait les souvenirs toujours vivants de cette dame que tous et toutes qualifiaient, à l'époque, de sainte femme.

Toujours lié par ses sentiments d'amour spirituel, l'Esprit bienveillant avait reçu les prières d'André comme une situation qui la concernait. Bien qu'André ne l'ait jamais connue dans sa présente incarnation, elle avait reçu sa pensée comme une voix familière. Heureuse d'aider dans la pleine mesure de ses acquis, elle était accourue vers ce frère moins avancé que la voie terrestre avait jadis placé sur sa route.

André m'exprima sa grande satisfaction d'avoir découvert l'identité de l'Esprit l'appuyant dans sa démarche. Il y retrouvait une preuve intime de la justesse de ce que j'avais reçu, mais, surtout, il y reconnaissait une autre démonstration de l'éternité des liens qui unissent tous les Esprits entre eux, qu'ils soient parmi les morts ou les vivants.

4. L'HOMME EN RELATION AVEC L'AU-DELÀ

Toute l'histoire de l'homme nous rapporte de précieux témoignages sur la relation que nos ancêtres proches et lointains ont entretenue avec leurs défunts. Aucune époque, aucune culture, aucun continent n'y font exception. Depuis son arrivée dans le monde terrestre, l'Esprit de l'homme exprime, sous de multiples formes, le souvenir de son origine spirituelle malgré le voile qui fait oublier.

Or, cette relation avec le monde des morts ne s'est pas exprimée à sens unique. Autant les vivants cherchaient à communiquer avec le monde des survivants de l'au-delà, autant ces derniers manifestaient à leur tour le désir et même le besoin d'entretenir une certaine relation avec leurs frères incarnés. Plusieurs découvertes archéologiques, au même titre que certains écrits à caractère sacré, en ont confirmé la pleine réalité. L'Ancien Testament en est sans doute un des plus beaux exemples.

Évidemment, il n'est pas facile, pour l'incarné ne possédant pas de médiumnité particulière, de comprendre la nature réelle des efforts appliqués par les Esprits pour nous assister, nous nuire ou nous contacter, car nos sens physiques trop limités à la dimension temporelle nous masquent la réalité des mondes de l'au-delà qui coexistent avec nous. Nous pouvons cependant tous nous en faire une idée précise par les nombreux témoignages de médiums sincères qui vivent consciemment ces phénomènes et qui veulent bien partager leur vécu avec ceux et celles qui cherchent et veulent savoir.

Je reçus un jour le témoignage d'une jeune fille qui venait de vivre une expérience de sortie astrale involontaire. Lorsqu'elle me rapporta ce qui lui était arrivé, ses yeux pétillaient comme ceux d'un enfant devant son premier arbre de Noël. Elle n'avait jamais vécu un semblable phénomène. Jusqu'à ce jour, elle avait dû faire acte de foi devant toutes les informations qu'elle avait lues dans mes ouvrages, mais dorénavant elle savait que tout était vrai. L'homme était bel et bien un Esprit dont la pleine personnalité est indépendante de son corps de chair.

Je vous rapporte ici ce qu'elle a vécu, car son expérience nous permet de bien comprendre, à cette étape-ci de notre réflexion, la situation de l'Esprit de l'au-delà qui cherche à établir des contacts avec le monde des incarnés.

DES RÉPARATIONS ONÉREUSES

L'ami d'Anabelle se rendait au garage pour une réparation qui s'annonçait plutôt anodine. Il avait fixé son rendez-vous très tôt pour mieux profiter du reste de sa journée de congé. Anabelle, de son côté, avait réglé la sonnerie de son réveil une heure plus tard, soit le temps que son ami revienne de l'atelier de réparations.

Sans que sa volonté consciente ne soit mise à contribution, Anabelle se retrouva en pleine sortie astrale. À la vitesse de sa pensée, elle se déplaça chez le concessionnaire où se trouvait son ami. Elle observa attentivement les lieux. La pensée de son copain l'attira directement vers lui. Elle comprit de façon instantanée que les réparations s'avéraient beaucoup plus compliquées que l'évaluation avait prévu. Elle jeta un regard sur le mécanicien qui fournissait de gros efforts pour démonter une pièce qui lui résistait avec obstination. Se tournant vers son ami qui devenait de plus en plus nerveux, elle lui dit en pensée : « C'est pire que tu pensais ! Il a de la misère ? Hein ? »

Son ami réagit intérieurement. Il ne manifesta aucune surprise. Il agissait comme si la question lui était banale et naturelle.

À cet instant précis, Anabelle fut littéralement transportée vers son corps en sommeil. Une force annihilant toutes les possibilités de sa volonté l'obligeait à quitter les lieux.

De retour dans son corps, elle s'éveilla aussitôt. Elle n'avait rien oublié. Elle se leva, désamorça le mécanisme de son réveille-matin qui n'avait pas encore sonné et fit sa toilette.

Elle venait tout juste de terminer son petit-déjeuner lorsque son ami lui téléphona. Il lui annonçait qu'il arriverait plus tard que prévu. Il justifia son air piteux par les coûts onéreux qui s'annonçaient.

Lorsqu'il fut de retour, Anabelle lui décrivit tout ce qu'elle avait vécu. Le moindre détail concordait avec une grande exactitude. Elle avait réellement vu tout ce qui s'était passé pendant le temps où elle y fut présente en Esprit. La seule information dont son ami ne prit aucunement connaissance fut le contact par la pensée qu'Anabelle effectua avec lui.

Il en est souvent ainsi pour les Esprits de l'au-delà qui, à l'occasion, viennent près de nous, parfois pour observer, parfois pour nuire, parfois pour aider. Ils tentent de nous parler et même de nous inspirer les pensées dont nous avons besoin, mais nous ne sommes pas toujours suffisamment conscients pour bien les identifier.

Dans certains cas, cette action que l'au-delà peut appliquer auprès de nous revêt un caractère très direct qui ne laisse aucune équivoque. Le contact devient alors évident par sa nature concrète. Certaines de ces manifestations se veulent bienveillantes, mais malheureusement d'autres sont motivées par des intentions d'une tout autre nature. Voyons deux exemples qui nous en feront comprendre la différence.

INCAPABLE DE DEMANDER DE L'AIDE

Depuis le décès de son père, Candide demeurait seule avec sa mère très malade et incapable de prendre soin d'elle-même. La situation n'était pas très facile, mais Candide se consolait à l'idée du devoir accompli.

Depuis deux ans, chaque soir, avant de s'endormir, elle s'assurait que sa mère allait bien et qu'elle ne manquait de rien. Les questions et les gestes étaient presque devenus un rituel. Candide s'endormait ensuite en priant Dieu de la protéger.

La mort de son père fut le premier décès important de sa vie. Jusque-là, Candide ne s'était jamais vraiment questionnée sur le sort que nous réserve l'après-mort. À partir de ce moment, elle commença à lire différentes études sur le sujet et prit ainsi connaissance des nombreuses expériences médiumniques qu'une multitude de témoins rapportaient.

Tous ses doutes s'évanouirent lorsqu'elle vécut à son tour une manifestation qui lui donna une preuve assurée de la survie post mortem.

Candide dormait depuis quelques heures. Elle fut subitement éveillée par deux mains à la forte poigne qui la bousculaient. Une voix d'homme l'appelait. Reprenant progressivement ses sens, elle reconnut son père qui lui parlait. Il lui disait de prendre soin de sa mère. Elle alluma la lumière et s'assit dans son lit. Il n'y avait personne dans sa chambre. Le silence enveloppait à nouveau toute la pièce. Elle éteignit la lumière et se recoucha.

Elle tenta de se rendormir, pensant à ce curieux rêve qui lui avait paru si réel. Quelques secondes plus tard, les mêmes mains presque physiques la poussèrent délicatement dans le dos. La voix de son père retentit de nouveau à ses oreilles. Elle lui disait d'aller rapidement aider sa mère.

Voyant qu'elle était bien éveillée, elle comprit qu'il ne pouvait s'agir d'un rêve. Candide se leva. Elle se rendit auprès de sa mère et la trouva gravement malade et incapable de demander de l'aide. Sans aucune hésitation, Candide appela immédiatement les ambulanciers.

Plus tard, le médecin confia à Candide que la rapidité de l'intervention avait sauvé la vie de sa mère.

Candide fut fortement impressionnée par cette manifestation de son père. Sa réflexion spirituelle l'avait déjà amenée à comprendre la réalité de la survie d'après-mort, mais elle ne pouvait soupçonner que les rapports entre nos deux mondes puissent atteindre une pareille intimité.

Après cet événement, Candide redoubla d'ardeur dans ses recherches spirituelles. Elle savait maintenant que la mort ne pouvait atteindre notre personnalité. Elle avait vu bien concrètement que l'amour continue au-delà des tombeaux. Elle sentait tout à coup que chaque seconde valait la peine d'être vécue puisque la vie débouchait sur la vie sans que rien ne puisse l'en empêcher.

La mère de Candide mourut un an plus tard. C'est après que je pus la connaître. Candide était venue pour s'assurer que ses parents s'étaient retrouvés. Les images qui me parvinrent confirmèrent ses espérances. Je les vis dans un monde lumineux, marchant main dans la main comme de jeunes amoureux.

UNE OMBRE NOIRE

La semaine avait été fort occupée à assister certaines personnes victimes de l'assaut soutenu d'Esprits noirs du bas astral. Un cas s'était avéré particulièrement virulent.

C'était le vendredi matin et je me préparais à entreprendre ma journée de travail. En me peignant devant le miroir, j'aperçus une ombre très opaque se déplacer lentement derrière moi. L'entité se tenait à quelques mètres de distance. L'Esprit semblait me surveiller. Je me retournai rapidement pour le prendre directement en défaut, mais il disparut en une fraction de seconde.

Je priai mon équipe de l'au-delà de me protéger. L'impression de la présence occulte se dissipa sur-le-champ.

Quatre heures plus tard, alors que je venais d'entrer dans un lieu public pour me restaurer, la même masse sombre manifesta de nouveau sa présence. Cette fois, une ombre noire se dessina à mes pieds. Je crus d'abord que c'était un simple effet de la lumière, mais aucune source ne pouvait donner la forme que je percevais. L'ombre se mit ensuite à bouger vers ma gauche. C'est là que je remarquai que l'ombrage projeté par mon corps s'étendait du côté opposé. Je priai de nouveau mes amis de lumière de venir à mon aide. L'ombre opaque disparut aussitôt.

Devant l'insistance de cette présence que je sentais très malveillante à mon égard, je fis un rapprochement avec les cas de hantise dont je m'étais occupé les jours précédents. Je fis des prières toutes particulières auprès de Dieu pour qu'il autorise les policiers de l'au-delà à éloigner de moi tout Esprit mal intentionné qui chercherait à me nuire dans mon quotidien. Un éclair lumineux apparut devant moi. À cet instant, je compris que ma demande avait été accordée. Je pris mon repas et retournai à mon travail. Une grande ambiance de paix et de calme m'entourait.

Je ne revis jamais plus cette ombre fureteuse par la suite. Sans doute, l'Esprit avait-il cherché à me prendre en défaut ou à trouver quelques faiblesses exploitables. Quoi qu'il en soit, son petit jeu s'était retourné contre lui-même. Il dut se plier à la volonté divine qui avait décrété que la récréation était terminée.

***

Cette relation que l'au-delà cherche à établir avec notre monde d'incarnés peut parfois se traduire par l'expression d'un appel à l'aide qui nous est adressé. Notre vie terrestre conditionne directement notre existence d'après-mort. Or, certains d'entre nous, qui n'ont pas accordé suffisamment d'importance à leur évolution spirituelle, peuvent se retrouver dans des conditions fort difficiles. Comme nous, ils se tournent alors vers l'autre monde pour demander à ceux qu'ils aimaient et qu'ils ont quittés de bien vouloir les aider. Voyons un cas bien évocateur que je vécus lors d'un traitement par les énergies dont nous parlerons plus loin.

UN INTRUS

Avant de procéder à l'application de l'huile d'énergie réparatrice, je faisais toujours une prière à Dieu (pour qu'il autorise l'exaucement de la personne qui me consulte) et aux Esprits de lumière spécialistes de la guérison. Après quelques secondes, j'aperçois des entités très lumineuses venues à la suite de mes prières. Parfois les messages sont livrés pour la personne demandant l'aide de l'au-delà.

Je vécus une exception particulière lorsque Martine vint me consulter.

Martine souffrait de problèmes respiratoires qu'elle entretenait avec une grande légèreté par sa consommation de cigarettes. Je lui fis bien comprendre qu'il était tout à fait inutile de demander l'assistance de l'au-delà si elle-même refusait de faire les gestes à sa portée. Elle m'affirma qu'elle s'était décidée à venir me voir précisément parce qu'elle voulait arrêter de fumer le jour même.

Je lui accordai le bénéfice du doute, lui indiquant

cependant qu'elle ne pourrait bénéficier d'une seconde chance dans la ligne de son plan de vie. Je procédai à mes prières. Contrairement à ce que je m'attendais, un Esprit aux couleurs sombres se présenta. Il était d'une forte carrure. Malgré ses allures de costaud, il faisait très intellectuel. Il paraissait dans le début de la cinquantaine. Ses vêtements semblaient bien taillés et d'un goût recherché.

Je priai mon Guide de me protéger. L'Esprit disparut immédiatement. Comme l'intrus partit rapidement sans redonner signe de présence, je n'accordai pas trop d'importance au personnage. Je pensai qu'il s'agissait simplement d'un trompeur du bas astral cherchant à s'amuser.

Comme je ne fis aucun lien entre Martine et le visiteur impromptu, je n'ai pas cru bon de lui en parler.

Elle revint un mois plus tard pour une deuxième application d'énergie.

Je fis de nouveau mes prières pour recevoir l'assistance des Esprits guérisseurs de l'au-delà. Je gardai les yeux fermés en attendant qu'ils se présentent pour commencer le traitement. Comme lors de la première visite de Martine, le mystérieux intrus se présenta devant moi. Cette fois, je le vis assis derrière un bureau. La pièce qui l'entourait était peu éclairée. Les murs présentaient l'apparence d'un bois verni. Le tableau que je voyais dégageait une forte impression d'isolement, comme si l'Esprit eût vécu dans un lieu sombre coupé de la lumière vive. Il me regarda directement, puis se leva et se dirigea vers Martine. Rendu près d'elle, il tendit ses bras dans sa direction et se rapprocha davantage.

Comprenant qu'il y avait un lien entre sa présence et celle de Martine, je priai pour l'Esprit au périsprit sombre. Il quitta immédiatement mon champ de vision, comme si mes prières pourtant bienveillantes l'avaient apeuré.

Je donnai à Martine la description du curieux personnage. Elle me répondit immédiatement que c'était sans doute son frère. Il s'était suicidé vingt-cinq ans plus tôt. Chaque précision que j'apportais confirmait son identité. Même le décor référait au bureau où il s'isolait dans les derniers jours de sa vie.

Je recommandai à Martine de prier pour son frère qui avait grandement besoin d'aide. Que l'au-delà lui ait permis de signifier son état était très prometteur pour l'efficacité de ses prières. Peut-être ne lui manquait-il qu'un petit coup de pouce pour reprendre sa montée.

***

Des situations inverses peuvent également motiver le désir de contact chez un habitant de l'au-delà. Il s'agit alors de l'Esprit qui offre directement son aide auprès d'une personne aimée vivant des difficultés dans son incarnation. Il est important de noter ici qu'une telle assistance ne peut devenir effective que dans la mesure de l'autorisation divine et des possibilités du plan de vie de l'incarné. Le témoignage suivant nous démontre bien la forme que ce genre d'intervention peut prendre. Il nous fait bien comprendre également à quel point la réception de la personne visée doit être imprégnée d'amour et de générosité.

ELLE LUI OFFRE SON AIDE

Lorsque Lyne vint me consulter, elle désirait fébrilement rétablir le contact avec sa défunte mère.

Depuis sa naissance, au plus loin qu'elle pouvait reculer, Lyne s'était souvent sentie à couteaux tirés avec sa mère. Ses rapports avaient été difficiles au point que même la mort n'avait pas réussi à adoucir les souvenirs que Lyne gardait de celle par qui elle avait pu revenir sur notre pauvre Terre. Son décès lui était apparu comme une véritable délivrance, sentiment incontrôlable qui lui avait longtemps inspiré beaucoup de remords.

Mais les années avaient finalement effacé sa culpabilité souvent si embarrassante dans son évolution quotidienne.

Alors qu'elle n'avait jamais porté aucun intérêt aux phénomènes spirites, Lyne devint subitement une impuissante victime de malveillantes intentions d'Esprits noirs rencontrés sur sa route. Au début, elle réagit avec un certain scepticisme, mais l'insistante escalade des attaques sournoises de ses envahisseurs la plongea bientôt dans une véritable vie d'enfer.

Devant l'évidence de l'existence d'entités intelligentes capables d'intervenir dans sa vie d'incarnée, Lyne s'informa sur les implications et les paramètres d'un tel phénomène.

Dans un premier temps, à la lumière de ce qu'elle avait lu, elle mit cela sur le compte de sa mère venue se venger des sentiments qu'elle entretenait à son égard. Mais les apparitions de plus en plus répétées des véritables coupables lui firent finalement comprendre son erreur.

Un soir, alors qu'elle se recueillait pour obtenir l'aide de l'au-delà, Lyne reçut la visite tout à fait inattendue de l'Esprit de sa défunte mère qui se montra dans l'escalier menant aux chambres à coucher. Elle portait les mêmes vêtements qui avaient servi pour l'embaumement de son corps. Ses traits semblaient fatigués, mais son regard exprimait beaucoup de vigueur. Sans aucun effort, elle adressa la parole à sa fille au cœur blessé. Elle lui offrit de l'aider dans son épreuve en lui annonçant qu'ensemble elles pourraient mettre fin à tous ses tourments. Sans réfléchir, Lyne lui répondit catégoriquement de quitter les lieux, arguant qu'elle n'avait pas besoin de son aide. La rancune avait étouffé sa raison, repoussant sans vergogne la généreuse main qui lui était tendue.

Comme pour s'amuser de cette victoire sur leur victime, les tambourineurs de l'au-delà augmentèrent la vélocité de leurs assauts. Prise d'une véritable panique, Lyne dut, ce soir-là, quitter son logis.

Reprenant progressivement son calme, elle regretta son attitude et voulut sincèrement réparer son erreur. Elle supplia sa mère avec ferveur de revenir près d'elle. Elle recula dans les dédales de ses souvenirs, en défit les moindres replis, cherchant ce qui pourrait enfin toucher le cœur de sa mère.

Après plusieurs semaines d'efforts inutiles, elle pensa faire appel à mon aide.

Mes tentatives furent malheureusement aussi vaines que les siennes. On aurait dit que la défunte avait quitté les ondes pouvant la conduire jusqu'à nous. J'expliquai à Lyne le peu de pouvoir dont nous disposions ici-bas face à ceux qui refusaient d'entrer en contact avec notre monde. Dans l'au-delà comme sur la Terre, nul n'appartient à quiconque et chacun est bien libre de réagir comme il le veut selon son état, ses possibilités, ses limites et ses intentions.

Je lui expliquai également les leçons qu'elle devait en tirer. Elle devait bien comprendre qu'ici-bas comme dans l'au-delà, chacun, en fin de compte, ne pouvait recevoir que dans la mesure de ses œuvres et de ses actions, d'où la pertinente nécessité d'appliquer nos efforts à vaincre le moindre obstacle nous éloignant de l'amour pour nos semblables, seul chemin menant jusqu'à Dieu.

Chez ceux et celles qui ne perçoivent aucun signe concret que l'au-delà reçoit bien leurs demandes, la stagnation de la situation qui les fait souffrir peut facilement donner la trompeuse impression qu'ils ne sont pas entendus. Or, nous pouvons être assurés que si nous respectons bien les conditions minimales que nous verrons dans le chapitre suivant, nos invocations sont et seront toujours entendues et écoutées. Si elles ne peuvent être exaucées par ceux à qui nous nous adressons, elles le seront par d'autres qui sont plus en mesure d'agir et qui partagent la bienveillance qui les pousse à le faire.

L'apparente surdité de l'au-delà découle souvent d'un interdit garantissant le respect des conditions du plan de vie auquel nul ne peut déroger. Dans ce cas, malgré toute la bonne volonté et le désir intense des Esprits invoqués, le prieur aura l'impression que nul ne l'écoute alors que chacun demeurera en parfaite réception du message qui lui aura été adressé. Voyons un exemple qui nous en démontre bien l'existence.

DES NOUVELLES DE SA MÈRE

Lucie vint me consulter pour prendre des nouvelles de sa mère décédée depuis de nombreuses années. Elle disait la savoir heureuse, mais elle voulait se rassurer sur le sort que Dieu avait réservé à cette femme si généreuse.

Dès que j'eus terminé mes demandes de protection et

mes invocations auprès de la défunte, les images apparurent comme si l'Esprit avait eu hâte de donner de ses nouvelles.

Elle se présenta en compagnie d'un homme. Les deux entités brillaient dans une lueur blanche fluorescente. La brillance de leur périsprit me permit difficilement de reconnaître la mère de Lucie. Les deux personnages se tenaient immobiles. Très proches l'un de l'autre, ils semblaient regarder fixement devant eux. Je distinguai peu à peu leurs vêtements. Je reconnus alors d'anciens habits de noce. Je décrivis à Lucie tout ce que je voyais. Je lui livrai mon impression qu'ils se présentaient comme sur une ancienne photo de mariage.

À ces mots, j'entendis Lucie pleurer doucement. J'ouvris les yeux et je demandai si quelque chose n'allait pas. Lucie me répondit que depuis quelques semaines, elle priait sa mère pour recevoir son aide dans une épreuve qu'elle vivait. Pour mieux la prier, Lucie utilisait la photo de noce de ses parents devant laquelle elle allumait un lampion. Or, la description que je lui donnais correspondait à celle du cadre devant lequel elle adressait ses appels.

Sa mère avait voulu ainsi lui confirmer qu'elle recevait bien ses pensées et qu'elle était bien au courant de tout ce qu'elle vivait.

Je refermai ensuite les yeux et les images s'animèrent. Le contact fut bref, mais Lucie put quand même recevoir certaines réponses dans les limites qui respectaient le voile qui fait oublier.

D'autres Esprits reçoivent l'autorisation divine et travaillent sans cesse auprès de ceux qui font appel à leur aide, mais leur présence n'en demeure pas moins silencieuse malgré l'efficacité de leurs interventions. Ces

Esprits protecteurs agissent alors comme l'Ange gardien qui se dévoue sans relâche dans l'anonymat de son amour inconditionnel. Mes expériences médiumniques m'ont souvent mis en contact avec ce genre d'Esprits protecteurs que les proches croient bien loin dans l'au-delà alors qu'ils les côtoient régulièrement dans leurs effluves de lumière. Voyons un cas bien précis qui nous fait comprendre comme les liens entre les vivants et les morts demeurent intacts malgré les barrières temporelles et les apparences trompeuses de notre monde matériel.

ELLE PRIE AVEC PATIENCE

Éliette perdit son mari alors qu'elle avait à peine entamé la trentaine. Il mourut subitement, la laissant seule avec toutes les responsabilités d'une mère monoparentale. Par ce décès, la mort la dépouillait à la fois de son soutien financier, du père de ses enfants, d'un ami généreux et surtout de l'homme de son cœur dont elle était profondément amoureuse.

Il n'y eut pas une journée où Éliette ne demanda à son défunt mari de lui faire un signe de sa survie d'après-mort. Elle était croyante et même pratiquante, mais elle aurait aimé savoir bien concrètement que son époux vivait toujours avec la même flamme d'amour pour elle.

Trente ans s'écoulèrent ainsi sans qu'Éliette n'oublie cet homme dont le doux souvenir demeurait bien ancré dans son esprit et dans son cœur. Malgré l'échec apparent de sa requête, elle continuait à demander au défunt de lui faire un signe quelconque de sa présence auprès d'elle.

Comme il arrive souvent sur cette pauvre Terre, Éliette dut faire face à une très dure épreuve. Ses appels auprès de son défunt mari quintuplèrent alors en intensité. Elle lui demandait de venir supporter son courage et de lui donner les forces pour s'en sortir indemne. Ses invocations prirent rapidement un véritable rythme de marathon.

Éliette était assise dans sa cuisine. Le chapelet à la main, elle songeait aux semaines à venir qu'elle espérait meilleures. Seule dans sa grande maison devenue déserte depuis le départ de son dernier enfant, elle priait dans un silence presque complet. Le craquement régulier de sa vieille chaise berçante masquait le bruit du vent venant souffler en saccades dans ses fenêtres.

Soudain, une vague odeur de parfum éveilla son Esprit presque somnolent. L'arôme de la soupe mijotant à feu doux s'estompa progressivement devant une senteur qui lui était fort familière. Elle reconnut très nettement le parfum de son défunt mari. Ses essences très particulières dégageaient une émanation qui pouvait se reconnaître entre mille. L'odeur devint de plus en plus insistante, puis, soudainement, son mari apparut devant elle.

Il paraissait rajeuni de plusieurs années. Il avait son allure de vingt ans, comme à l'époque où ils s'étaient connus. Il regorgeait de santé. Il regardait Éliette avec un doux sourire. Ses yeux exprimaient la même tendresse et la même chaleur amoureuse qu'autrefois.

Le cœur d'Éliette battait à se rompre. Des larmes de joie inondaient ses yeux qui buvaient ces merveilleuses images tant attendues. L'Esprit la regardait sans parler, se contentant de lui sourire avec amour. Sans comprendre pourquoi, le réflexe d'Éliette fut de chanter un cantique que le défunt fredonnait souvent de son vivant. Dès les premières notes, une véritable symbiose vibratoire unit momentanément leurs êtres. Chaque pensée de l'un devint la pensée de l'autre. En un bref instant, chaque seconde des trente dernières années s'anima dans un double écho se gravant en chacun pour toute l'éternité.

Après cet extraordinaire moment, le défunt se déplaça vers la droite d'Éliette qui voulut se tourner pour le suivre, mais son corps échappait à sa volonté. Elle ne pouvait même plus bouger la tête. L'Esprit continua à se déplacer lentement jusque derrière elle. Lorsque Éliette put enfin se tourner, il avait disparu.

Elle avait reçu bien au-delà de ses espérances. Non seulement elle avait vécu une incontestable preuve de la survie d'après-mort, mais elle pouvait désormais être certaine que la vie conservait ses pleins souvenirs avec toutes ses beautés et toutes ses richesses. L'amour était bien éternel et la mort ne faisait que l'ouvrir à des dimensions nouvelles.

Chapitre 2

La requête à Dieu et à nos amis de l'au-delà

Maintenant que nous avons établi la base de notre réflexion, nous pouvons aborder les aspects techniques de notre sujet. En soi, la requête à Dieu et à nos amis de l'au-delà constitue un phénomène d'invocation spirite. Pour nous qui sommes incarnés, elle met en branle un processus énergétique qui dépasse en intensité celui que tout Esprit décédé pourrait enclencher dans les dimensions de l'au-delà. En effet, notre situation d'incarnés nous confère de nets avantages que nous avons tous et toutes intérêt à exploiter pour notre mieux être et celui des autres. Mais pour bien utiliser ce levier que Dieu a placé entre nos mains, comprenons bien ce que nous faisons lorsque nous nous adressons à l'au-delà et sachons ce que nous pouvons réellement en retirer.

1. LE PROCESSUS IMPLIQUÉ

La requête que nous adressons vers les mondes subtils est essentiellement une pensée émettant un niveau intense de vibrations particulières dont la propagation suit obligatoirement des chemins fluidiques spécifiques.

Ces vibrations particulières sont constituées d'amour, autant dans leur émission que dans leur réception. Sans cet amour, notre demande tombe sans effet et le contact recherché ne peut s'établir.

Pour bien comprendre le phénomène enclenché, nous devons nous référer au périsprit du prieur. Dès l'apparition du désir sincère et bienveillant de se tourner vers l'au-delà, un pont connecteur se forme au faîte du corps périsprital, là où se situe le chakra coronal. C'est par cette connexion fluidique que celui qui fait sa demande émettra sa pensée et en recevra le retour. Ce pont indispensable sera d'autant plus net et intense que la pensée émise sera gratuite et généreuse. Il prendra progressivement la forme d'un rayon de lumière ressemblant à un long tuyau flexible brillant et transparent. En suivant son parcours, nous observons un véritable canal de communication partant de l'incarné et se rendant jusqu'au monde pseudo-matériel des Esprits invoqués. Le rayon d'énergie dans lequel se focalise la requête obéit scrupuleusement à la volonté du prieur. Il se rend là où celui-ci centre sa pensée.

Dès son arrivée à l'entité invoquée, le pont connecteur forme un genre de fourche. Le second embranchement poursuit sa route jusqu'à la lumière pure, puis jusqu'à Dieu. Lorsque nous savons que rien ne peut être accordé sans autorisation divine, nous y comprenons que l'appel s'est rendu jusqu'à Lui et qu'il peut faire l'objet d'une réponse positive.

Dans le parcours du retour, l'énergie d'amour porteuse de la demande de soutien peut prendre plusieurs chemins. Toujours bien encadrée dans le canal fluidique, elle peut revenir directement au prieur. Elle peut aussi repasser par l'Esprit invoqué avant de retourner dans le périsprit de l'émetteur. Certains retours se subdivisent en plusieurs embranchements du rayon initial pour se connecter à plusieurs incarnés qui tirent profit de la prière exaucée.

Toutes ces différences de parcours découlent directement de la nature de la demande adressée selon qu'elle aura impliqué Dieu directement ou seulement les Esprits invoqués, ou selon qu'elle aura concerné le prieur lui-même ou tous ceux et celles pour qui il aura adressé son invocation. Dans tous les cas, le prieur aura bénéficié de sa requête, qu'elle ait été émise pour lui-même ou pour un autre.

Le processus que nous venons de décrire est tout à fait réel. Il ne s'agit pas d'une simple image symbolique, mais d'un phénomène concret mettant en branle les énergies de notre Esprit. Nous pouvons donc nous faire une idée précise de la force que prend notre demande lorsqu'elle est harmonisée entre plusieurs émetteurs. Chacun de leurs rayons connecteurs se regroupe pour former un canal d'énergie d'une grande intensité. Sa puissance de frappe est alors formidable et ses possibilités se situent dans l'échelle de l'immensité. Que de bienfaits les hommes de la Terre pourront obtenir lorsqu'ils l'auront suffisamment compris pour l'appliquer dans leur vie !

Pour bien saisir comment le message adressé atteint l'Esprit invoqué, je vous réfère à une expérience que j'ai moi-même vécue alors que je tenais bien malgré moi le rôle de la personne invoquée. Encore une fois, nous y voyons l'importance de la composante périspritale qui constitue l'élément de base à toute communication entre les Esprits.

UNE DOULEUR AU REIN GAUCHE

J'étais assis à table, en train de souper avec les miens. Une forte douleur au rein gauche vint me darder pendant une fraction de seconde. Je portai instinctivement ma main là où le mal s'était fait sentir. Comme il disparut immédiatement, je ne m'attardai pas à ce malaise inhabituel. Quelques minutes après, le même phénomène se reproduisit. Cette fois, j'en parlai à ma femme. Je lui fis part également d'une curieuse sensation qui m'envahissait. C'était comme si quelqu'un de très loin tentait d'entrer en contact avec moi. Je demandai à mon Ange gardien de me protéger et tout rentra rapidement dans l'ordre.

Une heure plus tard, je rencontrai Charles qui avait demandé de me consulter pour son cheminement spirituel. Très tôt dans notre échange, Charles m'apprit qu'il venait de subir une intervention chirurgicale majeure. Sans lui laisser le temps de finir, je lui indiquai l'endroit où la douleur s'était fait sentir à deux reprises et lui demandai si c'était bien au rein gauche qu'il avait été opéré.

D'un air surpris, il me confirma que mes indications correspondaient bien à ce qu'il avait eu. Il m'avoua également qu'il s'était concentré sur moi à l'heure où j'avais ressenti le contact. Il cherchait à harmoniser ses pensées pour que notre échange soit plus fructueux.

Notre rencontre fut très enrichissante sur le plan spirituel. Malheureusement, pour sa santé physique, je ne pouvais rien. Charles avait entrepris la dernière phase de son incarnation. Cette étape s'était engagée dans l'éveil spirituel comme il l'avait demandé, mais, pour ce faire, il avait prévu la souffrance physique comme moyen d'y arriver. Sans doute l'avait-il fait avec sagesse, car, dans l'au-delà, il put constater que tous ses objectifs avaient été atteints lorsqu'il mourut deux ans plus tard.

Il m'arrivait de ressentir brièvement certaines douleurs qui appartenaient à ceux qui me consultaient. Cela peut m'arriver également dans des circonstances ordinaires où je suis mis en présence d'une personne carencée en énergie vitale. Le plus souvent, le phénomène se produit lors des lectures de photographies, et ce, autant pour les personnes mortes que vivantes. Dans chaque cas, je dois demander la protection divine et celle de mon Ange gardien, car si la sensation se prolongeait trop, cela pourrait devenir dangereux pour ma propre santé.

Le phénomène impliqué nous permet de mieux comprendre un aspect important du processus enclenché par nos demandes à l'au-delà. Pour ce qui est de Charles, il avait tenté d'harmoniser ses pensées avec les miennes. Pour ceux qui me consultent et pour les lectures de photographies, c'est moi-même qui tente de le faire pour mieux recevoir les informations de l'Ange gardien. Pour les autres, c'est simplement les Guides qui agissent à la place de leur protégé. Dans tous les cas, il y a un véritable transfert vibratoire qui résonne directement dans mon périsprit. Ce transfert provoque une réaction similaire à celle de son émission, d'où la sensation précise des malaises ressentis par l'autre.

Lorsque nous invoquons l'au-delà, le même phénomène se met en branle. Des ondes vibratoires atteignent ceux que nous appelons et leur font ressentir directement dans leur périsprit l'objet de notre demande. Que la souffrance soit de nature physique ou morale, ils sont en mesure de comprendre dans leur être pourquoi nous les sollicitons. En fait, les mots et les pensées ne font qu'habiller le message et renforcer son parcours.

L'harmonisation vibratoire est donc essentielle pour que l'invocation s'avère efficace. Il faut bien retenir cette condition si nous voulons atteindre le niveau d'écoute des Esprits de lumière. Si nos vibrations spirituelles sont lourdes et ancrées dans la matière, nous pourrons à peine dépasser les entités errantes qui nous entourent. Il faut donc faire nos propres efforts d'élévation pour atteindre les Esprits d'en haut. C'est d'abord à cette condition que nous serons en mesure de leur faire parvenir nos messages et d'en recevoir un retour. Ce n'est que par la suite que les autres aspects impliqués dans le processus auront leur utilité et leur raison d'être.

2. CONDITIONS ESSENTIELLES POUR QUE NOS DEMANDES SOIENT ENTENDUES

Comme nous l'avons vu plus haut, la mise en branle du processus d'émission de nos demandes par la voie de l'ouverture coronale est la première condition à rencontrer si nous voulons que notre invocation parcoure l'espace astral jusqu'à son destinataire. Cette condition est fort simple à remplir. Il suffit de bien se concentrer sur notre chakra de la couronne et de visualiser la colonne d'énergie qui s'élève réellement chaque fois que nous faisons appel à l'au-delà avec sincérité.

Pour atteindre cette sincérité, il faut développer notre bienveillance et élever nos vibrations périspritales par l'émission d'amour inconditionnel et la lutte constante contre nos faiblesses. Ces dernières prennent le plus souvent leur source dans notre orgueil et notre égoïsme.

Enfin, nous devons adopter des attitudes compatibles avec les demandes que nous adressons. Nous ne pouvons demander à nos frères de l'au-delà de faire l'effort de nous aider si nous refusons nous-mêmes d'assumer la part qui nous incombe. Nos vibrations sont alors en distorsion avec celles de notre demande qui ne peut recevoir l'écho dont elle a besoin pour être entendue.

Voyons quelques exemples d'attitudes qui ont empêché certains appels de s'élever vers les dimensions de l'au-delà.

Le premier cas que je vous livre nous met en garde contre notre orgueil qui, si nous le laissons sans bride, peut devenir l'artisan de bien des malheurs.

UNE COMPLAISANCE FORT COÛTEUSE

Jusque-là, Francine avait vécu bien loin de tout souci de nature paranormale et même spirituelle. Bien intégrée dans son groupe d'amis, elle menait une existence tranquille répondant bien aux normes de l'adolescente sans histoire. Seuls ses occupations scolaires, ses loisirs et sa vie familiale meublaient l'ensemble de son temps.

C'est à seize ans que s'amorcèrent les premiers signes d'une hantise qui devait durer plusieurs années.

C'était un samedi matin. L'automne avait eu la gentillesse d'accueillir les chauds rayons solaires rappelant les beaux jours d'été. Francine s'était levée tôt pour profiter pleinement de sa fin de semaine. Elle s'apprêtait à déjeuner lorsque des bruits bizarres la sortirent de ses pensées lointaines. Elle écouta attentivement pour en connaître la provenance, mais le silence avait enveloppé toute la pièce. En jetant un coup d'œil vers l'extérieur, les curieux bruits récidivèrent, mais avec plus d'insistance. À sa grande stupéfaction, elle se rendit compte que les bruits lui parvenaient non pas de ses oreilles, mais semblaient plutôt venir de l'intérieur de sa tête.

Elle s'en inquiéta et en parla à ses proches, mais, comme le phénomène ne se reproduisait plus, elle finit par oublier ce qui s'était passé, mettant le tout sur le compte de son imagination.

Plusieurs semaines plus tard, le même phénomène réapparut, mais pour s'installer à demeure. À toute heure du jour et de la nuit, Francine pouvait se faire déranger par des bruits empruntant différentes sonorités.

Puis, une nuit, sortant subitement de son sommeil, elle aperçut une ombre noire se tenant debout au pied de son lit. L'Esprit, dont elle ne pouvait distinguer les traits du visage, semblait la regarder fixement. Dans sa grande peur, Francine lui ordonna de quitter sa chambre et l'ombre disparut.

À partir de cette nuit-là, Francine se sentit suivie partout où elle se déplaçait. Une présence pourtant invisible s'imposait avec beaucoup d'insistance. Quelques années passèrent ainsi, où Francine eut souvent l'impression de côtoyer deux mondes parallèles, autant le jour que la nuit.

Lorsqu'elle s'installa seule dans son propre logement, Francine devint la victime d'une véritable escalade dans la gravité des manifestations. Tout d'abord, peu de temps après son déménagement, un bruit de crépitement l'éveilla en plein milieu de la nuit. Elle se leva et, en entrant dans la cuisinette d'où provenait le bruit, elle trouva un poêlon crépitant sur un rond de la cuisinière allumé à sa plus haute intensité. Après avoir tout remis en ordre, elle retourna se coucher. Moins d'une heure plus tard, Francine fut à nouveau éveillée par les mêmes crépitements. Elle retourna dans la cuisinette et y retrouva le même poêlon encore déposé sur le même rond brûlant. Elle retourna se coucher, puis il n'y eut plus rien jusqu'au matin.

Ensuite, son caractère commença à se modifier. De nature généralement calme et posée, Francine sentait l'impatience s'emparer d'elle progressivement. Elle oscillait même très souvent entre le bien et le mal, comme si le droit chemin lui semblait de moins en moins évident.

Puis, des sorties astrales conscientes qu'elle ne recherchait pas lui donnaient droit à de véritables concerts de grognements lui exprimant beaucoup d'agressivité.

Bien que fort craintive, Francine aimait ces phénomènes qui lui donnaient la fausse impression qu'elle avait une certaine importance par rapport aux autres qui n'avaient pas accès à ces forces obscures. C'était comme un tiraillement intérieur qui, d'une part, la poussait à mettre tout en œuvre pour faire cesser ces phénomènes incontrôlés tout en l'encourageant, d'autre part, à entretenir ces échanges qui, somme toute, n'étaient pas, à ses yeux encore naïfs, si désagréables.

Son tiraillement prit fin lorsque fut atteint le paroxysme de la hantise. Là, elle comprit que dans ce genre d'échange, l'incarné ne peut être tout au plus qu'un simple instrument lorsqu'il a la chance de ne pas devenir une pauvre victime.

Cette aggravation prit l'épouvantable visage du viol sexuel. Francine dormait paisiblement, lorsque des attouchements la sortirent brusquement de son sommeil. Elle ne vit personne, mais des mains glaciales la palpaient très nettement sur toute sa chair couverte de frissons. Une poigne d'une très grande force lui écarta les jambes et, impuissante, elle sentit une véritable pénétration comme s'il se fût agi d'un être vivant. Francine ne ressentait que de l'horreur. Cette force qui l'avait presque apprivoisée se servait d'elle comme d'un vil objet que l'on jette au rebut. Elle ne pouvait crier, ni se débattre. Même sa pensée semblait paralysée. Un sentiment d'impuissance se mélangeait à l'humiliation. La haine de l'invisible l'imprégnait de toute part.

Après un long moment qui lui sembla une éternité, l'Esprit noir se retira, satisfait du mal qu'il avait causé.

Le lendemain matin, lorsqu'elle sortit du bref sommeil qu'elle avait pu trouver, elle sentit une curieuse matière sortir de sa bouche. C'était de l'ectoplasme qui restait encore visible, signe évident de l'énergie vitale qu'on lui avait dérobée.

C'est là qu'elle commença à se tourner vers le ciel, mais ses implorations semblaient sans effet. Après de nombreuses semaines infructueuses, elle en vint à exprimer autant de mépris envers ceux qui se montraient sourds à ses appels à l'aide qu'envers celui qui causait tous ses tourments.

Le violeur invisible continuait à cracher sa hargne et à se servir d'elle comme si elle eût été sa propriété.

Lorsque Francine me consulta, son Esprit guide me fit rapidement comprendre que l'attitude de sa protégée l'empêchait d'agir. Respectant son libre arbitre, il attendait patiemment que celle qu'il aimait tant comprenne enfin qu'elle devait enclencher elle-même un véritable processus de requête à Dieu. Elle devait d'abord étouffer ses poussées d'orgueil qui l'avaient entraînée à se laisser berner par le premier profiteur sans scrupules venu de l'Invisible. Ensuite, elle devait adresser ses demandes avec amour et humilité envers ceux qui pourraient l'aider.

***

Le second exemple nous fait comprendre l'importance d'être pertinent dans les demandes que nous adressons à Dieu.

UNE COMPLICITÉ INSOUPÇONNÉE

De nature très conservatrice, Thérèse prenait grand soin de s'éloigner de tout ce qui pouvait briser la quiétude de ses convictions spirituelles. Aussi, lorsqu'une consœur de travail lui fit part qu'elle avait consulté un médium, elle mit fin rapidement à la conversation, lui enjoignant de ne jamais plus lui reparler de ce sujet.

Mais, quelques jours plus tard, elle fut plongée en plein cœur du monde occulte, malgré toute la résistance qu'elle pouvait opposer.

Ce samedi matin s'annonçait pourtant des plus tranquilles. Thérèse venait de terminer son petit-déjeuner, rituel presque routinier de ses confortables habitudes de célibataire. Elle étirait une tisane qui refroidissait au même rythme que se succédaient ses pensées lointaines. Des rayons solaires d'un ciel de janvier venaient comme la caresser d'une chaleur qui trompait le froid sibérien bien installé au-dehors.

Thérèse dégustait ainsi le répit de sa lourde semaine lorsque des voix inconnues retentirent autour d'elle. Le ton était enjoué, presque moqueur. Sortie de ses rêveries, elle crut d'abord à un mauvais tour de son imagination, mais la récidive immédiate lui fit bien prendre conscience que des intelligences articulées entraient en contact avec elle.

Une grande crainte la tenaillait, mais les propos tenus par ses visiteurs invisibles lui démontraient une connaissance tellement intime de toute sa personne, qu'elle était portée à les écouter malgré ses peurs.

Le phénomène ne dura qu'une ou deux minutes, puis cessa pour tout le reste de la journée.

La nuit suivante, l'enfer de Thérèse recommença pour une période qui lui parut presque une éternité.

Des attouchements de mains invisibles et sans scrupules la sortirent brusquement de son sommeil. Elles lui parcouraient tout le corps. Les touchers s'attardaient sur chacun de ses chakras, lui siphonnant littéralement l'énergie vitale dont les violeurs de l'astral avaient tant besoin pour se manifester dans le monde de la matière. Pendant ces sévices, Thérèse ne pouvait bouger ni crier. Seule sa pensée pouvait échapper à l'étreinte obscure. Puis, un sommeil irrésistible l'emporta jusqu'au matin, comme si les criminels invisibles l'avaient enlevée jusqu'au lever du jour.

Le lendemain, les voix recommencèrent à se faire entendre, lui expliquant que, désormais, elle serait soumise à leur volonté.

Thérèse quitta précipitamment la maison pour se réfugier chez une de ses amies. Elle croyait y trouver la sécurité, mais les manifestations l'accompagnèrent et lui firent vite comprendre que sa présence risquait d'entraîner sa copine dans le même enfer. Elle décida donc de faire face à son problème par ses propres moyens.

Elle consulta plusieurs prêtres et s'en remit à plusieurs groupes de prière, mais tout cela semblait n'avoir aucun effet sur les envahisseurs de l'au-delà. Les manifestations continuèrent de plus belle. Tantôt des objets disparaissaient pour réapparaître à différents endroits de la maison ; tantôt une voix caverneuse lui parlait au téléphone comme s'il se fût agi d'un être vivant. Les attouchements nocturnes se répétaient régulièrement.

Une grande fatigue envahit peu à peu le corps de

Thérèse. À un point tel, qu'elle n'eut bientôt plus la force d'aller travailler. Après un long congé, elle reprit de son énergie, mais les voix voulaient maintenant prendre le contrôle de ses heures de veille. On lui dictait ce qu'elle devait faire, comme si les intrus voulaient l'utiliser pour réaliser leur plan malveillant.

Thérèse résistait et continuait à faire appel à l'aide de plusieurs groupes religieux, mais rien ne semblait pouvoir briser les liens qui l'enchaînaient.

C'est après une très longue hésitation que Thérèse fit appel à mon aide. Comme elle associait ses malheurs au fait que sa consœur de travail avait consulté un mauvais médium, elle craignait d'empirer sa situation. Ce n'est donc que lorsqu'elle se sentit vraiment à bout de ressources qu'elle se résigna à venir me voir.

C'est une femme aux traits tendus que j'accueillis à ma porte. Une fatigue autant psychique que physique se lisait sur son visage. Elle prit place dans mon bureau sans enlever son manteau. Elle le garda tout au long de notre échange malgré la chaleur de la petite pièce.

Après une heure de discussion sur sa malheureuse situation, elle me demanda de lui faire les croix de protection dont je lui avais parlé.

Je venais à peine de terminer ma demande d'assistance, que je perçus chez Thérèse un sourire qu'elle semblait difficilement retenir. Je lui demandai ce qu'elle trouvait si drôle alors que la situation me paraissait des plus sérieuses. Elle me répondit, tout en retenant son rire, que les entités qui l'assaillaient lui faisaient souvent de bonnes blagues qui la faisaient rigoler.

Je mis fin immédiatement à mon intervention et dus alors lui expliquer que cette façon de réagir à leurs propos constituait une forme de complicité qui ne pouvait qu'augmenter leur emprise sur elle. Son attitude leur exprimait une ouverture qui allait en parfaite contradiction avec ses démarches visant à mettre fin à leur présence. D'où l'inefficacité de tous les efforts faits pour elle.

Nous nous fixâmes finalement un autre rendez-vous dont elle ne voulut malheureusement pas profiter.

***

Le cas suivant nous rappelle qu'il est essentiel d'avoir une bonne prédisposition spirituelle pour que nos invocations s'élèvent en vibrations suffisantes jusqu'à Dieu. Il ne faut jamais oublier que nous sommes sur Terre uniquement pour grandir et non pas pour jouir de la matière et de ses illusions. Si nos demandes sont dépourvues de cette considération, elles risquent fort de n'atteindre que les lourdes dimensions de notre monde d'incarnés.

UNE CERTAINE HÉSITATION

Lorsque Pauline me téléphona, elle semblait bien mal en point. De violentes douleurs à l'abdomen l'avaient tenaillée pendant toute la nuit. Elle m'appelait pour recevoir un traitement par l'énergie. Je lui répondis qu'elle ferait mieux de se rendre chez un médecin vu l'apparente urgence de son cas. Je lui expliquai qu'elle serait mieux de savoir d'abord si une intervention médicale était nécessaire. Mais elle insista. C'était moi qu'elle voulait voir. Je pensai alors que ce serait peut-être plus prudent de la voir le plus vite possible, quitte à la diriger vers une clinique si cela pouvait sembler nécessaire. Malgré mon horaire chargé, nous prîmes rendez-vous pour le jour même.

La lourdeur de son regard trahissait un pressant besoin de sommeil. La pâleur de son visage montrait bien que quelque chose n'allait pas.

Je commençai mes invocations, faisant appel à l'assistance des Esprits de lumière spécialistes de la guérison. Contrairement à l'habitude, après une bonne minute de concentration, aucun signe de leur présence ne s'était encore manifesté. Comme je ne pouvais faire aucune application d'énergie sans leur présence, je recommençai mes invocations.

À ma grande surprise, un Esprit noir portant cape et chapeau apparut tout près de Pauline. Il semblait très contrarié de se montrer ainsi, comme si quelqu'un l'avait forcé à le faire. Par mesure de prudence, je demandai une protection spéciale et il disparut sur-le-champ.

Voyant que quelque chose n'allait pas, j'interrompis mes appels à l'au-delà pour questionner Pauline. Je lui expliquai que les Esprits guérisseurs semblaient très réticents à exaucer la demande d'assistance que je leur adressais. Je lui demandai ensuite si elle pouvait me dire si elle connaissait un facteur la concernant qui pourrait nous faire comprendre l'attitude de nos frères de l'au-delà.

Comme un enfant coupable pris en flagrant délit, Pauline baissa les yeux. Après un grand soupir, elle m'avoua que la veille, elle avait absorbé des pilules abortives. Elle avait cru être enceinte et elle avait pris ces dispositions pour en écarter toutes possibilités. Sans aucun remords, elle avait bafoué la première loi de l'amour, celle du respect de la vie humaine, laquelle est toujours autorisée par Dieu Lui-même. Comme si de rien n'était, elle se tournait maintenant vers ce même Dieu pour qu'il autorise la guérison de son mal.

Comprenant la nature réelle de la situation, je centrai mes pensées sur l'évolution spirituelle de Pauline. Je demandai aux Esprits de lumière de faire tout leur possible dans la pleine mesure de son plan de vie, en tenant compte de son ignorance et des possibilités de progression.

Après une attente qui, de mon regard humain, ressemblait à une certaine hésitation, je reçus un signe de lumière me confirmant que la demande était accordée.

Je repris mes invocations d'assistance des spécialistes de la guérison et ceux-ci se présentèrent dans toute leur lumière.

Quelques minutes après le transfert d'énergie, Pauline me décrivit une curieuse sensation de mouvement à l'intérieur de son ventre. Nous nous quittâmes et Pauline me téléphona le lendemain pour me donner de ses nouvelles. Elle me rapporta qu'elle s'était couchée très tôt et qu'elle s'était endormie tout de suite. Le lendemain matin, elle s'éveilla avec une grande sensation de bien-être. Son mal avait disparu. Malgré sa faute, l'au-delà était venu réparer les dommages que son étourderie lui aurait autrement fait assumer.

Plusieurs mois plus tard, Pauline fit de nouveau appel à mon aide pour des problèmes d'une tout autre nature. Dès que je la vis entrer chez moi, je compris qu'elle n'avait pas apporté dans sa vie les correctifs que l'au-delà attendait d'elle. Je ne lui en touchai aucun mot, respectant sa liberté qui n'appartenait qu'à elle-même. Je procédai au traitement d'énergie. Tout sembla se dérouler normalement. Un mois plus tard, Pauline me téléphona pour me faire part des résultats de l'intervention spirituelle. Nul changement ne s'était opéré. Je ne lui en livrai aucune interprétation, mais il m'apparaissait bien évident que les décideurs de lumière attendaient que Pauline se rende réceptive à leurs vibrations bienveillantes pour bien respecter les conditions d'évolution prévues dans son plan initial.

***

Le dernier exemple d'attitude à éviter exprime malheureusement une réaction que trop de gens laissent naître dans leur cœur. Lorsque nous sollicitons l'aide de l'au-delà, nous devons toujours demeurer bien conscients que nul Esprit n'est à notre service. Nos frères de lumière ne font que se rendre disponibles à nos demandes dans une expression d'amour inconditionnel que notre propre attitude doit rejoindre pour être entendue.

UNE RÉACTION ENFANTINE

Mike me téléphona un soir de mai. Il m'annonçait qu'il m'avait écrit une lettre et qu'il comptait beaucoup sur mon aide. Son attitude et ses propos exprimaient un grand désarroi. Il éclata même en sanglots en m'expliquant ses misères. Bien qu'une importante distance physique nous séparât, j'eus la curieuse impression qu'il s'agrippait à moi comme un noyé cherchant sa respiration.

Je le calmai du mieux que je pus et lui promis de faire diligence dans ma réponse à sa lettre.

Quelques jours plus tard, je reçus l'imposant envoi de Mike. Des photos l'accompagnaient.

Comme je m'étais engagé à le faire, je consultai l'au-delà le jour même. L'ensemble des informations me fit rapidement comprendre que Mike subissait le retour de ses propres faiblesses. Elles le maîtrisaient encore et il devait s'en dégager par ses propres efforts. Son plan de vie, bien que fort difficile, m'apparaissait pourtant centré sur les objectifs d'évolution qu'il devait atteindre.

Je répondis du mieux que je pus. Je lui révélai les points qu'il devait travailler et ce qu'il pouvait espérer en obtenir. La nature de ses faiblesses spirituelles m'incita à lui faire comprendre que la réussite était entre ses mains et que nul autre que lui ne ferait les efforts qui s'imposaient. Je lui donnai également quelques conseils que m'indiquèrent deux Esprits lumineux venus pour l'aider.

Je postai ma réponse avec la certitude que Mike possédait maintenant toutes les données pour réussir son cheminement spirituel.

Or, moins de deux semaines plus tard, je reçus une deuxième lettre de Mike. Il rappliquait dans ses demandes sur une bonne vingtaine de pages.

Ma réponse écrite suivit l'ordre normal du courrier que j'avais reçu. Je lui expliquai de nouveau la liste de ses devoirs et sa marge d'espérance.

Dix jours plus tard, Mike m'écrivait de nouveau. Encore plus véhément que les premières fois, il se montrait nettement insatisfait des réponses que je lui livrais. Puis, une véritable pluie de lettres envahit mon courrier. Ses demandes devinrent de plus en plus exigeantes, prenant rapidement des allures nettement matérialistes. Voyant par mes réponses que je demeurais dans les limites de ce qui m'était permis, il versa tout le fiel de ses frustrations dans une litanie de reproches qui s'adressaient autant à moi qu'aux Esprits venus m'assister. Naturellement, je ne donnai aucune suite aux dernières lettres de Mike, laissant à son Ange gardien le soin de le faire réfléchir.

L'attitude de Mike me fit comprendre que lorsqu'il découvrit la réalité des contacts médiumniques, il crut avoir trouvé la poule aux œufs d'or. Il pensa que les Esprits de lumière se placeraient à son service pour répondre à ses rêves et lui éviter ses efforts d'incarné. Mike avait agi avec l'au-delà comme si des esclaves y vivaient en attente de ses désirs.

***

À la même époque, je reçus une lettre semblable d'un autre lecteur qui se montrait même encore plus incisif et plus vindicatif envers Dieu et les Esprits de lumière qui n'exauçaient pas ses demandes. Bien que n'espérant pas beaucoup de son effet, je lui fis parvenir ma réponse. Je tenais à lui souligner que nul n'appartenait à personne et que les Esprits de l'au-delà, comme tous les médiums, n'étaient ni ses serviteurs ni ses esclaves.

Comme Mike, cet homme encore trop aveuglé par son orgueil ne pouvait même pas apprécier la générosité de ceux qui acceptaient de l'aider dans son cheminement. Il agissait comme si nous étions des obligés grassement payés, alors que les Esprits que je consultais travaillaient, comme je le faisais moi-même, dans la totale gratuité.

Bref, les deux hommes réagissaient comme de véritables enfants encore confinés dans le cercle fermé de leur moi.

3. CONDITIONS ESSENTIELLES POUR QUE NOS DEMANDES SOIENT EXAUCÉES

Nous savons maintenant ce qu'il faut faire pour s'assurer que nos requêtes soient entendues. Mais qu'en est-il de celles qui semblent rester lettres mortes malgré l'application scrupuleuse des conditions d'émission ?

Pour bien répondre à cette question, nous devons nous référer à d'autres considérations qui conditionnent l'exaucement de nos invocations.

Le niveau vibratoire de l'émission de l'invocation

L'invocation, c'est un peu comme l'émission d'une onde radio entre deux interlocuteurs qui utiliseraient des appareils émetteurs-récepteurs. Pour qu'il y ait un échange d'informations, il faut que chaque appareil utilise la même fréquence et la même amplitude. Il en est ainsi du prieur qui doit bien centrer l'émission de sa pensée tout en favorisant la réception du retour qui lui sera accordé.

Lorsque nous appelons l'au-delà avec ferveur, sincérité et désintéressement personnel, nous élevons automatiquement nos capacités d'émission et de réception. Nous pouvons alors atteindre les habitants des mondes de lumière qui, eux, sont véritablement en mesure de nous aider. Nous favorisons les possibilités de retour, car plus nous atteignons un haut niveau de vibration dans nos demandes, plus nous nous approchons des échelons de La sagesse divine où l'on comprend encore mieux ce qui est vraiment bon et souhaitable pour nous.

Voyons un phénomène que j'ai personnellement vécu, et qui nous donne une idée plus précise de cette prise de contact bien réelle avec les dimensions des mondes de lumière qu'engendre l'émission de nos appels à Dieu et à nos amis de l'au-delà.

UNE BRUYANTE EXPLOSION

C'était un soir d'avril. Je venais tout juste de me coucher. Je fermai les yeux et je commençai mes prières. Je remerciais mon Ange gardien et les Esprits de mon équipe de l'au-delà pour toute l'assistance qu'ils m'avaient apportée dans ma journée. Je priais Dieu de les bénir et d'autoriser que ceux et celles qu'il plaçait sur ma route obtiennent son écoute.

En me tournant légèrement sur ma gauche, j'entendis une bruyante explosion qui retentit dans toute la chambre. Au même moment, un brillant éclair blanc éblouit complètement mon œil gauche. Je sursautai. Mon corps réagit promptement comme pour se défendre d'un véritable coup de foudre.

Ma femme, qui ne dormait pas, se tourna rapidement. Je lui demandai si elle avait entendu le bruit ou vu l'éclair qui avait frappé la chambre, mais elle me répondit qu'elle n'avait eu connaissance de rien. Je lui décrivis ce que j'avais ressenti et, comme tout semblait revenu à la normale, je me recouchai sur mon oreiller. Mon œil gauche qui avait reçu la lumière ne présenta aucun effet de phosphène. J'en déduisis que j'avais perçu le phénomène par mes sens périspritaux.

Je refermai les yeux et je continuai mes prières. J'entrais lentement dans le sommeil lorsque le phénomène se répéta. Une autre formidable explosion retentit dans la pièce. Le bruit aurait réveillé une pierre. Une lumière très blanche et très éclatante accompagna la détonation. Cette fois, je la perçus dans mes deux yeux. Je regardai mon épouse. Elle n'avait pas bougé. Je lui demandai si elle avait entendu quelque chose, en lui mentionnant que l'éclair s'était remontré. Elle me répondit que j'étais le seul à entendre ces bruits. Elle ajouta que je commençais à lui faire peur et me demanda de la laisser dormir. Je reposai ma tête sur l'oreiller et je priai mon équipe de l'au-delà de me protéger. Je sombrai dans le sommeil jusqu'au matin.

***

La ferveur de notre appel peut constituer un véritable amplificateur de son niveau vibratoire. L'absence de doute ou la profonde certitude inspirée par une foi véritable en la sagesse divine peuvent même mettre en branle un processus d'intervention directe dans notre monde matériel. C'est ce phénomène qui se produit lors des actions miraculeuses qui s'observent occasionnellement autour de certaines personnes ou de certains groupes qui expriment la force de leur foi.

Voici un fait vécu où le prieur enclencha l'amplification de l'émission vibratoire dont nous parlons. Il est particulièrement intéressant, car il est de l'ordre de notre quotidien. Il mit en branle ce même processus dont parlait Jésus et qui, selon ses propres dires, pourrait nous permettre de déplacer des montagnes.

UN EFFET IMMÉDIAT

Rébecca connaissait la vie facile. Elle vivait dans l'abondance. Le souci du lendemain ne jetait jamais d'ombre dans son confortable quotidien.

La situation changea radicalement du jour au lendemain lorsque son époux, qui était la source de tous ses revenus, la quitta pour une autre femme. À cette époque, il y avait bien peu de recours. Rébecca dut donc s'arranger par ses modestes moyens pour subvenir à ses besoins et à ceux de ses trois enfants dont elle n'avait pas voulu se séparer.

Les quelques mois qui s'écoulèrent, avant qu'elle puisse remédier définitivement à sa situation précaire, donnèrent lieu à bien des heures difficiles. Rébecca y vécut par contre une expérience spirituelle qui lui confirma la bienveillante assistance de l'au-delà dans la douloureuse lutte que nous imposent nos misères.

Rébecca n'avait plus aucun sou et le garde-manger était complètement vide. Jusqu'à ce jour, elle avait réussi à s'en sortir par de véritables prouesses, mais elle était maintenant au bout de ses ressources.

Rébecca priait depuis plusieurs jours, mais l'au-delà paraissait bien sourd à ses supplications. Un profond découragement envahissait peu à peu sa pensée ; elle se convainquait progressivement que Dieu Lui-même la rejetait.

Le petit-déjeuner s'était limité aux derniers restes de la veille. Rien de comestible ne pouvait garnir la table du midi.

À dix heures cinquante, Rébecca bondit hors de son apitoiement intérieur. Elle se leva et cria à Dieu de lui fournir un mets chaud pour le repas de ses enfants. Elle lui exigea également un peu d'argent pour voir aux quelques lendemains dont elle avait encore besoin pour reprendre la situation plus en main. C'était une véritable mise en demeure. Non pas comme celles que les hommes utilisent entre eux pour s'écraser mutuellement, mais une supplication du cœur qui ne laissait aucune autre alternative que celle d'exaucer sa demande.

Elle Lui donna même une heure limite : onze heures trente. Il n'y avait ni orgueil ni égoïsme dans son message d'espérance. Seul l'amour pour ses petits donnait toute la force à ses cris de survivance. Elle parla ainsi à Dieu pendant trente minutes, exprimant autant la tendresse de l'espérance que la rage de la souffrance.

C'est le téléphone qui la sortit de son dialogue.

Il était onze heures vingt. Sa voisine, qui connaissait sa difficile situation, lui offrait une grosse soupe et une généreuse tourtière qu'elle avait faite pour un dîner annulé. Elle semblait très mal à l'aise de lui proposer tout cela, comme si elle le faisait contre le code de ses conventions sociales. La dame expliqua à Rébecca que tous ses invités s'étaient décommandés à la dernière minute. Ils avaient tous appelé dans le même quart d'heure. Comme elle ne voulait rien gaspiller, elle avait pensé lui donner le repas beaucoup trop copieux pour elle qui vivait seule. Rébecca accepta avec bonheur cette offrande salvatrice.

Cinq minutes plus tard, à onze heures vingt-cinq, le téléphona sonna de nouveau. Une vieille amie d'enfance assez fortunée lui demanda si elle était chez elle pour encore quelques heures. Rébecca répondit par l'affirmative. Une heure après avoir raccroché, l'époux de son amie sonna à sa porte. Il lui remit une enveloppe cachetée. Il salua Rébecca avec une grande politesse et repartit aussitôt.

Rébecca ouvrit la mystérieuse enveloppe. Elle y trouva le montant d'argent qui lui manquait. Un petit mot l'accompagnait. Son amie lui expliquait qu'elle avait reçu une curieuse pensée très insistante. C'était comme un ordre qui lui suggérait de lui envoyer de l'argent dont elle avait un urgent besoin. Enfin, elle la saluait et lui rappelait de ne pas hésiter à faire appel à son aide.

Dieu avait exaucé les demandes de Rébecca. Elle avait reçu le retour de sa foi. Elle avait fait appel aux vibrations parentales du Créateur par les siennes qui motivaient sa supplication. Devant l'autorisation divine, les Guides de lumière purent intervenir. Ils utilisèrent les possibilités offertes par le monde matériel entourant Rébecca, tout en respectant le plan de vie de chacun des acteurs sollicités.

Les possibilités du plan de vie

Nous ne sommes aucunement soumis aux ballottements du hasard aveugle dans l'écoulement de notre incarnation terrestre. Un véritable plan de vie gère chacun des événements qui se présentent sur notre route. Nos possibilités sociales, financières, familiales, physiques et même spirituelles sont directement conditionnées par lui. La présence du plan de vie n'a qu'une seule raison d'être : garantir que nous puissions atteindre les objectifs d'évolution spirituelle que nous nous sommes fixés avant de naître.

Il faut bien comprendre ici que ce plan ne limite pas vraiment notre libre arbitre. En réalité, il ne fait que déterminer les conditions dans lesquelles il devra s'appliquer.

Les possibilités offertes par notre plan de vie sont donc déterminantes dans l'exaucement de nos demandes dès qu'elles les mettent directement en cause.

Nous devons toujours tenir scrupuleusement compte de cette considération dans les requêtes que nous adressons autant pour nous-mêmes que pour les autres. D'autant plus que c'est Dieu Lui-même qui a autorisé chacun de nos plans de vie. Adresser nos appels à l'aide en précisant que nous le demandons dans la pleine mesure des plans de vie impliqués, devient donc l'expression du respect et de la reconnaissance de la grande sagesse divine. Voyons un exemple bien concret de l'importance que prennent les possibilités offertes par le plan de vie dans l'exaucement de nos sollicitations.

UNE PRIÈRE ENTENDUE

Marie-France avait deux sœurs. Leurs relations étaient très harmonieuses. Depuis leur tendre enfance, les liens qui les unissaient faisaient l'envie de plusieurs parents.

La mort prématurée de la cadette vint saboter ce bonheur qui semblait trop parfait pour durer bien longtemps.

Les années passèrent. Les liens affectifs unissant Marie-France à sa sœur défunte demeurèrent aussi solides que de son vivant. Souvent, elle la priait dans les moments difficiles. Marie-France lui vouait une grande confiance, car sa vie terrestre avait toujours été exemplaire et elle voyait là un gage de ses pouvoirs d'outre-tombe.

Sa sœur aînée prit un chemin beaucoup moins spirituel. La mort de sa cadette l'avait révoltée contre Dieu. Sa réflexion s'était arrêtée aux apparences trompeuses de notre matière lourde. Elle était demeurée honnête, mais ses soucis se situaient bien en deçà du questionnement intérieur. Son plan de vie lui fit rencontrer un homme dont elle tomba follement amoureuse. Elle ne lui voyait aucun défaut. Même ses abus d'alcool échappaient à son analyse.

Marie-France tenta vainement de lui faire comprendre les souffrances qu'elle se réservait dans une pareille relation amoureuse. Rien ne pouvait éveiller sa pauvre sœur qui agressait verbalement toute personne osant lui rappeler la faiblesse majeure de celui qu'elle aimait tant.

Devant son impuissance, Marie-France songea à faire appel à l'intervention de la défunte. Elle l'invoqua tous les jours, l'implorant de venir aider leur sœur qui ne voulait plus entendre raison. Le matin, en s'éveillant, le jour, dans ses temps libres, et le soir, en s'endormant, elle invoquait l'Esprit de sa sœur défunte pour qu'elle réponde favorablement à ses prières.

Malgré tous ses efforts soutenus, la situation ne faisait qu'empirer. Les liens que Marie-France aurait voulu détruire se renforcèrent à un point tel qu'ils décidèrent de se marier.

C'est quelque temps après ce mariage que Marie-France me consulta.

Elle se sentait abandonnée. Elle ne comprenait pas pourquoi la défunte n'avait pas empêché le malheur de sa sœur aveuglée.

Les premiers contacts avec l'Esprit de la défunte m'indiquèrent sa confortable situation dans le monde de l'au-delà. Son périsprit lumineux exprimait son haut niveau d'avancement spirituel. Elle dégageait un grand calme et une paisible sérénité. Elle me regardait avec un sourire d'une grande tendresse.

Bien que sans parole prononcée, son message fut clair.

La sœur aînée de Marie-France entrait dans une phase cruciale de son plan de vie. Personne ne pouvait éviter les difficultés qu'elle pourrait rencontrer. Bien avant de naître, elle avait demandé de s'affranchir d'un poids qui l'empêchait de prendre son envol. Pour cela, elle s'était offerte pour accompagner une entité qui devait surmonter l'épreuve de l'alcoolisme dont il était encore l'esclave. Elle avait accepté le risque de subir les souffrances qui découleraient d'un échec de cet Esprit avec qui elle devait vivre plusieurs années. Son Ange gardien, qui devait garantir le respect du plan autorisé par Dieu Lui-même, l'avait aveuglée dans sa réflexion d'incarnée. Il lui assurait ainsi la pleine possibilité d'atteindre les objectifs qu'elle s'était fixés.

La défunte avait donc très bien entendu les appels de Marie-France, mais la trop mince marge de manœuvre dont elle disposait l'empêchait de répondre à ce qui lui était demandé.

Après toutes ces explications, Marie-France reçut de beaux messages d'amour. Puis, l'Esprit invoqué retourna dans les vibrations subtiles de l'au-delà de lumière.

Marie-France me quitta soulagée et réconfortée. Elle comprenait maintenant que les habitants de l'au-delà sont d'un certain point de vue un peu comme nous sur la Terre : ils ne peuvent tout faire malgré leur avancement et leur bonne volonté.

***

L'autorisation divine

Sous le voile qui fait oublier, nous pouvons facilement nous laisser berner par les illusions de notre monde aux vibrations lourdes. La découverte des lois physiques régissant autant notre corps que notre entourage matériel nous donne l'impression d'une autonomie bien indépendante du monde de l'Esprit. Or, tout cela n'est qu'un mirage.

Dieu, qui est l'origine de tout ce qui peut exister dans

toutes les dimensions que le cosmos éternel peut exprimer, continue à soutenir chaque instant de toute sa création. Rien ne peut être ni devenir sans le support de sa volonté. Même le mal, qui n'est que l'expression de l'ignorance, donc d'une étape primaire d'évolution, ne pourrait surgir sans l'essence de son consentement.

Cette considération est fort importante pour l'adresse de nos demandes, car si Dieu n'autorise pas qu'elle soit exaucée, rien ni personne ne pourra les rendre effectives même si elles sont bien entendues et bien écoutées.

Toute invocation doit donc commencer par une adresse à Dieu. Nous lui demandons de bien vouloir autoriser qu'elle soit exaucée dans la pleine mesure du plan de vie des personnes concernées.

C'est seulement après cette étape fondamentale que nous devrions diriger notre invocation vers les entités sollicitées.

Je pourrais vous citer presque tous les témoignages de ce livre en exemple de demandes accordées par autorisation divine, mais j'ai retenu particulièrement celui qui suit, car il exprime bien la sollicitude de Dieu face à nos souffrances d'incarnés.

SA FILLE UNIQUE

Au tout début de la conversation téléphonique, Nadia se présenta d'un ton ferme et posé. À peine eut-elle prononcé les derniers mots de sa solide introduction qu'elle éclata en sanglots. Une vive douleur déchirait tout son être. Sa fille unique, qui entamait à peine ses dix-sept ans, venait de mourir dans un grave accident de voiture. Nadia pleurait toutes les larmes de son corps. Elle criait son ressentiment devant son impuissance à corriger les événements pour retrouver sa fille. Elle ne pouvait accepter qu'elle n'entendrait plus sa voix, ni ne reverrait son sourire. Ce n'était pas possible que son Dieu de justice ait voulu interrompre une incarnation si pleine d'entrain et de joie de vivre.

Nadia m'appelait pour entrer en contact avec l'Esprit de sa fille. Elle avait déjà lu mes ouvrages et avait vite trouvé mes coordonnées. Je lui expliquai le danger pour son enfant de l'invoquer si tôt après son décès. Je lui rappelai tout le processus d'adaptation qui devait se mettre en branle pour elle et que nous ne devions pas interrompre. Lorsqu'elle me demanda le délai que nous devions respecter, ma réponse la fit sursauter. Nadia ne pouvait se résoudre à attendre trois années avant de pouvoir lui parler.

En pleurant, elle me dit qu'il fallait qu'elle meure pour retrouver sa fille. Je lui rétorquai que mourir avant le moment prévu par Dieu ne pourrait que l'éloigner davantage de sa fille, et cela, pour une durée qui pourrait lui paraître très longue et très pénible.

Nadia me rassura aussitôt sur ses intentions, mais elle m'exprima qu'elle ne voyait pas comment elle pourrait surmonter sa détresse à chaque jour qui lui restait à vivre ici-bas. Je lui affirmai cette vérité, confirmée par tous les Esprits de lumière qui se manifestent, qu'aucune épreuve n'était autorisée sans la force pour l'accompagner. Je lui rappelai également l'importance de franchir courageusement ses heures difficiles pour aider sa fille à se libérer de ses liens terrestres. Je lui mentionnai aussi l'importance de bien vivre tout ce que son plan de vie lui réservait pour accéder à un monde hautement vibratoire dans l'après-mort et s'assurer ainsi de pouvoir partager son existence post mortem avec sa fille.

Ces propos éveillèrent sa raison, étouffée par la trop forte émotion.

Je lui recommandai fortement de demander à Dieu d'autoriser un échange conscient avec sa fille dans l'au-delà, pendant ses heures de sommeil, dans la mesure où cela ne pourrait aucunement nuire à son enfant. Je lui expliquai en quoi devait consister sa requête, que nous verrons plus loin, et qu'elle devait adresser pendant trente jours.

Nous convînmes qu'elle m'en donnerait des nouvelles.

Nadia me rappela cinq semaines plus tard. Le ton de sa voix n'était plus le même. Son intonation, ses mots exprimaient une grande sérénité.

Sa demande avait été exaucée en toute fin de la séquence convenue. Nadia avait pu rencontrer sa fille dans l'astral de lumière. Son Esprit était radieux. Elle resplendissait de santé et de vitalité comme de son vivant.

Dès les premières pensées échangées avec elle, Nadia comprit l'erreur de sa réaction beaucoup trop vive. Elle réalisa tout le dommage que son attitude aurait pu engendrer. Elle voyait jusqu'à quel point son enfant, là-haut, goûtait le vrai bonheur, et elle ne voulait surtout pas briser une si belle paix et une si pure sérénité. Elle comprit, en regardant la vie terrestre sous le voile qui fait oublier, que sa peine avait grandement manqué de générosité envers sa fille bien-aimée. Elle vit bien lucidement que, contrairement à ce qu'elle avait pensé, elle devait vivre du mieux qu'elle pouvait chacune des journées prévues sur sa route terrestre pour s'assurer de rejoindre son enfant.

Juste avant de raccrocher, elle me remercia avec

beaucoup de chaleur, mais je lui rappelai que c'était Dieu qu'il fallait remercier d'avoir permis de vivre une pareille expérience.

4. LES LIMITES D'APPLICATION

Nous venons de voir les conditions essentielles dont nous devons tenir compte pour que nos demandes soient entendues puis exaucées. Or, comme nous le savons tous, elle ne nous garantit pas de toujours recevoir ce que nous demandons. Pourquoi donc en est-il ainsi ?

Il y a quelques années, j'entendais aux nouvelles télévisées un véritable cri de désespoir d'un homme très éprouvé qui disait à Dieu : « Es-tu sourd ? Qu'en sont nos prières ? » C'est en voyant les limites que peut imposer notre état d'incarnation à ceux que nous invoquons, que nous comprenons pourquoi certaines prières semblent si difficiles à exaucer.

Le déterminisme et la liberté

Il m'arrive parfois d'en faire sursauter plusieurs dans mes conférences lorsque j'affirme qu'environ quatre-vingts pour cent des événements que nous vivons furent déterminés avant notre naissance dans l'élaboration de notre plan de vie. Ils sursautent, car, pour eux, cela signifie que notre liberté devient limitée, voire inexistante. Or, le déterminisme des événements ne limite que relativement notre libre arbitre, car il ne fait que définir notre cadre d'évolution dans lequel notre libre choix devra s'appliquer. Tels que nos plans de vie sont autorisés, il n'y a pas de véritables contradictions entre le déterminisme et la liberté. Le premier ne fait que bien centrer les épreuves à affronter en déterminant leurs conditions d'application et les possibilités d'action que nous aurons librement choisies avant de naître et qui seront à la disposition de notre liberté d'incarnés.

En fait, le vingt pour cent de liberté dont nous jouissons vraiment couvre un champ très vaste. Tellement, que plusieurs d'entre nous s'y perdent dans le dédale des pulsions, des tendances et des faiblesses morales soumises à l'épreuve des événements prévus dans le déterminisme de départ. Ce qui démontre bien que, malgré tout, notre liberté est très grande dans nos possibilités de réaction.

Pour bien comprendre le principe appliqué, continuons de réfléchir à partir de cas bien concrets qui en éclaircissent les données.

Je pourrais vous livrer une série de faits qui démontrent l'existence d'un prédéterminisme dans les événements que nous rencontrons.

Amorçons notre réflexion par les deux exemples qui suivent.

UN VOYAGE BIEN PLANIFIÉ

Ma femme et moi avions soigneusement planifié un voyage de quelques jours nous permettant de visiter les côtes du Nouveau-Brunswick. Le matin de notre départ, je m'éveillai quelques minutes avant la sonnerie de mon réveille-matin. J'en profitai pour adresser quelques prières à nos frères de l'au-delà.

Pendant que je priais, des images très précises d'une scène que le jour me réservait s'animèrent dans une vision intérieure. Je vis bien nettement une grande roue surplombant plusieurs manèges d'un cirque ambulant. Mon champ de vision me situait à environ quatre ou cinq kilomètres de leur emplacement.

Lorsque mon épouse s'éveilla, je lui décrivis ce que je venais tout juste de voir.

Comme prévu, nous quittâmes la maison très tôt pour nous assurer de ne pas manquer le traversier de Saint-Siméon. Le trajet était magnifique. Les paysages enchanteurs du Saguenay puis de Charlevoix défilaient tout le long de la route sinueuse. L'odeur de la nature nous pénétrait de toute sa vitalité. Bientôt, le Saint-Laurent, magnifique, apparut devant nous. Les rayons du soleil, à peine sortis de la nuit, s'amusaient dans les moindres replis de la surface onduleuse.

En nous approchant de l'embarcadère, nous fûmes ravis de nous retrouver, tel que prévu, derrière une petite file de voitures en attente du traversier. Mais, contrairement à ce qui se passait habituellement à cette heure matinale, un préposé aux billets d'embarquement se dirigea directement vers nous. D'un air désolé, il nous informa qu'un imprévu venait tout juste de modifier l'horaire de départ du navire. Comme cela impliquait au moins cinq heures d'attente, nous décidâmes de rejoindre l'autre rive en faisant le grand tour par Québec. Le temps était splendide et l'ambiance de vacances rendait même attirante l'idée de prolonger notre trajet.

Arrivés à Québec, en sortant d'un échangeur menant sur l'autoroute, la vision du matin se déploya dans ses moindres détails. Nous aperçûmes, à environ cinq kilomètres sur notre droite, la grande roue d'un petit cirque ambulant surplombant d'autres manèges en mouvement.

Bien que nous soyons relativement habitués à ce genre de phénomène, une réflexion questionnant le libre arbitre et le déterminisme de notre existence terrestre s'anima entre mon épouse et moi. Tout se passait comme si, malgré notre soigneuse planification, le petit voyage se déroulait comme il avait été tracé avant même que nous y ayons pensé.

Deux jours plus tard, une autre prémonition semblable vint éveiller notre réflexion philosophique. Je venais tout juste de sortir de mon sommeil. Le vrombissement du train circulant tout près du pittoresque motel où nous passions la nuit m'avait ramené aux dimensions opaques de notre Terre. Cherchant à me rendormir, je me laissai emporter par le flux décousu de mes pensées. Soudain, une image bien nette se présenta à moi. J'aperçus un curieux tatouage d'une ancre de bateau gravé sur le bras droit d'un homme assez costaud qui m'était tout à fait inconnu.

Au petit-déjeuner, je décrivis à ma femme ce que j'avais reçu.

Dans l'après-midi, poursuivant l'itinéraire que nous avions planifié, nous nous dirigeâmes vers une petite municipalité si souvent chantée dans les chauds refrains acadiens. Rendus au bout du grand quai, nous eûmes l'impression de nous tenir sur un bras de la côte sablonneuse s'étirant dans la mer agitée. Devant un des petits bateaux remuant au gré des flots, nous aperçûmes une affiche fraîchement imprimée annonçant les mérites d'une petite croisière qui nous ferait mieux connaître les alentours. Comme l'heure de départ convenait mieux au rythme de notre journée, nous décidâmes d'embarquer.

Le vent soulevait les vagues qui écumaient sous la proue du bateau. Le soleil de juillet réchauffait l'air habituellement frisquet du nord-est.

Quelques dizaines de passagers partageaient avec nous ces heures magnifiques, changeant sporadiquement de place tout autour du bateau qui rythmait délicieusement sa danse sur la douce ondulation de l'eau.

Soudain, en me déplaçant vers tribord, j'aperçus l'inconnu de ma vision. Il semblait se tenir solidement au bastingage. Ses bras dénudés étaient fortement musclés. Le droit était tatoué exactement comme je l'avais vu le matin. Discrètement, je l'indiquai aussitôt à ma femme.

Nous débarquâmes fort satisfaits de notre petit périple en mer. Non seulement nous avions profité d'une excellente façon de découvrir ce coin enchanteur, mais encore, nous avions reçu une autre confirmation indiscutable que bien des événements sont prédéterminés sur notre route, parfois même au-delà des libres choix que nous pouvons faire.

UN POLICIER EN MOTO

Nous nous étions levés avec les premiers rayons du soleil d'été. La journée s'annonçait merveilleuse. Nous partions pour quelques jours, ma famille et moi. Nous avions projeté de parcourir les beaux coins de campagne longeant le majestueux Saint-Laurent.

En me faisant la barbe, une vision très précise se présenta à moi. Je perçus un policier bien enfourché sur sa moto. Il était garé à la gauche de la route, tout juste après une petite montée. Sa position ne permettait aux conducteurs que de le percevoir à la toute dernière seconde. Il tenait un radar, genre pistolet, qu'il pointait vers nous. La vision s'arrêta sur ces dernières images.

Je terminai ma toilette et je rangeai dans la voiture les effets que nous avions préparés.

Avant de prendre la route, je rapportai la vision que j'avais reçue. L'ami de ma fille, qui nous accompagnait, fut surpris des propos que je tenais, mais il ne me questionna pas davantage, sans doute par mesure de politesse.

Nous parcourions la route en gavant notre âme des images fabuleuses du paysage québécois. Je jetais régulièrement un petit coup d'œil sur l'aiguille de l'indicateur de vitesse, en me rappelant l'avertissement que j'avais reçu. Je n'ai pas l'habitude de rouler vite, mais il est très facile de dépasser la limite permise sans trop s'en rendre compte.

Après deux heures de route, juste au-dessus d'une légère montée, nous aperçûmes un policier assis sur sa moto. Il pointait vers nous un détecteur de vitesse qui ressemblait à un pistolet. L'ami de ma fille exprima verbalement sa grande surprise. Le tableau était exactement celui que je leur avais décrit. À quelques centaines de mètres, des auto-patrouilles que je n'avais pas vues dans ma vision attendaient les instructions pour intercepter les conducteurs en infraction.

L'incident enclencha une discussion sur la liberté et le prédéterminisme. Malgré les avis divers, chacun devait se plier au constat observé. Il y avait bel et bien des événements décidés sur la route de notre vie. Mais notre réflexion nous amena à comprendre le jeu réel de la liberté d'action. Dans le cas que nous avions vécu, la liberté ne résidait non pas dans le choix de la route à emprunter, mais dans la façon de réagir face à ce qui nous y était réservé. Ainsi, si je n'avais pas respecté les limites de vitesse, j'aurais assumé les conséquences de ma négligence, mais comme j'avais choisi de tenir compte de l'avertissement reçu, je pouvais poursuivre ma route sans problème. En d'autres mots, ma liberté de choix pouvait autant me nuire que m'aider, mais elle ne pouvait pas échapper à l'épreuve qui me permettait de la mesurer.

Il y a donc un prédéterminisme de départ qui, de par

sa nature, limite les possibilités d'action de ceux que nous invoquons. Mais notre liberté elle-même peut-elle à son tour empêcher d'agir ceux de l'au-delà qui veulent nous venir en aide ?

UN AVERTISSEMENT SINCÈRE

Lucienne m'avait consulté à la suite du décès de son mari. Un infarctus l'avait emporté sans qu'elle se soit préparée à un pareil drame dans sa vie. Sa peine était si grande qu'il lui semblait qu'elle ne pourrait jamais retrouver son équilibre. Je l'assistai avec l'aide de son Ange gardien.

Moins de deux ans plus tard, elle me consulta de nouveau. Le sourire avait remplacé ses pleurs. Elle avait fait la rencontre d'un homme qui semblait l'avoir complètement subjuguée. Il était veuf comme elle. Ses enfants étaient du même âge que ceux de Lucienne. Ils s'étaient rencontrés à quelques reprises et ils envisageaient déjà de faire vie commune.

Lucienne voulait connaître mon avis. Comme elle n'avait pas de photographie à me montrer, elle me donna une lettre qu'il lui avait écrite. Je l'utilisai comme déclencheur de voyance.

Ce que je reçus n'alla vraiment pas dans le sens que Lucienne espérait. Je vis que cet homme jouait un jeu. Il se montrait comme un être parfait, soucieux du spirituel, mais en réalité, l'égoïsme, l'impatience et l'hypocrisie prenaient beaucoup de place dans son périsprit. Je transmis à Lucienne ce que je recevais. Je voulais lui éviter des souffrances que je ne percevais pas comme vraiment nécessaires pour elle, du moins lui supposais-je les acquis pour qu'il en soit ainsi.

N'écoutant que l'appel primaire de son cœur, elle

refusa de croire en la justesse de ce que je lui livrais. Elle tint même des propos remettant en question la valeur des Esprits qui m'accompagnaient.

Par la suite, je n'eus des nouvelles de Lucienne que deux ans plus tard. Elle avait rencontré une amie à qui elle se confia. Elle lui demanda de me faire ce message : ce que je lui avais dit sur son nouvel amoureux s'était révélé juste à cent pour cent. Elle ajouta : « Dis-lui que, maintenant, j'assume les conséquences de mon étourderie. »

Lucienne aurait pu éviter ces souffrances, mais il lui manquait encore trop de lumière dans son cœur pour distinguer la route qu'elle devait choisir. Son Ange gardien l'avait laissée appliquer son libre arbitre, sachant qu'en fin de compte, elle en tirerait une leçon qui la ferait grandir.

Il arrive souvent que les Esprits guides inspirent ce genre d'avertissement à leur protégé, mais, comme pour Lucienne, bien peu en reconnaissent la valeur. La plupart préfèrent laisser libre cours à leurs pulsions ou à leurs désirs intimes dans une vision beaucoup trop à court terme. Il est important de demander à Dieu de recevoir une lumière suffisante pour que les choix qui nous sont soumis n'entraînent pas de souffrances que l'on pourrait éviter avec plus de sagesse.

UNE BELLE LEÇON

Arianne avait vécu beaucoup de bouleversements dans sa vie amoureuse. Depuis son divorce, elle avait essuyé deux douloureuses peines de cœur. Chaque fois, elle croyait avoir trouvé la perle rare qui, finalement, s'avérait n'être qu'une décevante imitation de ce qu'elle recherchait.

Se disant bien décidée à ne plus revivre un pareil déchirement, elle voulait me consulter pour connaître l'avis des Esprits de lumière sur la nouvelle liaison qu'elle venait d'entreprendre. De prime abord, vu les limites que m'imposait un horaire surchargé, je n'aurais jamais accepté de la recevoir pour un tel motif. Je m'apprêtais d'ailleurs à lui signifier que je ne pouvais répondre à ses attentes lorsque mon Esprit guide me conseilla de la rencontrer. Il me fit comprendre qu'elle avait besoin de lumière pour son cheminement spirituel et que c'était là une excellente occasion de la lui proposer.

Comme le Guide me l'avait annoncé, notre échange permit bien des mises au point dans les éléments de sa réflexion spirituelle. Entre autres, ses recherches du bonheur ignoraient beaucoup trop la raison fondamentale de notre existence d'ici-bas. Il était important que son Guide lui rappelle que nous n'étions pas sur Terre pour rire et pour jouir, mais simplement pour grandir, les joies terrestres n'étant là que pour nous permettre de reprendre notre souffle dans la longue montée. Elle devait également bien réfléchir sur sa conception de l'amour qui ramenait tout à sa personne. Dans l'amour vrai, nous ne recherchons pas la personne qui nous rendra heureux, mais plutôt celle à qui nous voulons donner le bonheur. En d'autres mots, l'amour vrai n'est pas centré sur nous-mêmes, mais plutôt sur l'autre, et ce, de façon inconditionnelle.

Très interrogative par rapport à tout ce qu'elle recevait, Arianne me présenta une photographie de son nouvel amoureux. Ses yeux pétillaient d'espoir. Elle voulait entendre qu'elle avait enfin trouvé le compagnon de sa vie qui resterait à ses côtés jusque dans ses vieux jours.

Les informations que je reçus ne suivirent malheureusement pas la tangente espérée. L'entité avait bien des acquis, mais les faiblesses qu'il n'avait pas encore maîtrisées s'opposaient catégoriquement aux attentes d'Arianne.

Je lui livrai les informations susceptibles de l'éclairer dans sa décision. En fait, je lui dévoilai les aspects qui la concernaient directement, laissant de côté tout le reste qui ne la regardait pas.

Comme les éléments que je recevais n'allaient pas dans le sens de ce qu'elle percevait, elle mit en doute ce que nous apportaient les Esprits venus pour l'aider. Arianne réagissait comme si elle avait déjà décidé ce qu'elle allait faire, nonobstant tout ce que pouvait lui apprendre l'au-delà.

Le message était pourtant clair. Cet homme lui jouait un jeu. Il cachait des faiblesses morales qui déclencheraient tôt ou tard les mêmes déchirements qu'elle avait déjà connus et qu'elle prétendait vouloir éviter.

Trois mois après notre rencontre, Arianne me téléphona. Sa voix éclatait de bonheur. Elle voulait m'annoncer qu'elle fréquentait toujours celui pour qui elle m'avait consulté. Elle m'exprima toute sa satisfaction d'avoir pris une telle décision. Aveuglée comme une adolescente découvrant son premier amour, elle me souligna qu'elle avait compris qu'il ne fallait pas accorder trop d'importance aux avis des Esprits guides. Elle ajouta que nous ne devions pas suivre nécessairement leurs conseils.

Son avis était juste, puisque nous avons notre libre arbitre d'incarné, mais il dégageait une sérieuse carence de sagesse. Les Esprits de lumière, qui acceptent de venir nous livrer leurs précieux conseils, le font de façon tout à fait désintéressée. Ils ne veulent que nous aider. Mais leur respect envers notre relative liberté demeure toujours absolu, dans la pleine mesure de notre plan de vie.

Une année s'écoula avant que je reçoive d'autres nouvelles d'Arianne. Elle me téléphona un dimanche soir. Le timbre de sa voix contrastait avec celui de son dernier appel. Marchant sur son orgueil, elle m'avoua qu'elle s'était trompée. Tout s'était passé comme les Guides de lumière le lui avaient annoncé.

Dès que son amoureux fut vraiment à son aise, il exprima sa nature réelle. C'était un homme égoïste qui utilisait les autres à ses fins. Pour lui, l'amour était un jeu dont il fallait savoir profiter. Les sentiments avaient peu d'importance. L'essentiel était de bien rire pendant qu'il en était temps. Évidemment, avec une pareille philosophie de l'existence, tout engagement avait un non-sens absolu. Pour lui, l'abnégation, le dévouement, la fidélité n'étaient que des chimères de naïfs en mal de brûlures d'estomac.

Malgré la leçon qu'elle avait tirée, Arianne ne m'exprima aucun regret pour son attitude envers les Esprits de lumière. Elle s'empressa cependant de solliciter à nouveau leur aide pour éclairer ses pas dans sa lente progression.

Ils revinrent vers elle dans une consultation ultérieure, mais Arianne ne put recevoir autant de clarté. Elle faisait encore partie de la horde d'incarnés ne pouvant apprendre que par leurs erreurs et leurs souffrances.

Cette limite que notre libre arbitre impose à l'exaucement de nos demandes est de même nature que celles que nous sentons si souvent vis-à-vis de ceux qui nous entourent et que nous cherchons à aider.

UNE OFFRE D'EMPLOI

Ma fille aînée poursuivait sa deuxième année universitaire. La fonte progressive de la neige hivernale lui rappela les impératifs d'un emploi d'été dont elle devrait bientôt se mettre en quête. Elle m'en toucha un mot, un matin, en déjeunant.

Le lendemain, j'allai au centre commercial avec mon épouse. En passant devant une librairie, nous remarquâmes une petite affiche dans la vitrine. On y offrait un emploi à temps partiel répondant à ce que cherchait Nathalie. Je lui téléphonai pour lui signaler cette place qui lui conviendrait très bien. Les qualités et l'expérience exigées correspondaient bien à son curriculum vitae et j'étais convaincu qu'on l'engagerait sur-le-champ. Je lui recommandai de faire vite.

De retour à la maison, je constatai que Nathalie ne s'était pas encore rendue à la librairie pour offrir ses services. Elle m'indiqua qu'elle ne pourrait s'y rendre avant le lendemain après-midi.

Le jour suivant, lorsqu'elle se présenta à la petite boutique, l'affiche avait été enlevée. Elle demanda si la place annoncée la veille était toujours disponible. On lui répondit qu'on avait trouvé quelqu'un.

Un mois avait passé et Nathalie, à la toute veille de ses vacances d'été, ne s'était toujours pas trouvé d'emploi. Lorsque je lui en touchai un mot, elle se plaignit de la rareté du travail. Elle avait beau chercher, aucune porte ne s'ouvrait devant elle. Je lui fis la remarque que sa chance avait peut-être passé un mois plus tôt. Il arrive souvent, dans nos plans d'incarnés, que ce que nous appelons la chance ne fasse que la moitié des pas, nous laissant la peine de faire le reste du chemin pour se concrétiser.

Le soir même, Nathalie me rencontra en astral pendant ses heures de sommeil. Une jeune femme aux cheveux blonds m'accompagnait. Je fis les présentations. Après lui avoir dit son nom, je rajoutai : « Je viens te présenter celle qui a eu l'emploi à ta place, l'emploi dont tu n'as pas assez voulu. » Je lui fis un sourire et je me retirai avec la jeune femme, comme si je devais la raccompagner à un endroit où elle ne pouvait se rendre seule. Nathalie s'éveilla avec un souvenir très précis de son expérience, mais, sans doute parce qu'elle se sentait un peu coupable de ne pas avoir fait diligence, elle ne m'en toucha aucun mot.

Une semaine plus tard, sans songer à ce qu'elle avait vécu dans l'au-delà de son sommeil, Nathalie se rendit magasiner dans le même centre commercial. En passant devant la librairie, elle remarqua une jeune femme blonde qui travaillait derrière le comptoir. Le souvenir de sa rencontre astrale lui revint en mémoire. Elle entra pour vérifier la justesse de ce qu'elle avait vécu.

À sa grande stupeur, elle reconnut celle qui m'accompagnait en Esprit pendant son sommeil. Elle lui adressa la parole, mais l'employée ne semblait pas du tout avoir gardé le moindre souvenir de ce qui s'était passé. En lisant le nom de la jeune femme sur la petite plaque d'identification qu'elle portait sur son chandail, Nathalie fut surprise à nouveau d'y reconnaître le même nom que j'avais mentionné.

En revenant à la maison, ma fille se questionna fortement sur les implications du libre arbitre dans notre destinée. En me rapportant tous ces faits, elle me dit qu'elle venait de comprendre comment nous pouvions avoir vingt pour cent de liberté dans un recoupement de lignes prédéterminées à quatre-vingts pour cent.

Cette limite imposée par le prédéterminisme de notre incarnation et notre liberté d'agir peut même s'accentuer par notre propre blocage spirituel. Ce dernier peut même contrer le bon vouloir de ceux que nous invoquons, car les Esprits avancés savent très bien dans leur lucidité de lumière que nous ne sommes ici-bas que pour grandir et évoluer. Ils nous laisseront donc dans notre misère s'ils évaluent qu'elle constitue la meilleure école pour tirer la leçon dont nous avons besoin. En voici un exemple bien précis.

UNE MAISON DIFFICILE À VENDRE

Jessica subissait des tracas financiers. La seule porte de sortie pouvant la libérer de sa situation difficile se trouvait dans la vente de sa maison qui avait une grande valeur monétaire. Il y faisait très bon vivre, mais le poids des taxes et de son coût d'entretien ne convenait plus au budget de Jessica depuis qu'elle vivait seule. Comme la propriété était libérée de toute hypothèque, sa vente lui aurait permis de finir ses jours en toute quiétude dans un logis à la convenance de ses nouveaux besoins.

Lorsque Jessica me consulta, elle cherchait l'éventuel acheteur depuis plus de deux ans. Elle vint me voir, non pas pour connaître l'avenir de cette affaire, mais pour savoir pourquoi rien ne débloquait.

Je suggérai à Jessica de centrer ses prières sur la personne qui achèterait sa résidence. Je lui expliquai qu'elle devait demander à Dieu de guider vers sa maison tout acheteur qui pourrait y être heureux dans la pleine mesure de son plan de vie. Je lui précisai les pensées bienveillantes qui devaient accompagner sa demande. Je lui conseillai également d'invoquer les Anges gardiens de tout éventuel acheteur qui y ferait une bonne affaire en fonction de son plan de vie. Je lui dis de leur demander de diriger leur protégé vers elle pour que chacun y trouve des avantages partagés.

Bref, j'indiquai à Jessica qu'elle devait demander non pas pour elle, mais pour ceux et celles qui auraient à vivre dans sa maison. Cette nuance était fort importante, car l'objet de ses appels spirituels concernait directement l'avenir de ceux et celles qui en deviendraient les propriétaires dans des plans d'existence qui lui étaient étrangers.

Jessica nota scrupuleusement toutes les données qu'elle devait considérer. Elle reconnut le caractère sensé des propos que je lui tenais et qui m'étaient inspirés.

Pendant notre échange, je vis nettement le chiffre six. Je lui transmis l'information en lui avouant mon incapacité à interpréter sa réelle signification. Je lui conseillai simplement d'attendre les événements, tout en lui soulignant que c'était sûrement un message positif.

Jessica me quitta remplie d'espoir. Je priai Dieu de permettre que ses demandes soient exaucées dans la pleine mesure de son plan de vie. Deux semaines plus tard, je reçus un appel d'elle. Le timbre de sa voix exprimait d'avance la nature agréable de la nouvelle qu'elle voulait m'apprendre. Sa maison était vendue. L'acheteur avait sonné à sa porte six jours exactement après notre rencontre. La vision avait dévoilé sa signification en moins d'une semaine.

Tout s'était passé comme si Jessica avait utilisé la vente de sa maison pour grandir en spiritualité. Elle devait comprendre le sens à donner à ses invocations et le contexte avait servi à cette fin. On me permit de percevoir le chiffre six pour qu'elle constate, au moment venu, que l'au-delà attendait simplement qu'elle trouve la lumière avant d'agir.

Le plan de vie

Comme nous l'avons vu plus haut, notre existence terrestre est conditionnée par un véritable canevas de base sur lequel se tisse la toile de fond du cheminement que nous devons faire pendant notre temps d'incarnation. Ce plan autorisé par Dieu lui-même nous plonge dans les conditions les plus propices à favoriser notre évolution. Le plus souvent, le plan de vie s'impose directement, mais parfois il emprunte certains détours. En voici un exemple que j'ai personnellement vécu.

UN RÊVE OUBLIÉ

Au début de mon adolescence, je nourrissais le rêve d'avoir un jour un petit bateau qui me permettrait de voguer sur le majestueux fjord du Saguenay, si riche en énergie régénératrice. Déjà, à cette époque, j'avais tenté avec un ami de me construire une rudimentaire embarcation sous le regard amusé de nos parents nous voyant occuper ainsi les heures ludiques de nos vacances estivales.

Les années passèrent et ce rêve d'autrefois s'enfouit progressivement dans la rubrique des bons souvenirs qu'il fait si bon se rappeler.

Plusieurs années plus tard, alors que je n'y songeais plus, l'idée farfelue du bateau prit une tournure fort inattendue.

Pour souligner notre anniversaire de mariage, nous avions convenu, les enfants, ma femme et moi, de passer la journée tous ensemble en pique-niquant tout près des chutes Montmorency, situées à quelques kilomètres de la ville de Québec. Le départ avait été fixé à six heures du matin.

Deux heures avant que le réveille-matin nous sorte du sommeil, je vécus spontanément une sortie astrale consciente. Je me rendis compte très rapidement que je me retrouvais dans une cale de bateau. J'examinais un moteur diesel recouvert d'une couche de décoloration blanchâtre laissée par l'action chimique du sel de mer. Un Esprit aux allures périspritales plutôt imposantes m'accompagnait. Il se tenait debout à ma droite. Moi, j'étais penché sur le moteur, à demi agenouillé.

Je l'interrogeai sur la qualité de la mécanique et sur son efficacité en terme de chevaux-vapeur. L'Esprit m'affirma que le tout était en bon ordre et qu'il convenait très bien à la vitesse de coque de l'embarcation. Il me décrivit le nombre de cylindres et le type de refroidissement du moteur. Il s'agissait d'un diesel marin à trois pistons refroidi à l'air. Comme je ne connaissais strictement rien sur ce genre de moteur, j'accordai une attention particulière à tous ces détails. Je perdis ensuite la conscience de mon expérience astrale et je m'éveillai aussitôt. En ouvrant les yeux, les aiguilles de l'horloge indiquaient quatre heures. Je me rendormis immédiatement jusqu'aux tintements de la sonnerie.

À mon éveil, je gardai un souvenir très précis de cette curieuse expérience. Comme je n'en comprenais pas le sens véritable, je n'en parlai pas tout de suite à mes proches.

L'avant-midi se déroulait admirablement bien. Une ambiance de fête et de joyeuse détente rendait chaque kilomètre des plus agréables. Nous approchions de notre point d'arrivée lorsque le pont de l'île d'Orléans apparut à l'horizon dans toute son élégance. Le paysage nous suggéra l'idée de modifier notre itinéraire. C'est ainsi que nous décidâmes tous ensemble de faire le tour de l'île et de visiter les chutes Montmorency en fin d'après-midi.

La température était magnifique. Nous roulions lentement, prenant le temps de déguster chaque beauté que nous offrait dame Nature. Après nous être attardés à plusieurs endroits, nous pensâmes à trouver un coin agréable pour notre pique-nique en famille.

En m'engageant dans un détour, ma femme s'écria : « Regarde, Serge ! Il y a un bateau à vendre. » Je ralentis, m'arrêtai et reculai sur quelques mètres. Je regardai le bateau aux allures négligées qui semblait nous demander de l'amener avec nous. Mon expérience de la nuit me revint en mémoire et je racontai alors ce que j'avais vécu en sortie astrale. Je dis spontanément : « Si dans la cale se trouvent tous les détails que j'ai vus cette nuit, ce bateau-là m'est destiné ! » L'ami de ma fille ajouta : « C'est lui, votre bateau, monsieur Girard ! » Après avoir retrouvé celui dont les coordonnées apparaissaient sur l'annonce de mise en vente, je pus monter à bord et descendre dans la cale. À ma grande surprise, il s'agissait exactement de tout ce que j'avais vu pendant la nuit. Même le dépôt salin présentait l'aspect particulièrement négligé sur le moteur à trois cylindres. Après quelques brèves explications sur les caractéristiques du petit bâtiment et un inventaire succinct des très nombreuses réparations à y apporter, nous convînmes d'un prix fort raisonnable qui me permit d'en conclure l'achat.

N'eût été de mon expérience nocturne, je n'aurais jamais pris la peine de m'arrêter pour une embarcation aux apparences si délabrées. J'aurais simplement trouvé dommage qu'un si beau bâtiment finisse de cette façon et j'aurais poursuivi mon chemin.

Le plan de vie impose sa route tout au long de notre existence, tissant à lui seul le quatre-vingts pour cent de prédéterminisme dont nous parlions plus haut. Son importance est telle qu'il déclenche même le processus par lequel nous retournons à la vie naturelle de notre Esprit.

IL NE BUVAIT JAMAIS D'ALCOOL

Paul poursuivait de brillantes études couronnées de succès à tous les points de vue. Le rayonnement de ses vingt ans laissait librement courir les plus belles ambitions. D'un tempérament calme et posé, il dégageait cette maturité prometteuse qui inspire tant d'espoir pour un jeune de cet âge.

Paul se faisait facilement des amis, mais le fait qu'il ne partageait pas toujours leurs étourderies l'éloignait parfois de leur compagnie. Mais cela ne l'affectait pas outre mesure puisque, de toute façon, il n'y trouvait guère ce qu'il recherchait.

Lorsque ses consœurs et confrères étudiants organisèrent une soirée dansante, il décida bien à l'avance de ne pas y mettre les pieds.

Le soir venu, il resta donc à la maison. Non qu'il eût quelque chose à faire, car il ne trouvait pas vraiment de quoi s'occuper. Ce genre d'activité ne l'attirait pas beaucoup et il préférait demeurer près des siens.

Marthe, sa mère, ne voyait pas d'un bon œil cette façon de s'isoler de son milieu social. Bien que ravie de sa belle personnalité, elle y percevait un aspect que son fils devait travailler.

Elle insista donc un peu plus que d'habitude pour qu'il puisse au moins y faire acte de présence.

Comme Paul aimait beaucoup sa mère, et voyant son insistance, il se résigna à faire un certain compromis. Il accepta de s'y rendre, le temps de saluer tous ses amis.

Paul fut accueilli dans une ambiance déjà passablement réchauffée par les vapeurs de l'alcool. Quand il refusa de boire ce qu'on lui présentait, un des plus étourdis suggéra qu'il était temps que Paul se mette à la page. Dans des éclats de rire euphoriques, ils empoignèrent Paul qui dut se soumettre au poids du nombre. Sans qu'il puisse se défendre, on lui enfonça dans la gorge une bouteille dont il dut avaler le contenu pour ne pas s'étouffer. On le relâcha ensuite, lui promettant qu'il allait vivre les meilleurs moments de sa vie.

Comme Paul ne buvait jamais, il réagit promptement à l'alcool absorbé. Ne se sentant pas très bien, il décida de retourner chez lui, sans que personne eût l'idée de l'en empêcher.

Sur le chemin du retour, l'alcool le fit entrer dans un profond sommeil et Paul ne put s'immobiliser à un arrêt obligatoire. Un lourd fardier qui passait sur la route régionale l'écrabouilla littéralement dans sa petite voiture.

Quand la nouvelle de son décès parvint à sa mère, puis à ses amis, un profond sentiment de culpabilité s'empara de chacun. La première ne cessait de se reprocher d'avoir tant insisté, et tous les autres se disaient directement responsables de sa mort prématurée.

Deux ans plus tard, lorsque Marthe entra chez moi, une tristesse très vive se lisait encore sur son visage. Elle sortit la photographie de son défunt fils avec une certaine délicatesse, comme si elle eût craint de lui faire mal.

Dans un premier temps, je lui expliquai qu'il était encore trop tôt pour invoquer l'Esprit de son enfant, le délai de prudence n'étant pas suffisamment écoulé. Mais devant sa douleur, je consentis à tenter de prendre de ses nouvelles par l'intermédiaire de mon équipe de l'au-delà.

À peine concentré dans mes demandes de protection, la silhouette de Paul prit forme devant moi. Il semblait en très grande forme. L'enveloppe de son Esprit projetait une telle lumière que j'avais peine à distinguer ses traits. Un état de grand bien-être se dégageait de tout le tableau.

Dès que je pensai aux questions à poser, il livra sur-le-champ son message. Paul tenait à dire à sa mère qu'elle devait cesser de se reprocher tout ce qui était arrivé, car le terme de sa vie terrestre était venu. Même ses amis n'étaient coupables de rien. Tous avaient été utilisés par les Anges de la mort pour appliquer le départ fixé bien avant sa naissance.

Les intervenants de l'Invisible avaient profité de l'inquiétude de sa mère et de l'ivresse de ses amis pour se servir d'eux selon le plan autorisé par Dieu lui-même. Il rajouta que si cela n'avait pas eu lieu ce soir-là, la mort serait quand même venue dans les jours suivants, dès que les circonstances auraient été compatibles avec le plan des gens utilisables à leur insu.

Il livra ensuite certains messages plus personnels et repartit dans son monde de lumière dont il me fit voir la couleur du ciel.

***

De par sa nature, le plan de vie qui gère notre existence constitue une importante limite à l'exaucement de nos demandes, car étant autorisé par Dieu, nul ne peut y déroger. Donc, dès qu'une invocation s'oriente dans le sens contraire à la direction du plan de vie, elle se destine automatiquement à essuyer un refus, du moins, dans l'essence première de ce qu'elle demande.

L'an dernier, je fus appelé à intervenir dans un grave cas de hantise où nous voyions très bien la dynamique que prend la présence du plan de vie dans les éléments que nous vivons et son effet sur les prières adressées pour les contrer. Le cas est sans doute extrême, mais il peut nous aider à bien comprendre le sujet de notre réflexion.

UNE VOISINE DÉRANGEANTE

Je venais à peine de terminer mon dîner. Je reçus l'appel de Georges, un homme semblant à bout de nerfs. Il m'expliqua qu'il faisait l'objet d'une hantise continue depuis plus de neuf mois. Il me résuma les démarches qu'il avait faites et qui s'étaient toutes avérées inefficaces. Nous prîmes rendez-vous chez lui pour le jour même.

À l'adresse indiquée, je passai par l'arrière de la maison à multiples logements. Un vieil escalier fatigué me conduisit à une porte derrière laquelle m'attendait un homme dans la vingtaine avancée. Ma présence imprima dans son regard un certain soulagement.

Dès mon entrée dans le modeste logis, je perçus un très fort courant d'énergie tellurique concentré en un point bien précis de la maison. Le champ d'énergie gravitant autour de son épicentre s'étendait sur un diamètre d'au moins quatre à cinq mètres qui semblait se répartir également de chaque côté de la cloison séparant les deux logements du premier étage. Un peu comme si la division centrale de la maison avait été construite sur le point d'émission de l'énergie tellurique.

Nous nous assîmes à la table de la cuisine. Mon interlocuteur me fit alors le récit de ses déboires.

Pendant plus d'un an, le logement voisin avait été occupé par une jeune femme vivant seule. Au début, la relation se voulait assez cordiale, mais divers événements vinrent peu à peu ternir leur bonne entente. Plus tard, les propriétaires qui habitaient le rez-de-chaussée subirent à leur tour les effets de son hostilité. Voyant que la situation détériorait progressivement leur qualité de vie, Georges leur suggéra d'envisager la possibilité d'inviter leur locataire à quitter les lieux. C'est là que les problèmes de Georges commencèrent à prendre racine.

Le jour du déménagement, la jeune femme au regard agressif vint lui signifier sa rancœur, l'accusant d'avoir influencé le propriétaire pour qu'il la chasse des lieux. Georges eut beau argumenter, elle ne faisait que lui cracher sa haine, aiguisant ses propos par de menaçantes promesses de vengeance.

Quelques semaines s'étaient écoulées. Le logement d'à côté était toujours inoccupé. Georges avait presque oublié l'incident lorsque les premières manifestations commencèrent.

Éveillé en pleine nuit, Georges entendit nettement la voix de son ancienne voisine. Elle l'affublait des qualificatifs les plus humiliants et proférait des menaces vengeresses. Dépourvu de connaissances sur de tels phénomènes, Georges en fut très impressionné. Il parvint tout de même à retrouver le sommeil et, à son réveil, il préféra mettre tout cela sur le compte de son imagination trop fertile.

Le lendemain, la nuit fut paisible. Georges en fut fort aise et se convainquit qu'il avait certainement fait un mauvais rêve.

Mais, la nuit suivante, il devait bien réaliser qu'il faisait face à des attaques bien réelles, bien que tout cela lui semblât tout à fait impossible pour son rationnel cartésien. À nouveau éveillé en plein cœur de la nuit, Georges vit se matérialiser, dans un coin de la chambre, le spectre de son agresseur. Il reconnut immédiatement son ancienne voisine qui se montrait dans une totale nudité. La matérialisation donnait la nette impression de la chair véritable.

La peur qui étreignait Georges étouffait en lui tout réflexe de défense. Ce n'est qu'après quelques instants qu'il songea à prier Dieu de le protéger. L'apparition disparut alors aussitôt, en faisant retentir des vociférations et des promesses de vengeance.

Quelques jours plus tard, en se mettant à genoux pour laver le plancher, il sentit quelque chose qui travaillait dans son dos, à la hauteur de la vertèbre où se rattache le chakra du cœur. C'était comme si quelque chose bougeait dans sa colonne vertébrale. Georges n'y accorda pas beaucoup d'importance, croyant plutôt s'être infligé une élongation musculaire.

Il ne savait pas que c'est précisément par ce point d'énergie que les entités noires du bas astral tentent généralement de prendre possession du corps physique des victimes pouvant leur servir de médiums par incorporation. Dans la plupart des cas, il s'agit de gens ignorant jusqu'à l'existence même de ce genre de phénomène. Leur structure électrique leur confère ce type de médiumnité commun à tous ceux et celles que nous appelons les médiums parlants. C'est par cette même porte d'entrée que certains Esprits utilisent le corps physique de ceux et celles se trouvant sous l'effet de la drogue ou de l'alcool.

Sans le savoir, Georges laissa donc l'Esprit vengeur exercer une emprise sur son enveloppe charnelle.

À partir de ce jour, la situation se détériora sans cesse. Georges vécut de véritables crises de possession où l'entité malveillante le malmenait dans la pleine mesure de ce qu'elle pouvait lui faire endurer.

À titre d'exemple, l'Esprit noir le tint immobile sur une chaise pendant de longues heures, utilisant la bouche de Georges pour lui proférer les qualificatifs les plus immondes. Georges se sentait complètement coupé de son corps qu'il ne pouvait plus contrôler. Seules ses pensées semblaient demeurer sous sa propre gouverne.

Quelques jours plus tard, Georges fut projeté sur le plancher. Des convulsions incontrôlables et fort douloureuses provoquaient des spasmes dans tous les muscles de son corps. Bien que très conscient, il subissait passivement un véritable viol de tout son être physique. Le même scénario se répéta à plusieurs reprises. Parfois, la bave s'écoulait de sa bouche. D'autres fois, ses excréments sortaient de son corps en souillant toute la pièce où il se trouvait. Même ses parties génitales étaient attaquées par de véritables décharges électriques provoquant des éjaculations qui faisaient éclater de satisfaction l'Esprit criminel. Pendant ce temps, sa bouche prononçait des insultes et des menaces de mort contre lui-même. Sa langue ne lui appartenait plus, ni les mots ni les sons sortant de sa gorge.

Une nuit, lors d'une crise semblable, une forte douleur lui brûla le côté gauche. Une marque bleutée très prononcée laissa une trace bien précise que je pus moi-même observer. On aurait dit une marque causée par une puissante empoigne qui aurait fortement serré le corps de Georges.

Les spasmes musculaires se répétèrent de plus en plus pendant les heures de travail de Georges. Perdant subitement le contrôle de ses mains, il ne pouvait plus rien faire. Ses gestes n'avaient alors plus de coordination et devenaient fort imprévisibles. L'intensité du phénomène devint telle qu'il dut quitter son emploi.

Lorsque je rencontrai Georges, il avait déjà consulté trois prêtres qui firent des prières sur lui. Georges était alors tombé dans un état convulsif et avait perdu connaissance.

Dès que je pensai aux prières que je devais faire, la bouche de Georges commença à s'engourdir. Je l'invitai aussitôt à se lever et à se placer devant moi. En imposant mes mains sur son chakra coronal, des mots sortirent de la bouche de Georges sans lien avec sa volonté. Dans un premier temps, je crus que l'on s'adressait à moi, mais les propos fort grossiers précisèrent rapidement qu'ils s'adressaient à Georges. Les mains de Georges furent prises de fortes convulsions. Toute la musculature abdominale présentait des mouvements ondulatoires continus. Ses yeux tournaient dans leur orbite. Son visage se crispa comme celui d'un fauve prêt à bondir sur sa proie. Je priais sans relâche, m'adressant à Dieu, à mes Guides, puis à l'Esprit vengeur à qui je projetais des vibrations d'amour.

C'est pendant que je priais que mon Guide me livra les informations pouvant aider Georges.

On m'apprit que l'Esprit qui l'attaquait n'était pas celui de son ancienne voisine, mais un Esprit familier de la maison qui collaborait avec elle et qui avait planifié d'utiliser les forces telluriques particulièrement concentrées dans l'immeuble pour déclencher une importante offensive malveillante dans tout le quartier. L'ancienne locataire répondait en tous points à ce dont il avait besoin comme instrument médiumnique : malveillance, égoïsme, orgueil doublé d'une superbe structure électrique du système nerveux central en faisaient un canal idéal. Voyant que certains propos de Georges avaient inspiré les propriétaires à faire expulser sa complice potentielle, il cherchait à défouler sa rage hargneuse sur le dos de sa pauvre victime.

L'apparente inaction de son Esprit guide s'expliquait par le fait que Georges subissait un contrecoup karmique de son passé lointain. Comme son plan de vie s'ouvrait à la possibilité de subir de tels assauts, son Guide ne pouvait guère plus que l'encourager à persévérer dans la lutte en lui inspirant des élans de bienveillance.

On me confia enfin que les attaques du bas astral se termineraient dans un délai maximum de trois mois, selon le degré de bienveillance et d'amour que le cœur de Georges pouvait opposer à la colère vengeresse de l'Esprit ignorant.

On me révéla également d'autres informations que Georges reçut comme une confirmation de propos qu'un Esprit de lumière lui avait tenus lors d'une turbulente attaque.

Je pus enfin quitter Georges sur cette note d'encouragement, en l'assurant, pour les derniers moments de l'épreuve, de la collaboration de mes amis de lumière.

Si nous analysons attentivement ce témoignage, nous constatons à nouveau les balises que peuvent imposer à notre Ange gardien toutes les ouvertures et les limites de notre plan de vie. Nous voyons également l'apport essentiel de l'appel aux forces de lumière. Sans elle, Georges n'aurait pas reçu la dose de courage nécessaire pour vivre de pareils phénomènes sans subir de graves séquelles psychologiques. Il n'aurait pas pu recevoir non plus l'explication des manifestations par laquelle il pouvait enfin rationaliser toute cette expérience hors de l'ordinaire.

Enfin, par ses invocations à Dieu, il put bénéficier d'un support supplémentaire des Esprits policiers qui reçurent finalement l'autorisation divine pour l'assister directement dans la dernière phase de son épreuve.

Quant à l'Esprit coupable du bas astral, il avait augmenté son compte karmique à payer, se condamnant lui-même à subir le même sort lorsque sonnera pour lui le temps de revenir dans la chair sous le voile qui fait oublier.

Il faut bien comprendre ici que le plan de vie permet simplement la concrétisation de l'épreuve qui nous fait prier. Il ne la fige aucunement. Si chacun franchissait bien ce qu'il devait vaincre, le plan aux apparences négatives pourrait prendre un caractère formidablement positif.

VICTIMES DE LEUR PASSÉ

Jusqu'à ce jour, Jacqueline et Pierre avaient toujours très bien réussi tout ce qu'ils avaient entrepris. Ils faisaient l'envie de plusieurs, autant dans leur famille que dans le voisinage. À peine entrés dans la cinquantaine, leurs avoirs leur faisaient déjà envisager une douce retraite qu'ils dirigeraient au gré de leurs caprices. Grosse maison, voitures, coffre en banque bien garni leur laissaient toute la latitude pour le faire.

Or, leur situation confortable attira un véritable requin de la finance qui reconnut en eux de délicieuses proies toutes prêtes à se faire dévorer.

Fortement appuyé sur un statut social inspirant toute confiance, il les convainquit de sa compétence et de l'entière valeur de ce qu'il leur proposait.

Aveuglés par un appât fort alléchant, Jacqueline et Pierre investirent tout leur argent, allant même jusqu'à emprunter pour gonfler davantage le gros lot qui semblait si facile à cueillir.

À l'échéance si impatiemment attendue, le constat de leur méprise fut douloureux et mordant. Jacqueline et Pierre se retrouvaient sans le sou, obligés pendant plus de dix ans à rencontrer des dettes qui ne leur laisseraient aucune marge de manœuvre.

Lorsque le couple fit appel à moi, ils en étaient déjà à leur troisième année d'efforts continus qui ne leur permettaient que de se maintenir difficilement à flots. Toutes leurs tentatives aboutissaient à un échec. Même leur maison, pourtant bien construite, bien située et fort coquette, n'attirait aucun acheteur. Ils se sentaient comme prisonniers de leur sort. Si bien qu'ils se crurent victimes d'une hantise d'Esprits malveillants de l'au-delà.

La photographie de la maison ne révéla rien de cette nature. Je fis donc appel à l'assistance de mon équipe pour tenter de mieux comprendre la raison de cette situation douloureuse.

C'est l'Esprit guide de Jacqueline, la plus ouverte au spirituel, qui voulut bien dévoiler les informations susceptibles d'aider sa protégée à mieux vivre cette période difficile de son incarnation.

Le couple n'était victime d'aucune hantise. Jacqueline et son époux assumaient l'affranchissement karmique d'une vieille dette qui traînait depuis longtemps. Dans des vies antérieures, tous les deux s'étaient déjà rendus coupables de semblables fraudes qui avaient dépouillé et fait souffrir de pauvres gens. En Esprits, ils avaient demandé de s'en libérer pour accéder à des mondes vibratoires plus élevés. Ils étaient comme victimes de leur passé.

Leurs demandes à l'aide divine ne pouvaient donc mettre fin à cette épreuve. En fait, elles ne pouvaient que leur apporter les forces et la lumière pour mieux la supporter. Leur réaction d'ouverture sur le spirituel allait cependant améliorer leurs chances d'atteindre pleinement certains objectifs d'évolution.

Nous avons ici un bel exemple d'un plan de vie qui aurait pu prendre une tournure très positive pour tous les gens concernés. Le fraudeur avait à réussir l'épreuve de l'honnêteté. En vainquant sa faiblesse, il aurait pu éviter toutes ces années difficiles à Jacqueline et à Pierre. Il se serait alors libéré d'une infériorité qui le retardera dans sa montée vers Dieu, tout en évitant à ses victimes désignées des souffrances qui auraient alors cessé d'être nécessaires. Chacun se serait rendu un grand service dans ses efforts d'évolution spirituelle et chacun se serait senti en redevance envers l'autre, scellant peut-être même de grands liens d'amour éternel.

Comme il doit être désolant dans l'au-delà de voir tous ces ravages évitables causés par l'égoïsme aveugle !

Il y a une chose importante à retenir ici. Dès qu'ils en connaissent l'existence, plusieurs apprentis du spirituel font l'erreur de tout mettre leurs déboires sur le compte du plan de vie. Or, il faut bien se rappeler que notre libre arbitre nous laisse la pleine latitude de choisir en toute liberté entre le bien et le mal dans tout ce que le plan nous apporte comme élément déclencheur.

Il est toujours important de bien se regarder dans le miroir de notre Esprit pour mieux comprendre le sens à donner à tout ce qui nous arrive et ainsi mieux centrer l'orientation de nos prières. Peut-être alors y verrons-nous souvent que la source de nos malheurs ne se trouve que dans les erreurs de notre quotidien.

UNE VIE DIFFICILE

Julien vint me consulter pour connaître la raison de tous ses déboires. Il voulait chercher dans ses vies antérieures les fautes qui lui avaient mérité tant de difficultés.

Il me résuma les cinquante années de sa vie en faisant ressortir l'omniprésence de la malchance aux étapes importantes de son existence. Il se sentait plus ou moins accepté par les siens. Il avait découvert la dimension spirituelle par de nombreuses lectures, mais les seules conclusions qu'il en tirait le déprimaient encore plus. Il se sentait même abandonné par son Ange gardien qu'il jugeait peu compétent.

Je demandai une protection particulière et je priai l'Esprit guide de Julien de bien vouloir m'indiquer les réponses que cherchait son protégé. Le contact se fit rapidement. L'Ange gardien de Julien me semblait fort dévoué. Une patience particulière et une grande détermination émanaient de ses vibrations lumineuses. Un calme doux et imposant accompagnait chacune des pensées qu'il m'émettait.

Contrairement à ce que j'attendais, je ne reçus aucune information sur ses vies antérieures. Toutes les images qui défilaient devant moi concernaient sa vie actuelle.

Son Guide m'inspira que Julien ne devait pas fouiller aussi loin qu'il le croyait. Il précisa que toutes ses réponses se trouvaient dans les mauvais choix qu'il avait lui-même faits.

En échangeant plus en profondeur avec Julien, j'appris que, dans son adolescence, il avait refusé de profiter des nombreuses possibilités de formation qui s'étaient ouvertes devant lui. Adepte de l'école buissonnière, sa paresse et sa négligence l'avaient éloigné d'une scolarisation qui aurait pu lui donner accès à une foule d'emplois fort intéressants.

Son Esprit guide avait fourni de nombreux efforts pour l'inspirer à mieux orienter sa vie, mais les faiblesses encore invaincues de son protégé rendaient vaine toute tentative. Il tenta même de l'atteindre pendant ses heures de sommeil, mais Julien refusait de l'écouter, préférant la voie de la facilité. Son Ange gardien dut respecter la liberté de Julien qui devait apprendre à l'appliquer avec sagesse.

Plus tard, voyant que son plan de vie le permettait, son Ange gardien le dirigea vers un emploi qui lui aurait assuré la sécurité financière pour de nombreuses années. Encore là, Julien trouva les efforts trop grands et démissionna après quelques mois. Il préférait vivoter dans la facilité sans penser qu'elle exige toujours un prix en retour.

C'est lorsqu'il devint amoureux et qu'il voulut fonder un foyer que Julien ressentit l'importance du rôle social rémunéré. Grâce à la débrouillardise de sa bien-aimée, il se dénicha un difficile emploi saisonnier qu'il tolérait, au moment de notre rencontre, depuis plus de trente ans.

Bien sûr, les choix qu'il avait faits impliquaient des conséquences à long terme qui n'étaient pas très faciles, mais son plan de vie suivait son cours dans la logique de ses erreurs passées.

Julien ne faisait qu'assumer l'orientation de vie qu'il avait choisie malgré les conseils de ses proches, de tous les intervenants rencontrés sur sa route et même de son Ange gardien. Il ne subissait aucun contrecoup karmique découlant de ses vies antérieures.

Julien était revenu sur Terre pour apprendre l'importance de l'effort. Mais il avait d'abord préféré écouter les pulsions de sa faiblesse morale. Il devait donc apprendre par la souffrance en assumant les conséquences négatives qui graveraient, pour toutes les vies à venir, la dure leçon dans son Esprit.

Julien réagit avec humilité aux propos que je lui transmettais. Ses lectures spirituelles l'avaient bien préparé à recevoir la leçon de son Ange gardien qui ne voulait que son bien. Il saisissait rapidement les nuances qu'il devait retenir.

Julien me quitta avec un regard fort différent de celui que j'avais observé deux heures plus tôt. Il était entré en se voyant comme une victime. Il sortait en comprenant qu'il était l'artisan direct de ce qu'il devait vivre, autant dans les leçons à tirer que dans les épreuves à franchir.

En fait, lorsque nous regardons le principe du plan de vie conçu par notre Créateur, nous y voyons un élément fort réconfortant pour nous, car il nous garantit que tout ce que nous vivons a sa raison d'être. Par le plan de vie, nous sommes assurés que notre vécu est bien centré sur ce que nous venons chercher ici-bas. Grâce à lui, nous pouvons demander avec confiance, car nous savons que tout est à notre mesure, malgré les limites d'exaucement qu'il peut imposer.

DE LOURDES PERTES

Jusqu'à l'âge de quarante ans, Richard, homme juste et droit, mena une vie que plusieurs qualifieraient de prospère. Les affaires étaient pour lui ce que l'eau est au poisson. Ses ambitions étaient honnêtes et visaient les rêves les plus hauts.

À partir de cet âge, son plan de vie sembla effectuer une véritable volte-face. De mauvaises associations le précipitèrent rapidement dans une situation précaire. Il perdit même la plupart de ses biens qu'il avait mis en garantie dans d'imprudentes transactions.

Comme certains matérialistes le font lorsque leur univers s'écroule, Richard se tourna vers les ressources de l'au-delà pour trouver la solution à ses déboires. Après avoir consulté plusieurs voyantes et d'autres médiums, il aboutit à mon bureau. Il était comme une bête en cage tournant en rond pour trouver une porte de sortie qu'il ne voyait pas.

La qualité de ses vêtements laissait deviner les ressources financières dont il avait pu bénéficier. Le visage détendu, il dissimulait bien la nervosité qui jaillissait dans toute sa lumière aurique.

La connexion avec son Ange gardien fut plutôt rapide. Les images d'un lointain passé se déroulèrent devant moi comme s'il était urgent pour Richard de comprendre la raison de ses malheurs financiers.

Je le vis incarné dans un autre corps masculin. Son allure était fort différente de son apparence actuelle. Je le voyais dans les dernières années de cette vie terrestre, dans la soixantaine avancée.

Richard avait été un riche homme d'affaires qui avait souvent utilisé des moyens peu honnêtes pour atteindre ses objectifs. Il faisait partie de ceux qui réussissent dans la vie tout en la manquant.

Cette incarnation lui avait fait accumuler bien des dettes. Richard en avait déjà assumé une très grande partie. Il lui restait maintenant à subir à son tour ce qu'il avait fait vivre aux autres. Il devait souffrir l'incertitude de l'appauvrissement après avoir dégusté la richesse réconfortante. Il devait perdre ses biens par la ruse malveillante de requins financiers manquant leur épreuve à leur tour. Il devait tout reprendre à zéro après avoir tout réussi.

Ces informations s'avéraient importantes pour Richard, car sa façon de réagir allait être déterminante pour la seconde moitié de son plan d'incarnation. Connaître la raison du tournant de sa vie lui permettait de profiter pleinement de l'épreuve pour s'en affranchir à tout jamais. Il était important qu'il ne nourrisse aucune amertume. Il devait étouffer la rancœur et la haine envers ceux qui le dépouillaient.

La logique des informations divulguées par son Ange gardien le rendit songeur. Après une certaine hésitation, il me demanda si la liberté existait vraiment. Je lui expliquai que son libre arbitre était très grand, mais dans un contexte d'existence déterminée à quatre-vingts pour cent, condition qui nous garantit de pouvoir atteindre les objectifs d'évolution fort précis que nous nous sommes fixés avant de naître.

Je ne pouvais divulguer les éléments futurs que l'on me dévoilait pour mieux comprendre ce qu'il devait entendre, mais je lui affirmai l'optimisme qu'il m'inspirait pour la réussite de son plan de vie.

J'invitai Richard à faire appel à Dieu tous les jours pour recevoir encore plus de force face à ses épreuves. Je lui expliquai ce qu'il devait demander.

Notre échange se poursuivit ensuite sur d'autres objectifs de son incarnation touchant plus sa personnalité.

Richard me quitta beaucoup plus confiant qu'à son arrivée. Savoir qu'un plan de vie gérait notre séjour sur Terre le réconfortait. Il me demanda quelques références à lire pour mieux comprendre sa dimension spirituelle et m'assura des demandes spirituelles qu'il ferait régulièrement.

Un pareil témoignage pourrait nous laisser croire que toute personne subissant des déboires financiers assume un retour de ses fautes passées, mais il faut bien réserver notre jugement. J'ai vu des cas semblables dont la cause était bien différente. Certains avaient choisi ce genre d'épreuve pour simplement accélérer leur détachement face aux biens matériels, d'autres pour enraciner certaines forces, d'autres pour développer leur intelligence pratique, d'autres pour donner l'exemple dans leur façon de réagir et bien d'autres encore.

Mais là où notre jugement doit demeurer complet et vigilant, c'est face à notre propre expérience. Un semblable témoignage doit nous rappeler toute la futilité d'acquérir des biens ou des avantages par des moyens malhonnêtes ou ne respectant pas le bien-être des autres. Toutes nos actions sont porteuses d'un retour. Il n'en tient qu'à nous pour que ces retours nous réservent des vies meilleures.

Le plan des nations

Chaque peuple, chaque nation possède son plan de route découlant de son histoire passée. Par le fait même, le citoyen de chaque pays est directement et intimement lié au plan de la nation à laquelle il appartient. Ainsi, chacun peut bénéficier des actes de bonté jalonnant l'histoire des siens, mais il peut également souffrir des difficiles retours des actions négatives de ses ancêtres dont il faisait lui-même peut-être partie. Le rappel de cette particularité est important pour notre réflexion, car elle représente une autre limite qui peut empêcher les Esprits invoqués d'exaucer nos demandes.

Ainsi, dans un cas de souffrance touchant tout un peuple, l'au-delà ne pourra agir que dans le sens de l'écoulement du plan de la nation. Certes, il tiendra compte du plan de vie du prieur ou de celui et celle pour qui il présente des demandes, mais le plan de sa nation sera, bien qu'à un degré moindre, un autre facteur déterminant dans sa marge de manœuvre autorisée par Dieu.

La connaissance de l'existence d'un véritable plan de vie régissant chacune des nations de la Terre nous fait sérieusement réfléchir lorsque nous regardons le sort réservé actuellement à certaines nations aux quatre coins du globe où règnent la souffrance, la famine, l'injustice, le crime et la guerre. Elle nous fait impérativement comprendre l'importance et l'urgence de nous élever dans notre comportement personnel. Elle nous montre le dernier retranchement des conséquences de notre cheminement individuel, celui de la collectivité à laquelle nous appartenons et sur qui rejaillissent nos actes et nos pensées intimes.

La réelle implication du plan des nations sur notre propre plan de vie devient très évidente lorsque nous étudions l'histoire particulière de certains incarnés qui entraînèrent des peuples tout entiers dans de douloureux affranchissements karmiques. En voici un exemple frappant, encore d'actualité en cette fin de vingtième siècle. Nous y voyons la confirmation d'un canevas incontournable que Dieu lui-même avait autorisé pour mieux nous faire grandir.

Le premier extrait sur le personnage concerné est tiré de la page 22 du livre *Rêves et destinée* de Nerys Dee.

« Par une grise soirée de novembre 1917, les armées allemande et française se trouvaient face à face sur chacune des rives de la Somme, sans autre issue qu'un bombardement meurtrier. Un jeune caporal allemand épuisé par le combat dormait à l'abri d'un bunker. Il fit un songe qui s'avéra un cauchemar. Des débris d'acier et de la terre boueuse l'engloutissaient et bientôt il suffoquerait. Il se réveilla aussitôt, accourut à l'extérieur pour prendre le frais, heureux de n'avoir fait qu'un mauvais rêve. Quelques secondes plus tard, un obus ennemi éclatait sur le bunker et tua tous ses occupants. Le caporal remercia le ciel que son cauchemar lui ait sauvé la vie afin, croyait-il, qu'il pût à son tour sauver sa mère patrie. Le rêveur était le caporal Adolf Hitler. On peut spéculer sur ce qu'il serait advenu si Hitler avait péri en 1917. N'eût été de ce cauchemar, la vie de millions d'humains aurait été différentes. »

Le deuxième extrait sur le même personnage vient de la page 84 du livre de John Toland, *Adolf Hitler, 20 avril 1919 — octobre 1938.*

« J'étais en train de dîner dans la tranchée avec plusieurs camarades, devait-il raconter des années plus tard à un correspondant anglais, Ward Price. Soudain, j'eus l'impression qu'une voix me disait : "Lève-toi, et va là-bas." La voix était si nette, si insistante, que j'obéis mécaniquement comme s'il se fût agi d'un ordre militaire. Je me levai aussitôt, et m'éloignai de vingt mètres en emportant mon dîner dans la gamelle. Puis je m'assis pour continuer mon repas ; mon esprit s'était calmé. À peine avais-je fait cela qu'un éclair et une assourdissante détonation me parvinrent de l'endroit de la tranchée que je venais de quitter. Un obus égaré avait éclaté au-dessus du groupe, tuant tout le monde. »

Et nous pourrions en citer d'autres où nous voyons Adolf Hitler, l'artisan de la haine extrême, bénéficier d'une protection du ciel que bien peu d'incarnés sincères oseraient même espérer malgré d'innombrables prières. Le plan des nations impliquées, poussé à la limite de l'accumulation incessante des erreurs passées, devait s'affranchir de sa charge devenue trop lourde pour les quelques incarnés de lumière invoquant Dieu de les aider.

Quant à l'instrument de retour karmique, il sembla d'abord invincible, mais le jour où toutes les dettes furent libérées, il connut douloureusement sa véritable mesure.

5. LES DEMANDES IRRECEVABLES

Comme nous l'avons vu plus haut, le but poursuivi par l'émission de nos invocations revêt une importance capitale pour leur exaucement. Or, il peut arriver que dans notre aveuglement, nous puissions adresser des demandes qui, de par leur nature, s'avèrent irrecevables dans l'au-delà de lumière. Je parle ici des requêtes extravagantes qui confondent les possibilités de l'appel à l'au-delà à la fiction magique, des demandes matérialistes qui s'adressent à Dieu comme s'il était notre obligé et des prières égoïstes qui ne tiennent aucunement compte du bien-être de ceux et celles qui sont directement impliqués. Ces pseudo-demandes qui expriment une profonde incompréhension du processus intime de notre progression spirituelle ne trouvent jamais d'écho auprès de ceux à qui elles sont adressées. Tout au plus, rappellent-elles à ces derniers notre grand besoin de leur assistance occulte pour mieux comprendre et mieux grandir.

Voyons quelques exemples de ces demandes irrecevables pour lesquelles certaines gens firent appel à mon aide. Comme vous le verrez, il ne s'agissait pas de personnes malveillantes ou mal intentionnées, mais simplement d'hommes et de femmes qui n'avaient pas vraiment compris les limites qui nous sont imposées.

UNE AUTO VOLÉE

C'était un dimanche après-midi. Monica, que je ne connaissais pas, me téléphona pour m'adresser une demande fort inusitée. Elle venait de se faire voler son automobile. En se levant le matin, elle s'était rendu compte que sa voiture avait disparu. Elle avait immédiatement averti les policiers et leurs propos sur ce genre de vol ne lui inspiraient pas beaucoup d'espoir de retrouver son bien en bonne condition.

C'est en parlant à une de ses voisines qui m'avait déjà rencontré qu'elle décida de faire appel à mon aide.

Monica me demandait de prier Dieu de m'indiquer où se trouvait le véhicule volé. Sa bonne foi et sa sincérité ne faisaient aucun doute, mais son ignorance la poussait à entretenir des attentes qui frisaient la naïveté.

Je ne pouvais malheureusement répondre à la demande de Monica, mais je nuançai la réponse que je lui adressai. Elle était suffisamment bouleversée par son épreuve sans en rajouter à ses tourments.

Je lui expliquai que nos conditions d'existence étaient centrées sur des objectifs d'évolution que nous devions atteindre au cours de notre vie. Je fis le rapprochement avec les épreuves que nous devions surmonter, soit pour accélérer notre progression, soit pour nous libérer de dettes antérieures que nous avions pu contracter. Après ces considérations, je lui expliquai que les Esprits de lumière devaient respecter le voile qui nous obligeait à lutter avec nos forces acquises en vue d'en posséder bien d'autres. J'appliquai ensuite mes explications au cas précis qui la concernait.

En poussant plus loin mon argumentation, je lui fis bien comprendre qu'il était illusoire de penser que Dieu viendrait s'interposer dans l'écoulement des plans de vie qu'il avait lui-même autorisés. S'Il le faisait, Il nierait sa propre nature qui se veut parfaite et infaillible. Ensuite, je lui suggérai de bien réfléchir sur sa vie pour découvrir la signification de son épreuve. La souffrance qu'elle subissait poursuivait un but précis et le découvrir pouvait en abréger de beaucoup sa durée et son intensité. Enfin, je lui affirmai l'importance de bien orienter ses demandes. Monica devait non pas chercher à écarter son épreuve, mais plutôt découvrir comment y faire face pour mieux franchir les pas qu'elle avait projetés.

À la fin de notre échange, Monica se montra un peu mal à l'aise, mais je la rassurai aussitôt. Elle venait d'apprendre une chose importante pour favoriser l'efficacité de ses appels à l'aide. Elle savait dorénavant que certaines demandes ne pouvaient concerner que nous-mêmes, alors que d'autres pouvaient ouvrir des portes à d'immenses possibilités. Le point de référence pour les reconnaître était bien simple : l'au-delà ne répondrait jamais à une requête pouvant nous empêcher d'évoluer.

LE NUMÉRO DE SÉRIE

Gemma m'avait déjà consulté pour comprendre le sens de certains phénomènes médiumniques dont elle faisait l'objet. Notre échange avait permis de recevoir de pertinentes informations des Esprits venus pour répandre plus de lumière sur son cheminement spirituel.

Deux ans plus tard, fort satisfaite de la belle amélioration que notre invocation avait engendrée dans sa vie d'incarnée, Gemma voulut faire de nouveau appel à la collaboration de l'au-delà. Il ne s'agissait cependant aucunement d'un besoin qui concernait son cheminement spirituel.

Gemma avait mis en vente la roulotte qu'elle habitait depuis quelques années. Sa situation financière s'étant améliorée, elle et son mari voulaient emménager dans une maison plus conventionnelle qui répondrait mieux aux besoins de leur petite famille.

Un acheteur sérieux leur avait fait une offre intéressante, mais un détail technique empêchait la conclusion finale de l'affaire. L'acheteur ne pouvait obtenir le prêt hypothécaire dont il avait besoin du fait que Gemma ne trouvait pas le numéro de série de la roulotte. Ce numéro garantissait la qualité des normes de construction exigées par l'institution prêteuse.

Gemma et son mari avaient fouillé dans tous leurs papiers sans aucun résultat. Ils avaient même passé au peigne fin les moindres recoins de la roulotte. Le numéro de série restait introuvable.

C'est là que Gemma eut l'idée de me téléphoner. En toute candeur, elle me demanda de bien vouloir consulter les Anges de lumière pour qu'ils lui fournissent l'information dont elle avait besoin. Je ne pus retenir mon sourire devant une telle demande.

Dans un premier temps, je signalai à Gemma que ce type d'attente était très peu propice à attirer l'attention des entités de lumière. Ensuite, je lui rappelai que les Esprits qui nous veulent du bien ne sont pas à notre service. Je lui précisai qu'ils ne sont pas là non plus pour vivre nos épreuves à notre place. La difficulté que rencontrait Gemma la concernait, elle et son mari, et c'était à eux de la résoudre.

De plus, je lui fis remarquer que chaque chose avait sa raison d'être, et ce, autant dans le négatif que dans le positif. À ces mots, je reçus la nette confirmation que Gemma ne devait pas vendre son bien à l'acheteur qui s'était présenté. C'était pour cette raison que la transaction ne pouvait pas se conclure.

Je lui conseillai de demander à Dieu d'autoriser les Anges gardiens concernés à guider vers elle les incarnés qui retireraient des avantages en acquérant sa roulotte. Je lui indiquai de demander que ceux et celles qui pourraient y être heureux, dans la pleine mesure de leur plan de vie, aient la possibilité de l'acheter.

Gemma exprima une certaine réserve face à tout ce que je lui disais. Elle semblait déçue par rapport aux attentes qu'elle s'était fixées. Elle acceptait difficilement de laisser passer une si belle occasion qui lui permettait enfin de réaliser ses rêves.

Comme elle n'avait pas le choix, il lui fallut se résigner, l'acheteur ayant dû retirer son offre d'achat conditionnelle à l'obtention de son prêt.

Six mois plus tard, Gemma me retéléphona. Après quelques jours de réflexion; elle avait finalement suivi mes conseils. Plusieurs semaines plus tard, l'affaire avait pris une tournure qu'elle n'avait pas envisagée. Un locataire avait signé un bail à long terme pour sa roulotte et Gemma avait déniché une maison répondant exactement aux attentes des siens.

En jetant un regard vers l'arrière, Gemma se rendait compte que tous les avantages dont elle pouvait bénéficier n'auraient pu se réaliser si le premier acheteur avait obtenu son prêt. Elle n'aurait pu acheter leur maison qui n'était pas encore à vendre à ce moment-là, et des liens enrichissants qui se développaient avec ses locataires n'auraient jamais vu le jour.

Gemma me remercia pour les précieux conseils qu'elle avait reçus et s'excusa pour le manque de sérieux qu'elle avait exprimé envers nos amis de lumière.

Je lui rappelai que je n'avais été qu'un simple intermédiaire. Je lui conseillai ensuite de remercier Dieu qui, dans sa grande sagesse, avait su autoriser ce qui convenait le mieux à tous les plans de vie impliqués.

UN VÉRITABLE MARCHANDAGE

David m'adressa une longue lettre dans laquelle il m'exposait les détails d'un audacieux projet. Ses intentions étaient fort louables. Il cherchait à mettre sur pied une entreprise qui favoriserait la multiplication de l'emploi dans sa région natale très touchée par le chômage chronique. Bien que le risque fût grand, ses études du marché lui démontraient que ses ambitions étaient réalisables.

L'obstacle majeur qu'il rencontrait était de taille. Il ne pouvait trouver les fonds pour financer son affaire. Il s'était tourné vers les organismes gouvernementaux et les programmes offerts, mais la nature du projet et les critères imposés l'excluaient de ce genre de ressources.

Après avoir épuisé toutes les démarches possibles, David se tourna vers l'au-delà. Il se mit à demander à

Dieu de le faire gagner à la loterie pour financer son projet somme toute humanitaire. Il lui fit miroiter les nombreux avantages qu'il en retirerait par l'apaisement des misères. Il lui rappela ensuite la promesse de Jésus qui disait qu'il nous accorderait tout ce que nous lui demanderions en son nom. Il lui fit même remarquer que s'il pouvait autoriser la facilité au criminel pour faire le mal, il pouvait facilement lui donner les mêmes avantages pour faire le bien.

Voyant que tous ses arguments restaient sans écho, il tenta un véritable marchandage. Il dit à Dieu : « Donne-moi le double du montant dont j'ai besoin et je donnerai la moitié du gros lot à l'église de ma paroisse. »

Évidemment, tout ceci ne donna aucun résultat.

C'est après une longue période de tentatives infructueuses qu'il se décida à m'écrire. David voulait connaître l'avis de l'au-delà dans toute cette affaire.

Même si ses intentions étaient louables, David démontrait beaucoup trop de hardiesse dans ses demandes à Dieu. Sa façon de procéder exprimait un orgueil déplacé qui lui fermait la porte de tous ceux qui auraient pu l'assister.

David devait bien comprendre que Dieu n'a aucun besoin de nous pour appliquer ses plans. Il nous donne la possibilité de nous dévouer à la cause de sa création uniquement pour nous permettre d'atteindre plus rapidement son niveau vibratoire. Il refuserait de nous utiliser que cela ne changerait strictement rien à ses possibilités d'agir. Nous ne sommes que de pauvres êtres créés par le seul fait de sa volonté. Penser un seul instant que nous pouvons marchander avec lui découle de la plus haute prétention inspirée par notre orgueil d'ignorants.

Il est vrai que souvent, sur cette pauvre Terre, les événements donnent facilement l'impression que le mal reçoit plus d'autorisations divines que le bien qui lutte avec peine. Il faut cependant bien comprendre que tout ce qui nous fait tant souffrir n'est que le triste résultat de nos faiblesses et de notre ignorance. Dieu n'y est strictement pour rien.

Lorsqu'un projet généreux comme celui de David semble abandonné par Dieu, c'est que les plans de vie impliqués ne peuvent connaître d'autres contextes d'existence sans mettre en danger les objectifs d'évolution soigneusement étudiés avant la naissance de chacun. S'il avait été jugé opportun qu'un semblable projet voie le jour dans un temps déterminé, les conditions de mise en œuvre auraient suivi leur cours avec précisément ceux qui devaient intervenir.

Si Dieu avait besoin d'argent terrestre pour que ses buts s'accomplissent, aucun obstacle ne pourrait lui résister. Tout arriverait dans un ordre précis, pour le mieux-être de tous et de chacun.

Ce que nous oublions trop facilement, c'est que nous sommes ici pour grandir et, qu'à ce titre, c'est à nous qu'il appartient d'agir. Prenons le projet de David. Ce n'est pas Dieu qui refusait de l'aider, mais simplement ceux et celles qui étaient interpellés. Ils ne voulaient pas y apporter leur contribution, préférant d'autres investissements, moins généreux, mais plus lucratifs.

Quant à David, tous ses efforts servaient d'instruments d'évolution autant pour lui-même que pour les autres. Par sa démarche concrète, il enracinait profondément dans son périsprit la bienveillance et la sensibilité envers la misère d'autrui. Ces qualités lui seraient très utiles plus tard dans son cheminement. Il en sortirait renforcé et aguerri, prêt à affronter les défis devant se concrétiser dans son plan d'existence. Quant à ceux qui lui refusèrent leur aide, ils purent mesurer le réel degré d'acquisition de leurs valeurs intérieures. Ils purent constater le travail qui devait encore se faire pour atteindre les objectifs qu'ils s'étaient fixés dans la pleine lucidité de l'au-delà. Aucun de ses efforts n'avait donc été inutile.

Avec toutes ces explications inspirées par son Ange gardien lui-même, David calma ses ardeurs de négociateur avec Dieu. Il comprit rapidement tout le ridicule de son attitude envers son Créateur. Enfin, il remercia Dieu de lui donner toutes ces possibilités pour grandir plus vite.

UNE PROLONGATION DE VIE

Monique me téléphona tout juste après la période des fêtes. Sa voix exprimait beaucoup d'émotions. Elle retenait constamment ses larmes qui ne cherchaient qu'à faire surface.

La mère de Monique était mourante. Le cancer avait grugé presque tout son corps. Elle ne pesait plus que trente kilogrammes. Son apparence donnait vingt ans de plus aux soixante-huit de son âge réel. Son état était si grave que les médecins ne voyaient aucune autre issue que la mort imminente.

Monique me suppliait de demander à Dieu de prolonger la vie de la pauvre mourante. Elle ne pouvait accepter l'idée de se séparer de sa mère. Elle voulait un délai plus long pour s'adapter davantage à cette cruelle fatalité.

Je me concentrai pour savoir si le plan de vie de la mourante permettait une telle demande. Mon Guide m'indiqua une ultime possibilité de quelques semaines. Il précisa que ce serait cependant fort difficile pour la malade. Je transmis ces informations à Monique. Je l'encourageai à bien centrer ses demandes en pensant au bien-être de sa mère.

Deux jours plus tard, je lus dans la rubrique nécrologique du journal l'avis de décès d'une dame de soixante-huit ans dont la description correspondait à celle que Monique m'avait donnée. Je compris que ses appels n'avaient pu être exaucés. Je priai pour la défunte et pour sa fille.

Monique me téléphona le samedi suivant. Elle me confirma la mort de sa mère. Elle m'expliqua qu'elle avait dû attendre quelques jours avant de m'appeler tellement la colère était grande en elle.

Elle m'avoua que le départ de sa mère l'avait rendue très agressive envers Dieu qui ne l'avait pas écoutée, et envers moi qui n'avais pas répondu à ses attentes. Elle me confessa qu'elle avait projeté mes livres contre un mur de sa chambre.

Pendant que Monique me tenait tous ces propos qui semblaient grandement la soulager, je reçus des informations très précises sur ce qui s'était passé dans l'au-delà.

Dans un premier temps, lorsque les entités invoquées reçurent les supplications de Monique, elles décelèrent immédiatement l'inspiration égoïste qui les motivait et se trahissait par l'émission diffuse des pensées que Monique leur adressait.

Ensuite, lorsque sa mère reçut sa requête, elle demanda conseil aux entités lumineuses qui l'accompagnaient. On lui expliqua que ses souffrances n'avaient plus leur raison d'être, vu que tous les objectifs qu'elle poursuivait étaient déjà atteints. Les Esprits de lumière lui indiquèrent que sa réserve fluidique pouvait lui permettre un court délai de quelques semaines. Ils lui précisèrent qu'elle pouvait choisir de l'épuiser dans son corps de chair si elle le désirait vraiment.

L'Ange gardien de Monique donna alors son point de vue. Pour lui, Monique ne faisait que renforcer un égoïsme qu'elle était justement venue combattre dans sa présente incarnation. À la lumière de tous les éléments qu'il percevait, il ne voyait pas la réelle utilité que toutes ces souffrances supplémentaires pouvaient apporter. Sa mère décida finalement de rejoindre ses amis d'en haut. Elle était consciente de son plein devoir accompli et elle savait que Monique était bien accompagnée pour grandir à son tour.

Monique m'exprima sa profonde compréhension. Elle m'adressa des excuses et de sincères remerciements. Nous nous quittâmes sur cette note amicale.

Chapitre 3

Les possibilités de nos invocations

Lorsque les conditions essentielles sont bien remplies et qu'il n'y a pas de limites d'application, l'appel à l'au-delà peut générer des possibilités extraordinaires. Ses effets peuvent même s'inscrire directement dans notre monde matériel. Son degré d'exaucement peut devenir tel que nous parlerons alors de véritables miracles. Mais sa plus grande force est de nous garantir un retour du support dont nous pouvons avoir besoin lorsqu'une épreuve doit suivre son cours.

Le médium Edgar Cayce décrivit une expérience consciente qu'il avait vécue directement dans l'astral de lumière de l'au-delà. Il expliqua qu'il se retrouva dans un très grand entrepôt où des centaines de milliers de boîtes de toutes formes et de toutes grosseurs s'empilaient soigneusement les unes sur les autres. Elles occupaient tout l'espace disponible jusqu'au plafond pourtant très haut. Toutes les boîtes étaient emballées soigneusement. C'était comme si on y avait entreposé une multitude d'étrennes qui n'avaient jamais été données à leurs destinataires.

Dès qu'il aperçut un Esprit lumineux qui l'accompagnait, Cayce lui demanda ce que signifiaient toutes ces boîtes enrubannées. L'Esprit lui répondit qu'il s'agissait des grâces qui devaient être accordées à ceux et celles qui n'auraient eu qu'à demander pour les obtenir. Certains avaient négligé de le faire, d'autres n'avaient pas suffisamment persévéré.

Cette vision consciente nous fait bien comprendre les nombreux avantages dont nous nous privons en négligeant nos appels à l'aide spirituelle. Sur la route de chacun d'entre nous, des cadeaux du ciel ont déjà été autorisés en conformité à l'écoulement prévu de notre plan de vie et des objectifs d'évolution qu'il poursuit. Ce sont de véritables bonis qui n'attendent que notre demande pour être accordés. Le prix exigé en est fort minime : un simple désir sincère d'élever notre Esprit jusqu'à Dieu pour Lui parler.

1. L'INVOCATION ET L'ASSISTANCE DES MORTS

Dans plusieurs religions du monde, il est monnaie courante de demander aux défunts, et principalement aux Esprits reconnus comme étant proches de Dieu, de prier pour nous ou de nous venir en aide. Déjà dans ma grande enfance, j'étais intrigué par cette façon d'invoquer les habitants des mondes d'outre-tombe. Cela me donnait la curieuse impression que nous ne pouvions nous suffire à nous-mêmes pour mener à terme toutes les tâches que nous imposaient nos conditions d'incarnés.

Comme tous ceux de mon entourage immédiat, j'adoptai donc cette attitude qui me baignait dans une réconfortante certitude que je n'étais jamais seul à pousser la roue de mon propre quotidien.

Or, mes présentes recherches spirituelles m'ont confirmé la justesse et la grande pertinence de cette façon d'agir avec nos frères de l'au-delà. Il est tout à fait exact que certains défunts peuvent nous aider par leurs propres demandes et même intervenir directement dans notre monde pour nous assister. Les éléments que j'ai découverts m'ont cependant indiqué certaines limites à l'élan de leur bonne volonté : la nature de notre plan de vie, la raison d'être des épreuves vécues, leur propre degré d'évolution, le genre de demande qui leur est adressée et, surtout, l'autorisation divine sans laquelle ils ne peuvent intervenir.

Leurs besoins

Il est important de bien comprendre que le fait de mourir ne nous confère pas automatiquement le pouvoir d'aider ceux et celles qui pourraient faire appel à notre aide. Notre degré de dégagement et notre niveau d'élévation sont directement déterminants dans nos possibilités d'agir dans l'après-mort. Plusieurs se retrouvent même avec d'impératifs besoins à combler qui nécessitent autant d'efforts d'eux-mêmes et des autres que ceux rencontrés pendant leur incarnation terrestre. Mes propres expériences médiumniques me permettent même d'avancer qu'il y a beaucoup plus de nos défunts qui ont besoin de prières qu'il y en a qui peuvent réellement nous aider. Cette réalité se vérifie principalement dans les trois années qui suivent le décès, bien que, pour certains, cela puisse s'étirer sur plusieurs dizaines de nos années terrestres. D'où la grande importance de solliciter l'aide d'en haut pour nos morts.

UNE DEMANDE ORIGINALE

Bon vivant, Antoine mordait dans la vie sans trop se soucier de l'aspect spirituel de son existence terrestre. Il était respectueux des lois morales et civiles de son milieu et, pour lui, tout cela était largement suffisant.

Son point de vue sembla cependant se modifier quelques semaines après son décès. Emporté par une embolie cérébrale, il n'avait pas eu le temps de se préparer au grand départ. Il se retrouva donc dans l'au-delà avec un certain retard à rattraper.

Comme ses proches vivaient avec la même philosophie que la sienne, il ne put bénéficier de leurs demandes d'assistance qui lui auraient été d'un grand secours. Dans sa vision plus élargie de l'au-delà, Antoine reconnut de grandes capacités d'invocation chez une de ses nièces qu'il n'avait pas vue souvent du temps de sa vie terrestre. Constatant, de plus, qu'elle possédait une médiumnité qui lui permettrait d'entrer en contact avec elle, il décida de tenter sa chance.

Élenna vaquait à ses occupations de routine dans son petit logement délicieusement décoré. Elle interrompit subitement la chanson qu'elle fredonnait en apercevant son oncle Antoine assis sur la laveuse. Il semblait la regarder travailler. Son visage exprimait un air sérieux, presque triste. Il ne disait aucun mot. Dès qu'Élenna ressentit de la peur, il disparut. Un peu plus tard, alors qu'Élenna regardait son roman télévisé, Antoine apparut de nouveau. Il se montra sur le téléviseur, bien assis, les jambes croisées et pendantes devant l'écran animé. Élenna poussa un cri et Antoine disparut sur-le-champ.

En se couchant, Élenna demanda d'être protégée. Elle s'endormit difficilement, ouvrant les yeux au moindre bruit, même les plus familiers.

Éveillée en pleine nuit, elle ouvrit lentement les yeux. Comme elle le pensait, elle aperçut son oncle Antoine couché au pied de son lit. Il se tenait de côté, les jambes légèrement pliées. Il supportait sa tête de son bras accoudé. Il regardait Élenna avec la même tristesse que la veille. Son regard excluait toute intention malveillante. À sa grande surprise, Élenna se rendit compte que sa peur avait disparu. C'était comme si elle venait de comprendre le message de son oncle qui ne désirait que son assistance. Elle se rendormit sans résistance, comme si la présence du défunt allait de soi.

Le lendemain, elle commença une neuvaine d'invocations pour le repos post mortem de son oncle. À la neuvième journée, elle reçut de nouveau sa visite. Son regard exprimait beaucoup d'amour. Il lui sourit et, sans dire un mot, esquissa un geste d'au revoir.

Antoine était venu la remercier de sa générosité qui lui avait fourni l'assistance dont il avait tant besoin pour se reprendre en main.

Ce besoin d'attention spirituelle peut même se faire sentir avant l'entrée ultime de l'Esprit dans l'au-delà, principalement chez ceux qui terminent leur incarnation dans un état de confusion. En voici un exemple révélateur.

EN ATTENTE DE SA MORT

Jeanne-Mance avait connu une vie très difficile. Au cours de son existence, elle avait souvent recherché la solution à ses tourments dans les artifices trompeurs de la matière. Mais les années lui avaient finalement fait comprendre que la force qu'exigeait chacune de ses épreuves prenait racine dans son cœur. Elle avait appris qu'il fallait donc nourrir ce dernier de l'énergie spirituelle qui ne pouvait venir que d'en haut.

Elle acheva sa vie dans la découverte des dimensions de l'Esprit qui lui avaient trop longtemps échappé. Elle s'en imprégna suffisamment pour franchir le seuil de la mort avec calme et sérénité.

Son agonie fut longue et laborieuse. Comme ses proches me l'avaient demandé, je demandai l'aide divine pour elle du mieux que je pus. Lorsqu'elle fut en phase terminale, elle m'exprima ce que son Esprit vivait. Elle ne passa cependant pas directement par moi. Elle préféra se manifester à une amie médium qui priait également pour elle.

Jeanne-Mance se montra dans un contexte particulier de l'au-delà. Contrairement à ce que ses proches croyaient, elle n'entrait que sporadiquement dans son corps agonisant, qui résistait péniblement à la mort achevant son œuvre. Pendant ce temps, Jeanne-Mance se tenait à l'écart et attendait la rupture de la corde d'argent.

Elle était tout entourée de noir. C'était comme un vide opaque qui s'étendait dans toute la vision. Elle prenait place dans un fauteuil berçant qui semblait de bois. Il donnait l'impression d'une vieille pièce d'un mobilier ancien. Jeanne-Mance se berçait sans arrêt. Elle portait des vêtements confortables, mais un peu négligés. L'expression de son visage ne traduisait pas d'émotions précises. Elle semblait pensive. Une grande passivité ressortait de son attitude globale. Elle donnait l'impression de subir l'ultime étape.

Le lendemain, Jeanne-Mance se montra à nouveau à mon amie médium. Elle se manifesta dans les mêmes conditions. Un noir opaque l'entourait, comme celui que l'on voit autour des défunts nouvellement décédés et qui ne sont pas encore dégagés de notre monde matériel. Elle se berçait sans relâche, comme emportée par des pensées lointaines. Je continuai mes demandes pour qu'elle reçoive toute l'assistance dont elle pouvait avoir besoin. Elle décéda quelques heures après que j'eus reçu ce dernier témoignage.

Jeanne-Mance se manifesta à moi trois semaines après son décès. Elle m'apparut sereine. Mon attention fut particulièrement attirée par son regard qui s'était dépouillé de la crispation de ses anciennes souffrances. Elle se montrait entourée de pseudo-matière opaque reconstituant un coin de notre Terre. Elle se tenait debout juste devant moi. Son apparence était charnelle, comme de son vivant, mais en bonne santé. Après quelques secondes, elle me fit un beau sourire et repartit dans les dimensions subtiles de l'au-delà.

Je fis part de cette rencontre à sa fille que je rencontrai quelques jours plus tard. Je lui conseillai de demander l'aide divine pour sa mère au cours des semaines suivantes. Je voulais m'assurer que Jeanne-Mance ne perdrait pas trop de temps avant de chercher l'accès aux mondes de lumière.

Il est très important pour le défunt de retrouver rapidement sa lucidité après son décès. Certaines confusions peuvent donner lieu à de réelles souffrances capables de l'empêcher de prendre sa place dans sa nouvelle réalité. L'Esprit se sent alors emprisonné dans un monde indéfinissable, ce qui le pousse à errer auprès des siens.

UN HOMME CHALEUREUX

La mort que connut François ne lui laissa guère le temps de se rendre compte de ses nouvelles conditions d'existence. Il fallut plusieurs jours d'invocations pour l'éveiller à la réalité de sa vie d'Esprit qui s'était amorcée sans crier gare.

François menait une vie paisible et sans histoire. Son épouse Marielle le chérissait comme au premier jour et ses deux enfants étaient sa fierté. Bientôt dans la cinquantaine, il commençait à songer sérieusement aux années de retraite qui approchaient à grands pas.

Sa vie tranquille et tous ses rêves furent emportés un soir d'automne par un infarctus foudroyant.

Marielle fut profondément affectée par cette mort tragique qui bouleversait toute sa vie. Elle et François avaient toujours été très proches. Leur amour était si grand et si entier, qu'en regardant l'autre, chacun avait l'impression de voir une partie de lui-même. L'amour avait nourri leurs années vécues ensemble comme le soleil et la pluie chaude dans les grands champs fertiles.

Le lendemain des obsèques, alors que le quotidien reprenait tous ses droits, Marielle réalisa vraiment que sa vie ne serait plus jamais la même. Elle se retrouvait seule à soigner sa peine inconsolable. Ses enfants adolescents étaient partis pour l'école. Elle songea jusqu'à quel point ils avaient grandi. Ils seraient bientôt de jeunes adultes qui voleraient de leurs propres ailes. Les souvenirs défilaient devant elle, reculant dans le temps qu'elle aurait voulu retenir.

Elle reçut soudainement une forte impression de la présence de son époux fraîchement inhumé. C'était comme s'il était là, tout près d'elle, partageant la même peine, comme il le faisait jadis dans les jours difficiles. Marielle ne ressentit aucune peur, car elle mit rapidement cette curieuse sensation sur le compte de son imagination sans doute trop affectée par ses émotions. Malgré tout ce beau rationnel qu'elle s'imposait, elle fut quand même dérangée par ce qu'elle avait ressenti. Elle s'occupa jusqu'au retour des enfants. Elle ne remarqua rien de particulier, mais la curieuse impression que François l'observait devint de plus en plus insistante.

Le soir venu, elle se coucha tôt. La fatigue éprouvante des derniers jours demandait encore un supplément de forces qu'elle devait récupérer.

Contrairement aux soirs précédents, elle sombra rapidement dans le sommeil. L'épuisement avait eu raison de sa douleur.

Marielle dormait paisiblement. Elle plongea dans un rêve magnifique où François dormait à ses côtés. Il l'enlaçait dans ses bras bien en chair, la collant tout contre lui. Marielle dégustait son rêve de tout son être, s'accrochant à chacun des instants, souhaitant qu'ils soient éternels.

Elle exprimait à François toute sa joie de le retrouver, lorsqu'elle se rendit compte qu'elle ne dormait plus. Elle ouvrit les yeux. L'étreinte de François conservait toute sa réalité. Elle se retourna brusquement. Marielle fut littéralement paralysée par la peur en apercevant son défunt mari couché près d'elle. Il semblait bien en vie. Il la regardait avec son sourire habituel, comme si la mort n'était jamais passée. Reprenant son sang-froid, elle ordonna à François de partir. Il se désintégra sur-le-champ, comme entraîné par une force qu'il ne pouvait contrôler.

Marielle se leva et alluma toutes les lumières. Elle entendit du bruit dans le couloir. Elle s'y rendit et aperçut sa fille qui, sortant des toilettes, lui demanda pourquoi elle avait allumé toutes les lumières de sa chambre. Craignant de lui faire peur, elle prétexta une fausse raison sans lui toucher mot de ce qu'elle avait vécu. Marielle se recoucha avec sa lampe de chevet allumée. Elle se rendormit jusqu'au matin.

Le lendemain, elle fut très attentive à la moindre impression de la présence invisible de François, mais rien ne se produisit. Elle trouva la journée très longue, ne sachant plus si elle devait craindre ou espérer une nouvelle apparition de son mari.

Par mesure de prudence, elle s'endormit sous l'éclairage de sa veilleuse. La nuit se passa sans histoire. Marielle s'éveilla au matin avec une nette impression de force plus grande. C'était comme si elle avait refait le plein de toutes ses énergies.

La nuit suivante, le même rêve entraîna Marielle dans les bras de François couché près d'elle. À nouveau, elle s'éveilla. Sachant ce qui l'attendait, elle se retourna lentement. Comme la première fois, elle vit François étendu comme s'il était vivant. Il la regardait d'un air triste et interrogateur. Très calme, Marielle adressa la parole à son mari matérialisé. Elle lui demanda s'il savait qu'il était mort. À ces mots, François disparut subitement, comme apeuré par les propos qu'elle lui tenait.

Le souvenir de lointaines lectures spirituelles fit comprendre à Marielle que François vivait une confusion post mortem qui l'empêchait de réintégrer le monde des Esprits. Elle se tourna vers l'au-delà pour demander à Dieu d'autoriser les Esprits de lumière à assister son mari dans son adaptation d'après-mort. Puis, elle s'adressa directement à François pour l'éveiller à sa nouvelle réalité et l'inviter à accepter l'aide qui lui serait accordée.

Marielle maintint ses demandes avec ferveur sur une période de plusieurs jours. Pendant tout ce temps, François ne manifesta aucun signe de sa présence. Puis, une nuit, il revint se matérialiser près d'elle. Il la serra contre lui, ou plutôt contre son périsprit densifié à même les résidus de sa réserve fluidique épuisée. Marielle se retourna sans aucune peur. Il lui fit un sourire de reconnaissance et disparut sans jamais revenir.

François, qui avait toujours été chaleureux auprès de sa femme, avait perpétué ses habitudes d'incarné pour manifester l'amour qu'il éprouvait. Confus, il ne pouvait comprendre ce qui lui arrivait. Il cherchait donc à se sécuriser auprès de Marielle par l'approche qui lui semblait convenable en pareille circonstance.

Les appels de Marielle lui avaient permis de se prendre en main et d'améliorer son sort. Des Esprits de lumière étaient venus jusqu'à lui. Éveillé par les pensées de Marielle qui l'invitait à suivre leurs conseils, il put profiter pleinement de leur assistance et abréger rapidement ses difficultés à se retrouver.

SA DÉFUNTE MÈRE

Roland venait de perdre sa mère. Il l'avait accompagnée jusqu'à son dernier souffle. Sa souffrance était grande. Il avait toujours vu en elle un grand personnage avec qui les affinités vibratoires s'étendaient bien au-delà des liens conventionnels unissant un fils à sa mère.

Quelques jours après les funérailles, Roland put entrer en relation avec elle. L'horloge s'apprêtait à sonner la troisième heure de la nuit. Roland, qui venait de s'éveiller, tentait de retrouver son sommeil. Il se rendormit bizarrement, comme s'il dormait tout en étant éveillé. À sa grande surprise, il se rendit compte qu'il flottait au-dessus de son lit. En se retournant, il aperçut son corps respirant tout doucement sous les couvertures emmêlées. Roland n'avait jamais vécu un pareil phénomène. Un malaise s'emparait progressivement de ses pensées qui cherchaient à comprendre cette situation particulière.

Quelqu'un entra dans sa chambre. Il se tourna pour voir qui était là. Il reconnut sa mère qui s'approchait de son lit. Elle portait les mêmes vêtements avec lesquels elle avait été inhumée. Une faible lueur émanait de son corps qui semblait vaporeux. Son visage exprimait une certaine inquiétude, voire une tristesse. Elle ne semblait pas se rendre compte de sa double présence.

Elle s'assit près de son corps en sommeil. Elle le regardait avec beaucoup de tendresse. Soudain, elle lui toucha le bras droit et tenta de le secouer comme pour l'éveiller.

Roland voulut lui crier qu'il n'était pas dans son corps, mais il n'y parvint pas. Il se concentra instinctivement pour revenir dans son enveloppe charnelle. Le retour fut presque instantané. Il ouvrit rapidement les yeux pour parler à sa mère, mais elle semblait disparue. Les yeux de son corps ne parvenaient pas à lui faire voir ce qu'il avait perçu avec ceux de son périsprit.

Roland fut très impressionné par ce qu'il avait vécu. Malgré les commentaires de ses proches à qui il rapporta son expérience, il savait profondément qu'il n'avait pas rêvé. Sa mère était réellement venue pour lui parler.

Roland me consulta pour comprendre la nature d'un semblable phénomène. Dès qu'il m'eut décrit ce qui s'était passé, je lui recommandai des demandes soutenues pour aider sa mère à prendre conscience de sa nouvelle forme d'existence. Ces invocations m'apparaissaient importantes pour elle. Il était bien évident qu'elle vivait une confusion post mortem qui l'empêchait de comprendre les démarches qui pouvaient l'aider.

Cette déduction considérait des points bien précis. Premièrement, si la défunte avait retrouvé sa pleine lucidité d'Esprit, elle aurait vite remarqué la présence de Roland flottant au-dessus de son corps en sommeil. Deuxièmement, elle n'aurait jamais cherché à l'éveiller pour lui parler. Elle aurait su que c'était là la meilleure façon de couper le contact conscient. Troisièmement, un Esprit lucide aurait très bien su que nous sortons de notre corps pendant nos heures de sommeil et que nous y rejoignons facilement les morts. C'est donc directement en astral qu'elle aurait cherché à lui parler. Elle avait réagi comme de son vivant. Elle avait donc besoin de demandes d'aide pour lui permettre de goûter plus rapidement aux délices que l'au-delà réserve aux Esprits méritants.

Cette confusion est fréquente chez les êtres décédés après une longue période d'inconscience que peuvent provoquer le coma et certaines médications de phase terminale. Cette confusion peut durer plusieurs mois chez certains Esprits ne bénéficiant pas d'un support de prières de leurs proches survivants. Les Esprits initiateurs les suivent alors de très près pour maintenir un contexte de vie ne brimant pas leurs mérites et leur degré d'avancement.

PERDU DANS L'APRÈS-MORT

Ma femme et moi rendions visite à Éric, un vieil ami. Au fil de la conversation, nos propos dévièrent subitement sur sa fille Clairette qui habitait dans un pays étranger depuis plusieurs années. Nous nous informâmes de son travail et de divers aspects de sa vie d'outre-frontière. Au même instant, le téléphone sonna. C'était Clairette. Le non-verbal d'Éric nous fit rapidement comprendre que quelque chose assombrissait le bonheur de sa fille. Après quelques secondes de conversation, Éric signifia à Clairette que j'étais chez lui. Il lui demanda alors d'attendre quelques instants. Il déposa l'appareil sur la petite table de bois et me demanda de parler à sa fille.

Un peu surpris, je pris le combiné. Après les salutations d'usage, je lui demandai ce que je pouvais faire pour elle.

Clairette commença d'abord par me signifier la grande satisfaction qu'elle ressentait à pouvoir me parler. Elle était aux prises avec la manifestation du conjoint de sa copine de travail. Il était décédé dans un accident quelques semaines plus tôt. Depuis, il ne cessait d'importuner Clairette par sa présence qui ne tenait aucunement compte des règles de la bienséance. Elle lui ordonnait de partir, mais il ne semblait pas comprendre ce qu'elle lui disait.

Je demandai plus de détails à Clairette pour mieux la conseiller. Entre autres, elle me parla d'un rêve qu'elle avait fait la nuit précédente. Elle l'avait pris pour elle-même, mais, en fait, elle me livrait la clef de toute l'énigme concernant son visiteur.

Clairette me parla d'un voilier, toutes voiles dehors, qui semblait immobilisé sur une mer inerte. Les voiles étaient très blanches. Aucun vent ne venait les agiter. Tout autour, il n'y avait que du noir. Seule l'eau lisse comme un miroir donnait une véritable couleur à l'ensemble. Un bleu légèrement violacé s'en dégageait faiblement.

Dès que je reçus la description de tous ces détails, je compris que ce n'était pas un rêve comme Clairette le croyait. C'était le défunt qui lui exprimait son état d'esprit dans l'au-delà où il avait été plongé trop vite pour son degré d'éveil spirituel. Il se sentait comme un navire qui ne pouvait pas bouger. Il se voyait dans un lieu inconnu entouré d'un noir anonyme. Il se sentait perdu et ne savait pas comment s'en sortir.

Comme Clairette possédait un don médiumnique permettant au défunt de la contacter et qu'il croyait qu'elle pouvait l'aider, il s'agrippait à elle comme à une bouée de sauvetage pouvant le maintenir à flots.

J'expliquai à Clairette les informations que l'au-delà me livrait sur la situation du défunt. Je lui expliquai ensuite les invocations qu'elle devait faire pour l'aider à se dégager.

Nous quittâmes Éric quelques instants plus tard. Le téléphone nous avait fait réaliser que les heures avaient passé vite et qu'il était temps de nous retirer.

À peine arrivé chez nous, je reçus un appel d'Éric. Clairette venait tout juste de lui parler de nouveau. Elle lui avait rapporté ce qui s'était passé après notre échange téléphonique.

Dès qu'elle avait raccroché, elle avait perçu le défunt matérialisé tout près d'elle. Il se tenait debout, la regardait fixement. Clairette avait commencé immédiatement les invocations que je lui avais conseillées. Elle avait vu alors une lumière envelopper complètement l'Esprit. La lumière jaunâtre semblait venir d'une ouverture rectangulaire apparaissant juste derrière lui. Clairette avait invité le mort à y entrer en lui précisant qu'il y trouverait le chemin de sa libération. Pendant trois ou quatre secondes, le rectangle était devenu très noir. Le défunt avait disparu. Il était revenu ensuite avec la lumière qui s'était allumée de nouveau derrière lui. Cette fois, son visage s'était animé. Il regardait Clairette avec une grande douceur. Il lui faisait un sourire. Il s'était ensuite retourné et avait marché vers l'ouverture lumineuse. Rendu au seuil du rectangle, il s'était arrêté. Il semblait hésiter. Clairette lui avait dit de continuer et de ne pas avoir peur. Il avait avancé et tout avait disparu.

Clairette avait ensuite reçu un appel de sa copine de travail qui pleurait la mort du défunt. Sa voix était tout affolée. Elle venait de recevoir la visite de son spectre. Il lui était apparu bien visiblement, s'était approché d'elle et l'avait prise dans ses bras. Son étreinte avait été bien réelle et bien physique. La présence avait duré trois ou quatre secondes.

Clairette avait raconté à son amie tout ce qu'elle-même avait vécu. Elle avait compris alors que le téléphone à son père pendant ma visite n'avait pas été le fait du hasard. Elle avait été utilisée pour aider l'Esprit errant à se dégager de sa pénible position. Son Guide savait que je lui livrerais les informations dont elle avait besoin et il lui avait inspiré d'appeler pour me parler. Quant au rêve, il lui avait été donné dans le temps jugé opportun.

Clairette avait fait ensuite un lien direct entre la visite du défunt chez son amie et la noirceur qui l'avait fait disparaître. Elle avait compris ainsi comme il était vrai qu'un défunt ne pouvait entrer dans la lumière libératrice s'il gardait des liens trop intimes avec notre monde obscur.

Malgré l'évidence du dégagement du défunt, je conseillai à Clairette de maintenir ses invocations pendant les trente jours prescrits. Nous nous assurions ainsi qu'il recevrait toute l'assistance dont il pouvait avoir besoin pour prendre toute sa place dans son nouveau monde.

Quoique pleinement lucides, certains Esprits demeurent très attachés à notre monde d'incarnés. Laissés à eux-mêmes, ils peuvent vivre dans cet état pendant une très longue période. Ce sont des entités dont l'éveil spirituel est insuffisant pour qu'elles comprennent que la vie d'après-mort n'est agréable qu'une fois détachée des vibrations lourdes de la matière. La demande d'assistance spirituelle émise par les vivants devient alors salutaire pour eux.

BESOIN DE PRIÈRES

J'avais aidé Kristine et son époux à mettre fin à une hantise dont leur petite fille de trois ans était la cible. L'Esprit responsable de leur problème avait bien voulu profiter des possibilités qui lui étaient offertes et il avait rapidement quitté les lieux. Je leur avais cependant recommandé des appels spirituels soutenus pendant les trente jours suivants pour fournir à l'Esprit repentant le support dont il avait besoin pour se sortir de ses tourments. C'est avec un grand plaisir qu'ils acceptèrent de faire tout ce qu'il fallait pour s'assurer que cet Esprit ne viendrait plus prolonger ses souffrances ici-bas.

La paix était revenue dans leur foyer. Tous les soirs, Kristine et son mari s'endormaient en priant pour l'Esprit qui allait vers la lumière. À la fin de la deuxième semaine, Kristine s'endormit sans avoir adressé ses invocations. La journée avait demandé beaucoup d'efforts et le sommeil était venu trop vite pour qu'elle remplisse son engagement.

Vers deux heures de la nuit, elle s'éveilla subitement, presque en sursaut. Une présence invisible se faisait nettement sentir au fond de sa chambre. Kristine ne se croyait pas menacée, mais elle trouvait la situation très désagréable, surtout après ce qui s'était passé chez elle.

La présence invisible s'avança près de son lit. Après quelques instants, Kristine eut la nette impression que l'Esprit était tout près d'elle. Elle sentait qu'il se tenait debout et très proche de son lit. Elle songea subitement à l'Esprit pour qui elle devait demander de l'aide. Elle se souvint que, la veille, elle n'avait pas fait ses demandes habituelles. Elle fit immédiatement le rapprochement avec l'inconfortable présence. Elle s'excusa auprès de l'entité et elle adressa les appels qu'elle avait oubliés. L'Esprit quitta immédiatement les lieux, comme soulagé d'avoir été compris.

Lorsque Kristine me fit part de ce qu'elle avait vécu, elle me confia qu'elle ne croyait pas que ses invocations pouvaient avoir une telle importance. Elle venait tout juste de réaliser qu'elles avaient un effet réel dans l'au-delà. Elle avait toujours cru à celles que j'avais faites lors de ma visite chez elle, mais elle n'avait pas accordé aux siennes la pleine valeur qu'elles pouvaient avoir. Désormais, les demandes de Kristine seraient encore plus efficaces, car elle savait maintenant qu'une oreille attentive les écoutait toujours.

D'autres Esprits nouvellement arrivés dans l'au-delà subissent le contrecoup direct de leur aveuglement spirituel. La fermeture à la vie d'après-mort les rend littéralement prisonniers de leurs propres limitations spirituelles. Cet état douloureux s'ajoute aux tiraillements que leurs pulsions périspritales, souvent encore vives, exercent sur eux. Ils forment la horde des Esprits malheureux la plus assoiffée de l'invocation des vivants.

BESOIN D'AIDE

Les quelques discussions philosophiques que je pus entretenir avec Welley me montrèrent un homme peu enclin à la dimension spirituelle. Adepte de la dive bouteille, il préférait noyer ses angoisses métaphysiques dans les rires artificiels de l'alcool plutôt que de les approfondir et tenter de trouver des réponses.

Lorsque je publiai mon premier ouvrage, il fut l'un de ceux qui s'en moquèrent, qualifiant toutes mes recherches de pures balivernes.

Pourtant, pendant mes heures de sommeil, il m'arrivait de le voir en pleine interaction avec les possibilités de la pseudo-matière opaque de l'au-delà. Une nuit, il vint même se montrer à moi, m'exprimant toute la vitalité de son Esprit dont il niait l'existence sous le voile qui fait oublier.

Il refusa de lire mes écrits, prétextant qu'il était un rationnel. Sans doute craignait-il d'y trouver ce qui aurait trop sérieusement remis en question la légèreté de son existence.

Lorsque j'appris son décès, je priai Dieu de l'accueillir dans sa pleine miséricorde, car, malgré son aveuglement spirituel, Welley avait vécu en homme honnête et il s'était toujours montré dévoué pour les siens.

Six mois après son décès, à cinq heures quinze du matin, je sortis partiellement de mon sommeil. Je refermai les yeux, me sentant tout près de regagner les rives de l'au-delà. Je priai mon Ange gardien et, soudainement, la voix de Welley interrompit mes prières. Il prononçait mon nom et me demandait de l'aider. Il me dit : « Comment je vais faire pour me sortir de cette situation-là ? » Je le sentais nerveux et même paniqué.

Je m'apprêtais à lui répondre lorsque le téléphone se mit à sonner. Une dame éprise d'une sérieuse hantise me demandait de l'aide. Dès les premiers timbres de la sonnerie, je sentis Welley s'éloigner rapidement de moi. C'était comme si une force irrésistible le tirait hors de ma chambre. Je lui criai en pensée d'écouter les conseils des Esprits lumineux qui iraient vers lui. Je lui précisai, en espérant qu'il m'entendait encore, que ces Esprits pourraient vraiment l'aider à améliorer son sort.

Pendant la journée, je priai le plus souvent possible pour Welley. Je demandais à Dieu de diriger vers lui les Esprits de lumière qui pourraient l'aider et j'invitais fortement l'Esprit de Welley à les écouter.

La nuit suivante, Welley tenta à nouveau d'entrer en contact avec moi. J'entendis nettement le son de sa voix, mais je ne pus distinguer aucun mot. On aurait dit qu'il ne parvenait pas à synchroniser sa pensée. Je priai pour lui et, lentement, je me rendormis.

Le lendemain, je rapportai mon expérience à ses proches, capables de l'assister par leurs invocations, et je demandai à Dieu de permettre que celles-ci soient exaucées.

Tel que j'avais connu Welley, il devait se sentir vraiment mal pris pour faire une démarche semblable. Il n'était pas difficile d'imaginer comment cela avait dû être humiliant pour son orgueil bien enraciné. Venir demander de l'aide spirituelle à celui-là même dont il s'était moqué devait lui imposer beaucoup d'efforts. Sans doute était-ce le pas qu'il devait faire pour que les Esprits de lumière puissent l'atteindre et l'amener à se prendre en main dans sa nouvelle existence.

Pour certains défunts, l'invocation des vivants ne peut engendrer qu'un effet partiel. Ce sont ceux et celles qui décèdent dans le remords ou dont les reproches intérieurs sont demeurés très grands. Ces entités ont un extrême besoin de se sentir libérées par leurs créanciers spirituels. Leur dégagement et leur bonheur d'après-mort se veulent directement conditionnés par le pardon sincère de leurs victimes d'incarnation. Ces Esprits possèdent la pleine conscience de leurs fautes. Leur éveil spirituel est suffisant pour qu'ils enclenchent de profonds amendements dans leur échelle de valeurs. Avec une bonne préparation dans l'au-delà, ils sont prêts à prendre les moyens pour se grandir vers Dieu. Ils ne peuvent cependant mettre en œuvre leur bonne volonté sans la libération de leur conscience qui les tenaille sans cesse.

Notre attitude est donc importante envers les défunts qui se sont rendus coupables envers nous. Notre pardon peut devenir salutaire pour eux en permettant ainsi à notre appel de les atteindre pleinement.

Cette libération par le pardon envers nos morts peut même engendrer de profitables retours.

UN ONCLE PARDONNÉ

En plein cœur de son enfance innocente, Steva eut à subir les assauts incestueux d'un oncle sans scrupules.

Pendant longtemps, cette expérience traumatisante laissa des plaies vives qui empêchaient Steva de prendre son plein envol.

Elle ne s'en libéra qu'en cultivant la dimension spirituelle dans sa vie. Ses nombreuses lectures, liées à une foi profonde en la sagesse divine, lui firent découvrir une vision libératrice de toute cette épreuve.

La découverte de l'existence d'un plan de vie autorisé par Dieu lui-même lui fit regarder avec plus de sérénité tout ce que l'existence terrestre lui apportait. Elle fut attristée de découvrir les origines karmiques de son déchirement, mais elle fut davantage désolée de comprendre que son bourreau aurait pu éviter toutes ces souffrances, autant pour elle que pour lui-même, en vainquant simplement ses pulsions.

Sa progression spirituelle déjà avancée la dégageait suffisamment pour cesser d'en vouloir à son oncle. Elle comprenait maintenant l'infériorité de son niveau d'évolution.

Lorsqu'il mourut, elle pria pour lui. Elle lui exprima le pardon sincère qui se dégageait de son cœur en l'invitant à se diriger sans crainte vers la lumière.

Quelques années plus tard, alors qu'elle avait enfin réussi à s'envoler dans la pleine mesure de ses ailes, Steva reçut le retour de sa générosité.

Steva conduisait sa voiture depuis de longues heures. La fatigue engourdissait peu à peu les muscles de son corps, figés dans leur position restreinte. Ses pensées couraient d'un sujet à l'autre, sans trop porter attention à la route dont la monotonie hypnotisait progressivement ses réflexes. Tout à coup, à la sortie d'un échangeur, un chauffard entra subitement sur sa trajectoire. Il ne fit pas son arrêt obligatoire. La collision semblait imminente. La surprise figea littéralement Steva encore imprégnée de pensées vagabondes. Elle ferma instinctivement les yeux en attente du choc. À cet instant, l'image de son oncle pardonné lui apparut nettement. Comme s'il avait subitement pris lui-même le volant, l'automobile sembla freiner brusquement. Steva ouvrit les yeux et vit le chauffard commencer à s'éloigner. Les deux voitures avaient été à quelques centimètres d'une violente collision.

Dans sa grande nervosité, Steva s'immobilisa sur l'accotement. Reprenant progressivement ses sens, elle réalisa qu'elle avait obtenu assistance directe de l'au-delà. Elle remercia son oncle pour son aide salutaire et Dieu de l'avoir autorisée.

Steva venait de bénéficier d'un allégement de ses épreuves parce qu'elle avait atteint plus tôt un important objectif de son évolution spirituelle. En d'autres mots, on lui avait enlevé une épreuve qui ne lui était plus nécessaire. Quant à son oncle, se sentant en redevance pour le pardon libérateur de sa nièce, il avait voulu exprimer toute sa reconnaissance dans les limites permises par le plan de vie de celle qui était dorénavant sa protégée.

***

Lorsque nous parlons des défunts, notre réflexe est d'en référer à ceux et celles que nous avons bien connus autour de nous. Or, certains Esprits, qui nous ont côtoyés à travers certaines grossesses qui ne vinrent pas à terme, peuvent faire encore partie de la horde de nos défunts et même avoir besoin de nos invocations ou de la chaleur de notre pensée. Pour certains d'entre eux, il serait peut-être pertinent de ne pas les oublier.

UN BÉBÉ DANS SES BRAS

Nicolette prit rendez-vous pour échanger sur son cheminement spirituel. Elle se questionnait sur le sens à donner à sa vie dont elle cherchait le but véritable.

Son éveil à la spiritualité était encore tout récent. Des lectures conseillées par une de ses amies l'avaient amenée à remettre en cause bien des valeurs temporelles qui, jusque-là, avaient tissé la trame superficielle de son existence terrestre.

Ses questions étaient précises et son approche fort rationnelle. Son attitude donnait l'impression qu'elle cherchait à savoir, mais sans trop se compromettre. Les informations que je recevais pour elle me semblaient plutôt prudentes. C'était comme si l'au-delà la sentait fragile et craignait de briser son élan spirituel.

Au fil de notre échange, Nicolette me demanda si je pouvais percevoir son Ange gardien. Elle voulait connaître son apparence. Je fermai les yeux et je demandai à son Guide de bien vouloir se montrer si Dieu l'y autorisait. Le personnage qui se présenta derrière Nicolette dégageait beaucoup de lumière qu'accentuait un beau jaune fluorescent. Son périsprit lui donnait une allure nettement féminine. L'Esprit demeura quelques instants à une certaine distance de moi, puis j'eus l'impression que je me rapprochais de lui.

À ma grande surprise, je me rendis compte que l'entité tenait un enfant dans ses bras. La scène me rappelait l'image traditionnelle de sainte Anne. L'enfant semblait âgé de cinq ou six mois. Je reçus la nette impression que c'était une fille.

Dans un premier temps, je ne décrivis que la dame qui se montrait à moi. J'avais eu le réflexe spontané de ne pas parler du bébé, mais l'entité me demanda de le faire. Je rapportai donc à Nicolette la présence de la petite fille.

En écoutant les détails de l'apparition, Nicolette sembla saisie par une grande émotion. Des larmes ruisselèrent dans ses yeux devenus tristes et, me regardant directement, elle me confia d'une voix tremblante ce que son cœur avait tant de peine à supporter depuis qu'elle avait redécouvert sa dimension spirituelle.

Nicolette me révéla qu'elle s'était fait avorter douze mois plus tôt. Des motifs qu'elle jugeait dorénavant égoïstes et sans fondement l'avaient poussée à mettre fin à l'incarnation du petit être qui avait misé sur elle pour grandir vers Dieu. Elle m'avoua alors que j'étais la troisième personne qu'elle consultait et qui lui rapportait l'apparition de cette petite fille.

Nicolette me dit sa conviction qu'il s'agissait de l'enfant dont elle avait interrompu les jours. Elle aurait eu l'âge présenté par l'apparition.

Nicolette m'exprima toute la sincérité des regrets qui lui rongeaient le cœur. Elle me parla alors de sa désolation devant l'impuissance à réparer le mal qu'elle avait fait. Elle me dit même craindre la rancune que l'esprit pouvait lui réserver.

C'est là qu'on me transmit l'information selon laquelle l'Esprit du bébé s'était montré pour éclairer Nicolette : il attendait qu'elle soit de nouveau enceinte. Même s'il avait été rejeté, il continuait à aimer celle qu'il désirait comme mère. Il souhaitait revenir près d'elle.

Nicolette sécha ses larmes. Ses interrogations prirent une dimension beaucoup plus profonde. À mesure qu'elle parlait, un certain soulagement transpirait de ses propos, non pas qu'elle considérât son choix plus facile, mais elle comprenait maintenant que Dieu nous donnait toujours la possibilité de reprendre les pas perdus, que ce soit sur notre présente route ou sur celles à venir.

Leur pouvoir réel

Depuis l'avènement des premières incarnations de l'Esprit humain sur cette Terre, des témoignages rappellent l'indéniable réalité des pouvoirs d'action des trépassés dans notre monde matériel. Certains de ces pouvoirs s'inscrivirent dans des dogmes religieux, d'autres prirent l'image de légendes, d'autres encore étoffèrent des contes prenant l'allure du merveilleux. Mais, à l'ombre de ceux qui passèrent à l'histoire, une multitude de cas bien réels viennent encore rappeler aux communs des mortels qu'une vie sans cesse croissante continue au-delà des corps temporels. Ce rappel se démontre le plus souvent par une intervention bien identifiée d'un défunt voulant nuire ou aider ceux et celles qu'il a endeuillés.

L'intervention d'un défunt dans notre monde matériel ne peut se faire sans l'utilisation de l'énergie vitale d'un humain. L'Esprit doit donc prélever ce fluide animalisé directement dans la réserve périspritale d'une personne vivante pour agir auprès de nous. Celle qui fournit ainsi l'énergie de base se trouve alors amoindrie dans le carburant fluidique qui permet sa vie d'incarnée.

L'action directe dans notre monde opaque est donc grandement limitée pour les trépassés, car, s'ils abusaient de ce procédé, ils causeraient de graves problèmes de santé chez ceux-là mêmes qu'ils chercheraient à aider. C'est également pour cette raison que leurs actions semblent si parcimonieuses et que les manifestations les plus spectaculaires, qui demandent beaucoup de fluide vital d'un vivant, ont pour auteurs des Esprits sans scrupules et peu délicats qui profitent de l'opacité de leur périsprit pour prolonger leur encroûtement matériel.

L'assistance directe de nos frères de l'au-delà exige donc un certain doigté et une connaissance précise des lois naturelles qui régissent la relation entre nos mondes aux vibrations incompatibles. C'est pour cela que les

Esprits de lumière qui sont les plus avancés sont les champions de l'aide réelle que l'au-delà peut nous apporter.

Comme nous le verrons plus loin, malgré cette importante limite, nos défunts immédiats peuvent quand même agir directement auprès de nous, mais dans des conditions précises qui exigent constamment l'aval de l'autorisation divine.

Dans certains cas, nous pouvons nettement constater que notre position d'incarnés nous confère plus de possibilités dans nos propres demandes. Cela vient du fait que l'Esprit des vivants est mieux pourvu pour projeter ses pensées dans les hautes sphères de lumière. Il faut en effet que l'Esprit soit incarné pour mettre en branle le processus énergétique que nous avons vu plus haut et engendrer une extraordinaire propulsion spirituelle pouvant le connecter à la pensée divine.

SON DÉFUNT PÈRE VIENT À SON AIDE

Lorsque Paulette me téléphona, elle subissait les assauts d'un Esprit malveillant depuis déjà quelques semaines.

Tout avait débuté un matin du mois d'août. Paulette dormait paisiblement près de son conjoint. Elle récupérait les heures empruntées la veille pour profiter des dernières soirées du court été.

À cinq heures trente, elle se fit littéralement réveiller par l'impact d'un petit tableau décoratif qui se décrocha du mur de sa chambre. L'objet la frappa de plein fouet au visage. Tout abasourdie, Paulette ouvrit les yeux et porta instinctivement la main à son oreille droite. Une douleur vive lui fit rapidement comprendre qu'elle venait de subir un coup important. Son oreille lui faisait mal. En se regardant dans le miroir, elle se rendit compte que du sang coulait lentement d'une blessure provoquée par l'impact de l'objet. Elle se leva et réveilla son conjoint qui ne s'était rendu compte de rien.

Paulette lui expliqua le coup douloureux qui l'avait sortie de son sommeil. Elle lui montra son oreille et la blessure qui saignait légèrement.

Son mari examina le tableau resté près de l'oreiller de Paulette. Toutes les fixations étaient intactes. Il regarda ensuite le clou qui le tenait sur le mur. Tout était bien en place et très solidement fixé.

Paulette et son conjoint ne comprenaient vraiment pas ce qui avait pu se passer. D'autant plus que l'objet dut non seulement se décrocher lui-même, mais également franchir une distance de plus de deux mètres dans un angle de quarante-cinq degrés, et cela à une vitesse assez importante pour causer une sérieuse blessure.

Pendant toute la journée, ils ne cessèrent de parler du curieux phénomène. Leur inquiétude prit encore plus d'ampleur le soir même. Un être invisible s'amusait à allumer et à éteindre les lumières de la maison, comme si le système électrique était devenu son jouet.

Paulette se mit à prier et, finalement, le calme revint. Bien que craintifs, ils purent se coucher sans problème et s'endormir jusqu'au matin.

Les jours qui suivirent ne furent pas de tout repos. L'Esprit, qui semblait bien décidé à soutenir ses assauts, commença à s'exprimer à travers Paulette et son conjoint. Parfois, ils prononçaient des paroles dont ils ne prenaient pas conscience. D'autres fois, une agressivité incontrôlable et incompréhensible s'emparait d'eux, empoisonnant l'ambiance de la maison. Puis, l'Esprit proféra des menaces très précises contre Paulette. Il semblait lui vouer une haine profonde.

S'inquiétant maintenant pour ses enfants, Paulette fit des démarches pour obtenir de l'aide. Elle découvrit mes ouvrages et communiqua avec mon éditeur pour obtenir mes coordonnées. Elle me téléphona aussitôt.

En la questionnant, j'appris qu'elle aimait s'adonner à certaines expériences de spiritisme. J'y soupçonnai un rapport avec ce qu'elle subissait, mais Paulette se dit plutôt convaincue d'être la victime de la hargne de son défunt père. Cependant, rien dans ce qu'elle m'en disait ne pouvait laisser croire à cette éventualité.

Je lui recommandai des invocations contre les hantises et lui dis de me rappeler si elle en sentait la nécessité.

Trois semaines plus tard, Paulette me téléphona. Elle me rapporta que son père lui était apparu. Il lui affirma son innocence dans toute cette affaire et l'assura de son soutien.

Cette offre généreuse semblait cependant bien impuissante à mettre un terme aux manifestations hostiles de l'Esprit agresseur.

Je conseillai à Paulette de persévérer dans ses demandes de protection. De mon côté, je priai Dieu de l'exaucer.

Je n'avais reçu aucune nouvelle de Paulette depuis un mois et demi. Je présumais que tout était rentré dans l'ordre.

Nous étions en décembre. Régnait déjà l'ambiance des fêtes. Paulette me téléphona pour transmettre un message de son père qui lui était apparu une seconde fois. Il l'avait informée sur la nature de l'Esprit malveillant. Il lui avait admis son impuissance, puis lui avait dit de me faire venir dans sa maison. Il lui affirma que c'était la seule façon de mettre fin à la hantise qui persistait de plus belle.

Paulette voulait que je me rende chez elle le plus tôt possible. Nos disponibilités nous permirent de nous fixer une rencontre entre Noël et le jour de l'An. Paulette demeurait à plus de deux heures de voiture de chez moi. Les conditions routières s'avérèrent plutôt difficiles.

En entrant chez elle, je sentis une belle ambiance de calme ; L'Esprit coupable semblait se tenir bien tranquille, comme à l'affût de ce qui allait se passer.

Paulette me raconta que dès qu'ils eurent garni leur arbre de Noël, l'invisible s'était amusé à le déplacer à plusieurs reprises. Son manège fut tellement insistant qu'ils durent le ranger tout de suite après Noël. La première fois, Paulette et son conjoint furent éveillés par un grand bruit provenant du salon. Ils se levèrent et trouvèrent le sapin couché sur un fauteuil. Il était dépouillé de toutes ses décorations. Une autre fois, les personnages de la crèche changèrent de place, puis, encore les décorations qui se retrouvèrent éparpillées sur le plancher.

Dès que Paulette eut terminé de me décrire les anecdotes qui la faisaient souffrir, nous prîmes place pour demander l'intervention de nos amis de l'au-delà.

Assis autour de la table de la cuisine, nous commençâmes nos invocations. J'adressai d'abord mes demandes à Dieu, puis aux Esprits de lumière qui pouvaient nous aider. Je parlai ensuite à l'Esprit dont la masse périspritale était très sombre. Je lui exprimai beaucoup de sentiments d'amour et lui expliquai mes intentions bienveillantes à son égard. Je lui manifestai de la compréhension, mais je lui fis part de la douloureuse réalité qu'il était en train de se réserver. Je l'invitai à profiter de la présence des Esprits de lumière, qui s'étaient déplacés jusqu'à nous, pour se sortir de sa misère. Je l'exhortai à les écouter et à suivre leurs conseils.

Je perçus de nombreuses entités très brillantes nous entourant dans la pièce. Je reçus ensuite deux éclats lumineux symbolisant la protection. C'est là que je vis la lumière emporter avec elle l'être ignorant qui semblait vouloir profiter de la belle chance qui lui était offerte. Je remerciai Dieu et les Êtres de lumière de leur générosité.

En quittant Paulette, je lui demandai de me tenir au courant des nouveaux développements pouvant subvenir.

En février, elle me confirma que le calme était définitivement revenu depuis ma visite chez elle. Elle recommençait enfin à déguster la paix et l'harmonie si importantes au cœur humain. Elle me confia que cette expérience lui avait permis de mieux apprécier le bonheur que ses conditions de vie lui apportaient. C'était comme si tous ces problèmes et leur solution lui avaient fait prendre conscience de la générosité divine à son égard.

2. INVOCATION ET MANIFESTATIONS BIENVEILLANTES

Parmi les plus belles manifestations du monde des Esprits que nos appels peuvent enclencher, il y a sans contredit celles où notre Ange gardien lui-même vient signifier sa présence et son assistance auprès de nous.

Ce personnage lumineux que l'on retrouve auprès de chaque incarné de notre Terre est très sensible à l'émission de chacune de nos pensées. Il est le gardien de notre plan de vie et le représentant direct de la volonté divine. Sans cet ami généreux dont le cœur déborde de l'amour inconditionnel, nos incarnations terrestres deviendraient tout à fait impossibles. Laissés à nous-mêmes, nous subirions les assauts incessants des Esprits malveillants du bas astral qui rendraient nos plans de vie inopérants.

L'Ange gardien est très sensible à nos demandes. Nos appels l'atteignent toujours. Son mutisme apparent n'enlève jamais rien à sa grande efficacité qui s'applique dans l'ombre de l'anonymat volontaire.

Plusieurs personnes qui sont venues me consulter m'ont rapporté des phénomènes extraordinaires où leur Ange gardien jouait un grand rôle. Il me fut personnellement donné d'en percevoir certains d'entre eux. Je vous livre ici une des plus belles expériences vécues. Encore là, nous voyons l'efficacité de l'invocation auprès de ces entités d'une grande bonté qui ont déjà vaillamment franchi les pas que nous venons à notre tour poser ici-bas.

UNE ENTITÉ TOUTE BLANCHE

Rebecca avait déjà vécu dans son enfance une preuve bien vivante que l'au-delà veillait sur elle. L'existence d'Esprits bienveillants sensibles à ses souffrances ne faisait donc aucun doute dans sa pensée bien ouverte à la dimension spirituelle.

Beaucoup plus tard, pendant une période de sa vie qui fut particulièrement difficile, elle vécut une deuxième manifestation des Esprits de lumière qui l'entouraient. La nature de cette expérience fut fort différente de la précédente, mais elle lui confirma encore une fois qu'elle n'était jamais seule dans ses durs moments de souffrance.

L'horloge venait de sonner onze coups. La noirceur avait fait disparaître la lumière du jour depuis déjà sept longues heures. Rebecca se retrouvait seule dans son salon à peine meublé. Les enfants sommeillaient à poings fermés. Le silence avait repris ses droits dans le logis presque endormi.

Les durs moments qui avaient copieusement garni les dernières semaines faisaient remonter un grand chagrin qui se taisait de son mieux dans le cœur de Rebecca. Comme pour se soulager d'un trop-plein de peines refoulées, Rebecca se mit à pleurer. Elle se sentait seule face à la vie qui n'avait de cesse d'exiger sans donner de retour. Malgré sa foi, elle se sentait laissée à elle-même dans ce monde où le mal semblait si fort. Lasse autant dans son corps que dans son esprit, elle prit place dans le gros fauteuil qui semblait l'inviter à pleurer dans ses bras. En voulant s'installer de façon plus confortable, elle perdit l'équilibre et tomba sur les genoux. C'était comme si une force invisible l'avait entraînée sur le sol. Dans sa chute, sa tête arriva sur le petit divan placé juste à côté.

À sa grande surprise, elle se retrouva le visage sur les genoux d'une entité matérialisée. La brillance et la blancheur dégagées par l'Esprit ne laissaient aucun doute sur son avancement. L'Esprit semblait vêtu d'une longue aube. Rebecca voulut lever la tête pour le regarder, mais elle ne pouvait plus maîtriser ses mouvements. Elle était figée, soumise au contrôle de son visiteur lumineux. Aucune peur cependant n'envahissait sa pensée. Un calme doux et une sérénité profonde apaisaient toutes les larmes de son cœur.

Rebecca se laissa aller dans l'amour réconfortant qui lui était offert. Son rationnel aurait aimé lui dire de crier et de partir, mais son âme l'invitait à déguster chaque seconde de cet instant privilégié.

Rebecca laissa pénétrer en elle la paix qui lui manquait tant. Elle sentit soudain la main de l'Esprit se poser sur sa tête. Une grande chaleur s'en dégageait. Chaque caresse qui bougeait ses cheveux témoignait d'une douceur rappelant celle qu'elle imaginait de Dieu. Rebecca s'abandonnait à toute cette bienveillance semblant venir du ciel.

Dans une grande douceur, l'Esprit lui adressa la parole. Chaque mot était prononcé avec amour. Rebecca entendit le message dont son cœur avait besoin. À sa grande surprise, l'Esprit l'appela « son enfant ». Il lui prodigua de précieux conseils qui, plus tard, l'aidèrent énormément à s'en sortir.

Le silence revint, puis, subitement, le généreux visiteur disparut. La dématérialisation s'effectua en une fraction de seconde. Le visage de Rebecca se retrouva contre le coussin du divan. La rugosité du tissu fit un grand contraste avec la douceur soyeuse du vêtement lumineux de l'Esprit.

Rebecca reprit le contrôle de tous ses mouvements. Elle leva rapidement la tête. Il ne restait aucune trace du passage de son ami de l'au-delà. Elle se releva. Une joie profonde avait remplacé ses larmes amères.

Elle éteignit et alla se coucher. En s'endormant, elle remercia Dieu d'avoir permis une si belle rencontre. Entrée dans le sommeil, elle retrouva celui qui l'avait consolée. C'était son Ange gardien qui avait profité de sa médiumnité pour échanger avec elle sous le voile qui fait oublier.

Ce type d'expérience peut également se vivre sans l'apport de nos demandes. Plusieurs d'entre nous peuvent même en bénéficier sans s'en rendre compte. Il s'agit alors d'interventions d'urgence autorisées par Dieu lui-même qui nous garantissent que notre écoulement d'incarnation suit son orientation de départ.

UN IMPACT D'UNE GRANDE VIOLENCE

C'était un samedi de mai. Josée et sa petite famille passaient la première fin de semaine à leur chalet d'été depuis la fin du long hiver. Chacun retrouvait enfin le plaisir de se sentir uni à la vie de notre mère Terre. Son fils Louis se promenait sur le tout-terrain de son père, dans une véritable tournée des petits sentiers qui partageaient avec lui ses doux souvenirs des étés passés.

Un peu avant le dîner, un klaxon d'auto vint se mêler aux chants des oiseaux migrateurs nouvellement arrivés de leur périple hivernal. À la grande joie de tous, la sœur de Josée arrivait avec les siens. Louis en fut d'autant plus heureux que son oncle avait lui aussi apporté son tout-terrain. Il pourrait donc s'amuser en compagnie de son cousin du même âge que lui.

Après le repas, les deux jeunes garçons reçurent la permission de partir ensemble. Ils revinrent une heure plus tard. Leur conversation portait sur la puissance et les performances de leur véhicule respectif.

Pendant ce temps, Josée vaquait à des menus travaux à l'intérieur du chalet tout en profitant de sa visite imprévue. Soudain, un vrombissement de moteurs attira l'attention de Josée vers la fenêtre du salon. Perdant son sourire, elle vit son fils et son neveu en train de faire une course sans tenir compte de la moindre règle de prudence.

À peine eut-elle le temps de vouloir les arrêter, que l'accident qu'elle craignait se déroula devant ses yeux.

Presque couché sur le petit bolide à quatre roues, Louis accélérait au maximum, tentant de se détacher de son cousin qui en faisait autant. Les deux adolescents avaient franchi une trentaine de mètres lorsque Louis percuta violemment un tronc d'arbre à peine visible sous le tapis encore présent des feuilles mortes. Le petit véhicule bascula et Louis fut littéralement catapulté.

Josée, qui assistait à toute la scène dans une impuissance totale, eut la surprise de sa vie en voyant son fils disparaître sous une forme toute blanche et toute brillante. C'était comme si quelque chose avait pris la place de Louis. Elle vit la forme blanche tournoyer dans les airs et atterrir violemment sur le sol. Elle sortit en courant et trouva son fils face contre terre. Il se releva péniblement. À son grand soulagement, Josée constata que Louis n'avait que quelques égratignures.

Tout le monde parlait d'un véritable miracle qu'un tel impact n'ait pas causé de blessures majeures au jeune homme.

L'événement passé, Josée questionna Louis sur tout ce qui était arrivé. Il n'avait eu aucune conscience du phénomène que Josée avait perçu. Il se souvenait de l'impact contre le tronc d'arbre, de son éjection et des pirouettes dans les airs. Mais, pour lui, le retour au sol n'avait pas été très violent et rien dans ses propos ne faisait référence à cette forme lumineuse que Josée perçut pourtant très distinctement.

Après cet incident, qui aurait pu avoir de très graves conséquences, Josée m'écrivit pour comprendre davantage ce qui s'était passé. Son Guide voulut bien me décrire la nature du phénomène dont Josée avait été témoin. En fait, Louis avait été littéralement enveloppé par le corps périsprital de son Ange gardien qui devait le protéger pour respecter les conditions du plan de vie. En effet, aucune limitation par blessures n'était prévue à cette période de l'incarnation de Louis. Son Ange gardien avait donc réagi en absorbant le choc à la place de Louis, permettant ainsi à sa vie de s'écouler en conformité aux conditions d'évolution établies avant sa naissance.

Quant à Josée, elle put voir le phénomène de protection pour se joindre à l'Ange gardien et inculquer à Louis plus de prudence et de sagesse.

***

Nos invocations peuvent également nous attirer des manifestations fort bienveillantes de ceux que nous avons connus et que nous appelons nos défunts. Malgré les limites d'action dont nous parlions plus haut, certains peuvent se faire les auteurs de signes marqués qui nous expriment bien la survivance de l'amour véritable.

JE M'ENNUYAIS DE MA SŒUR DENISE

Je n'avais pas reçu de nouvelles de ma défunte sœur Denise depuis plusieurs mois. Je la priais souvent de venir se montrer à moi, mais les demandes que j'adressais ne se voyaient jamais exaucées. À trois reprises, d'autres médiums m'avaient rapporté m'avoir vu en compagnie de ma sœur dans l'astral de lumière, mais je n'en gardais jamais de souvenirs.

Une nuit, à deux heures quarante, une douce musique instrumentale me sortit délicieusement de mon sommeil. Des sons de harpes d'une exquise harmonie emplissaient toute la chambre. On aurait dit des dizaines, voire des centaines de harpistes célestes venus me faire partager leur art. Chaque pincement des cordes donnait l'impression d'une caresse vibratoire. L'air joué m'était tout à fait inconnu, mais l'harmonie était parfaite.

Une pensée vint me rappeler que la harpe, souvent associée aux Anges du ciel, était l'instrument préféré de ma sœur Denise. Toute jeune, elle nous disait déjà qu'elle aurait aimé pouvoir en jouer. Malheureusement, les circonstances de son incarnation ne lui permirent jamais de réaliser ce rêve.

Dès que cette pensée passa dans mon esprit, des images de ma sœur Denise apparurent. Je vis défiler, comme dans un film, les moments heureux passés ensemble ici-bas. Chaque seconde réapparaissait en entier devant moi. Je revoyais toutes les séquences temporelles en un bref instant. En vivant ce type d'expérience, j'avais la nette impression que le temps, qui s'écoule structurellement sur Terre, devenait compressible dans ma vision d'Esprit.

Les mêmes joies que ces événements m'avaient jadis procurées remontèrent vaguement en moi, comme si elles sortaient d'une réserve m'attendant quelque part dans mon Esprit pour mes instants d'après-mort.

Je remerciai Dieu et Denise pour la générosité de sa manifestation et je me rendormis rapidement en pensant à elle.

Elle était venue me démontrer qu'elle ne m'oubliait pas, même si ses nombreuses occupations dans l'au-delà ne lui laissaient guère le temps de se montrer dans notre lourde dimension.

***

Certains peuvent même manifester leur amour et leur attachement envers nous sans attendre l'émission de nos demandes.

UNE SALUTATION AMICALE

Brigitte était venue me consulter pour renforcer la circulation de son fluide animalisé. Elle se remettait d'un cancer des poumons que la médecine traditionnelle avait bien contrôlé. Tous les symptômes physiques étaient disparus, mais elle voulait éliminer les éventuelles causes périspritales qui auraient pu déclencher de nouveau cette terrible maladie. Les traitements par l'énergie réparatrice ne furent d'ailleurs aucunement superflus, car toute la ligne distributrice de ses forces vitales était affaiblie. Sans doute fut-elle inspirée par son Ange gardien pour ne pas avoir à revivre les mêmes tourments.

Brigitte avait été initiée très jeune à la réalité de l'au-delà. Elle avait alors vécu une expérience médiumnique qui marqua l'orientation spirituelle de toute sa vie d'incarnée. Ce fut la seule fois où il lui fut donné de vivre un semblable phénomène. L'impact fut cependant suffisant pour ouvrir son cœur et son esprit aux dimensions des mondes invisibles et à leur interaction avec les humains.

À cette époque, Brigitte n'avait que onze ans. Les rêveries et l'innocence de son jeune âge la tenaient bien loin des interrogations philosophiques sur la mort et la survie post mortem. Elle vivait une enfance douce et agréable dont les seuls soucis se limitaient aux exigences de la vie scolaire.

Depuis sa maternelle, Brigitte entretenait une belle amitié avec Sabrina, une fillette de son âge qui partageait ses goûts et ses rêves enfantins. Leur entente était parfaite. Leur caractère doux et enjoué en faisait une paire de gais lurons qui resplendissaient de joie de vivre. Elles étaient comme deux perles lumineuses autant dans leur famille qu'à leur école ou dans leur quartier.

Un matin de juin, alors que les vacances estivales venaient à peine de commencer, une terrible nouvelle vint bouleverser l'existence de Brigitte. Sabrina, qui circulait sur son petit vélo, fut brutalement renversée par une voiture. Sa petite tête éclata littéralement contre la bordure du trottoir. La mort fut instantanée.

Le choc de la nouvelle fut très grand. Brigitte réalisait tout à coup que la vie terrestre réservait la venue inéluctable de la mort.

Elle comprit vraiment ce qui s'était passé lorsqu'elle se rendit la première fois au salon funéraire. Elle voyait Sabrina étendue fixement dans un cercueil qu'elle ne croyait réservé qu'aux grandes personnes. La rigidité et la froideur de ses mains, hier encore si agiles, témoignaient de la mort venue prendre toute la place dans le corps embaumé.

Tous les souvenirs si heureux vécus avec Sabrina, qui ne sourirait plus, défilèrent dans l'esprit de Brigitte. C'était comme si les milliers d'heures revivaient une par une en quelques secondes dans ses moindres détails.

Le chagrin s'imprégnait dans chacun des battements de son cœur. Les larmes ruisselaient de ses yeux, comme si elles emportaient avec elles toutes les joies futures devenues impossibles.

Le soir, en se couchant, Brigitte songea au cadavre qui demeurerait à tout jamais prisonnier dans sa bière. Elle songea aussi à tout ce gaspillage de chair que nous imposait la mort. Il lui apparaissait absurde d'avoir pris la peine de grandir pendant onze ans pour finalement mourir avant d'avoir pu utiliser ce corps si prometteur. Ses pensées se perdaient dans ces réflexions qui, finalement, la firent sombrer dans le sommeil.

Un peu après minuit, Brigitte cessa brusquement de dormir, comme si quelqu'un était venu l'éveiller. Elle ouvrit les yeux et aperçut son amie Sabrina qui se tenait tout près d'elle. Une peur indescriptible paralysa Brigitte dans tout son corps. Sabrina était revenue du pays des morts. Elle portait les mêmes vêtements qui habillaient son cadavre. La belle robe blanche avec les petites fleurs imprimées, les frisons sur les boutonnières et la boucle sous le cou semblaient aussi réels que ceux dans le cercueil. De plus, Sabrina resplendissait de vigueur. Elle n'avait vraiment pas l'air d'une morte.

Reprenant ses sens, Brigitte put enfin contrôler sa voix. Elle dit à Sabrina qu'elle éprouvait une grande peur et lui demanda de partir.

L'Esprit de la défunte lui répondit en souriant qu'elle n'avait rien à craindre puisqu'elle ne lui voulait aucun mal. Elle ajouta : « Je continue de t'aimer comme avant. » Puis, elle disparut.

Brigitte fut grandement soulagée de la voir partir. Elle avait déjà vaguement entendu certains propos racontant des apparitions de défunts, mais, pour elle, il s'était toujours agi de purs mensonges tenus par des gens voulant s'accorder de l'importance.

En se retournant sur sa gauche, Brigitte sursauta en apercevant à nouveau Sabrina. Son amie était étendue tout près d'elle dans son lit. Elle regardait Brigitte avec un sourire enjoué, comme si elle s'amusait des pensées qui trottaient dans sa tête d'enfant.

Trop impressionnée, Brigitte se mit à crier et à pleurer. Sabrina disparut sur-le-champ.

Les parents de Brigitte accoururent en toute hâte, suivis de son jeune frère. Elle leur raconta ce qu'elle venait de vivre. Son corps tremblait de partout. Une peur incontrôlable s'était emparée d'elle.

Brigitte retrouva finalement son calme, mais ne s'endormit qu'au matin.

Les parents de Brigitte lui expliquèrent les mauvais tours que pouvait jouer l'imagination. Ils mirent ensuite l'accent sur l'effet de la fatigue, puis d'un supposé choc psychologique qui l'aurait fait rêver.

Encore trop jeune pour argumenter à son tour, Brigitte n'insista pas davantage sur la profonde réalité de ce qu'elle avait vécu. Sabrina ne revint jamais plus la visiter, mais Brigitte conserva le souvenir très précis de tout ce qui s'était passé. Plus tard, devenue adulte, elle s'informa et chercha à comprendre.

Maintenant, elle sait que son amie lui avait simplement signifié la réalité de la survie d'après-mort. Grâce à elle, Brigitte avait pu constater par elle-même que la mort n'affectait en rien nos souvenirs, nos sentiments et notre personnalité. Mais le plus important, elle comprenait désormais l'utilité de chaque seconde de notre existence terrestre pour mieux préparer la vie qui nous attend au-delà du corps périssable.

UN SIGNE DU DÉFUNT

Au décès de son père, Myriam vécut un phénomène assez exceptionnel pour qu'elle y reconnaisse l'intervention du défunt qui voulut montrer toute la plénitude de sa survie.

Dans un premier temps, il utilisa la voie de notre matière lourde, puis celle du contact astral que permettent nos heures de sommeil.

La nuit suivant le décès de son père, le téléphone se mit à sonner chez Myriam. Elle se leva pour répondre, décrocha l'appareil, mais elle n'entendit qu'un silence prolongé. Elle demanda s'il y avait quelqu'un, mais un véritable vide fut sa seule réponse. Elle regarda sur son afficheur. Il indiquait deux heures quarante et un numéro confidentiel.

Aiguisée par la curiosité, Myriam appuya sur la touche pour obtenir plus de précisions. La téléphoniste lui conseilla d'enclencher le retour d'appel. Myriam suivit les instructions. La sonnerie tinta plusieurs coups, puis, à sa grande surprise, quelqu'un répondit. Elle reconnut sa tante dont l'époux venait tout juste de mourir. Elle était tout endormie. À peine éveillée, elle affirma à Myriam qu'elle n'avait jamais téléphoné chez elle. Myriam s'excusa d'avoir interrompu son sommeil et retourna se coucher.

À peine installée dans son lit, le téléphone sonna de nouveau. Myriam se leva rapidement et décrocha le combiné ; encore personne au bout du fil. Seul un vide complet. Elle vérifia son afficheur et y trouva le numéro de sa tante. Elle l'appela de nouveau. Après plusieurs tintements, sa tante finit par répondre. Myriam lui demanda ce qu'elle voulait. La dame, presque fâchée, lui demanda si elle était en train de devenir folle. Elle lui affirma de nouveau qu'elle était seule et qu'elle ne lui avait jamais téléphoné. Elle raccrocha en maugréant.

Quelques minutes plus tard, le téléphone fit encore lever Myriam. Elle accourut à l'appareil et vit encore une fois le numéro de sa tante sur l'afficheur. Elle décrocha. Toujours le silence. Cette fois, elle n'osa pas déranger sa tante qui lui répondrait sûrement la même chose.

Le lendemain, Myriam quitta la maison pour son travail. Elle ne revint qu'à l'heure du souper. À peine fut-elle entrée, que sa tante l'appela à son tour. Elle voulait savoir pourquoi elle l'avait rappelée en après-midi. Myriam lui répondit qu'il n'y avait eu personne chez elle. Sa tante trouva sa réponse fort curieuse, car son répondeur indiquait qu'elle avait reçu trois appels de Myriam à deux heures quarante de l'après-midi.

Le curieux phénomène prit un sens plus particulier trois jours plus tard lorsque Myriam vécut un contact en astral avec l'auteur du petit manège. Elle vit le défunt comme de son vivant. Il lui livra un message qui concernait sa tante et elle-même.

Il arrivait très régulièrement que, lors des consultations où des gens venaient me voir pour obtenir des nouvelles de leurs défunts, les appels adressés donnaient lieu à de touchantes expressions bienveillantes des Esprits invoqués.

Nous y percevons alors nettement les liens éternels qui nous unissent dans la pleine lucidité du vécu terrestre. Chaque fois, nous observons le processus bénéfique engendré par les invocations bien intentionnées.

DE MAGNIFIQUES BATEAUX

Jessie vint me consulter pour obtenir des nouvelles de sa sœur qui s'était tragiquement donné la mort quelques années plus tôt. Ayant découvert par ses lectures le sort peu enviable qui attend un suicidé dans l'au-delà, elle voulait savoir si sa sœur regrettée souffrait dans son après-mort et si ses appels pouvaient lui venir en aide.

Je tenais la photographie de la défunte et je priais Dieu d'autoriser que je puisse obtenir des informations pouvant éclairer les questions de Jessie. Dès les premières images, un Esprit en position de prière se présenta. Il avait l'apparence d'un homme dans la soixantaine avancée. Il semblait très concentré dans ses pensées. Je le voyais légèrement de profil. Agenouillé, son corps se courbait vers l'avant comme pour accentuer les invocations qu'il adressait sans doute à Dieu. Ses mains jointes me rappelaient une peinture qui, jadis, ornait un coin de ma chambre d'enfant.

Au début, je crus l'image fixe, mais de légers mouvements de ses bras m'indiquèrent que la scène était bien animée.

L'Esprit semblait seul. Je ne recevais rien qui pût ressembler à la défunte dont je tenais la photo, mais je savais que le personnage que je percevais priait pour elle.

Dès que je décrivis ce que je recevais, Jessie demanda si c'était son père. La description qu'elle m'en donna pouvait correspondre à l'apparence physique de l'Esprit prieur, mais je ne pouvais le confirmer avec certitude.

À cet instant, la scène de ma vision se transforma. La lumière se changea rapidement en une brume lumineuse diffuse. L'instant d'après, je vis un voilier passer devant moi. C'était une magnifique goélette, comme celles qui naviguaient sur le Saguenay et le Saint-Laurent au début du XXe siècle. Je me concentrai davantage, cherchant un sens à tout cela. Deux autres bateaux de modèles différents apparurent dans la brume lumineuse. Le premier, un superbe yawl, avançait toutes voiles dehors, montrant fièrement son artimon derrière la barre inoccupée. Le second, un ketch qui filait bon train, arborait toutes ses voiles blanches sur ses deux mâts effilés, semblant vouloir ne rien manquer de la lumière qui le baignait de tous les côtés.

Les bateaux passèrent un derrière l'autre, puis une ancre marine vint occuper tout l'espace de mon champ de vision. C'était une ancre à jas, comme on n'en rencontre presque plus sur les bateaux modernes.

Je décrivis toutes ces images à Jessie, en lui demandant si cela pouvait signifier quelque chose pour elle. Comme elle ne disait aucun mot, j'ouvris les yeux. Jessie pleurait silencieusement. Elle venait de recevoir la réponse à toutes ses questions.

Jessie m'expliqua que, de son vivant, son père fabriquait des voiliers miniatures. Il en avait construit plusieurs dans ses heures de loisir. Sa fierté était de sculpter dans ses moindres détails les ancres à jas qu'il accrochait fièrement à chacun de ses chefs-d'œuvre. Il disait que c'était la pièce maîtresse de tout le montage, celle qui indiquait que le bateau était bien prêt à naviguer sur les mers de son imagination rêveuse.

Jessie savait maintenant que sa sœur avait encore besoin d'aide, mais elle était bien décidée à y remédier. De plus, elle se sentait soulagée, car elle savait que son père la protégeait, lui dont la vie terrestre avait laissé tant de beaux souvenirs d'amour et de bonté.

Pour livrer leur message, les entités utilisent souvent des images codées dont la signification n'est pas toujours évidente. Il faut alors attendre la venue des événements concernés pour en saisir tout le sens. Les Esprits bienveillants utilisent cette façon de procéder lorsque l'autorisation divine ne leur permet pas d'être plus clairs. Le message symbolique trouve alors sa résonance dans le périsprit de la personne concernée où se situe le siège de tous les événements passés et ceux des temps à venir.

UN SIMPLE MESSAGE

Ma femme et moi étions en promenade à l'extérieur de la région. Dans notre périple improvisé, nous nous retrouvâmes devant la silhouette familière d'un lieu de pèlerinage où nous nous rendions autrefois visiter un vieil ami décédé depuis. Comme nous avions toute la journée à notre disposition, nous décidâmes de nous y arrêter quelques instants, le temps de nous y recueillir.

En entrant dans l'enceinte de l'imposante construction de pierre, des souvenirs de notre ami me parvinrent avec insistance. J'eus alors l'idée de refaire le trajet que nous parcourions ensemble. Chacun de nos pas me replongeait dans l'ambiance particulière de nos rencontres spirituelles d'antan. Nous nous rendîmes près du tombeau au pied duquel des centaines de personnes viennent régulièrement déposer leurs supplications. Là, je demandai au défunt qui y est vénéré s'il n'avait pas un message particulier pour mieux m'éclairer dans ma recherche spirituelle. Je savais qu'il était en mesure de le faire, car il avait accompagné mon ami lorsqu'il m'était apparu quelque temps après son décès.

Je me concentrai et attendis en espérant que Dieu l'y autoriserait. Après quelques instants, je vis de belles lumières étincelantes s'animer autour de moi. La noirceur physique reçue par mes yeux se parait progressivement d'effluves fluorescents s'entremêlant au monde matériel qui m'entourait.

Puis, des images bien précises prirent forme.

Je vis la tête allongée d'un animal aux traits fort menaçants. On aurait dit un hybride alliant le chien et le serpent. L'animal avait la gueule grande ouverte. Soudain, je perçus entre les crocs de la bête un objet plus ou moins défini. L'animal semblait mordre avec fureur quelque chose de rond. La scène était impressionnante, mais elle ne m'inspirait aucune peur. Je demandai plus de précisions pour bien comprendre le message qui m'était destiné, mais, à cet instant, les formes impalpables disparurent sans livrer aucun commentaire. J'attendis encore quelques secondes, mais j'avais déjà compris que le contact avait été interrompu.

En ouvrant les yeux, je me rendis compte que mon épouse s'était éloignée. Je me dirigeai vers elle et nous sortîmes à l'extérieur afin de profiter du beau soleil qui baignait tout le secteur de ses rayons d'été.

Rendu dehors, je rapportai à ma femme ce que je venais de recevoir. Nous nous dirigeâmes sans intention précise vers la vieille chapelle que nous n'avions pas visitée depuis de nombreuses années. Nous gravîmes les grosses marches de pierre et entrâmes pour y prier quelques instants.

Deux personnes s'y trouvaient déjà. L'une d'elles jeta un regard presque mécanique sur nous, comme si, par habitude, elle voulait savoir tout ce qui se passait autour d'elle.

Nous prîmes place sur un des vieux bancs de bois usés par le temps. Je balayai des yeux l'intérieur de ces murs qui, dans leur vieille histoire, avaient vu tant de peines et de souffrances.

Mon attention fut soudainement attirée par la fresque sculptée qui ornait l'autel aux humbles dorures. Je fus frappé de surprise en y retrouvant la scène exacte que l'on m'avait montrée en réponse à ma prière. Un serpent représentant le diable de l'Ancien Testament mordait une pomme. Sa tête allongée rappelait celle d'un chien exactement comme dans l'image lumineuse que j'avais perçue.

Je montrai la sculpture de bois à mon épouse qui, stupéfaite, reconnut à son tour la scène que je lui avais décrite.

Je ne reçus aucune autre information de l'au-delà sur l'interprétation précise à donner à ce message. Je retins cependant celle qui me parut la plus évidente et que mon Guide n'a jamais infirmée : les forces du mal sont très actives auprès de nous et les tentations du monde agissent sans cesse, mais les forces de lumière sont également là qui veillent sur nous dans la pleine mesure de nos intentions et de notre bonne volonté, comme il en a toujours été et comme il en sera toujours.

Ce manque de précision peut d'ailleurs se rencontrer dans l'interprétation de certaines présences dont les intentions ne sont pas évidentes. Voyons un exemple où la venue subite d'un Esprit du bas astral lors d'une manifestation bienveillante me fit faussement croire à de mauvaises intentions de sa part.

COMME DE L'OR PUR

Je venais de recevoir l'autorisation d'entrer dans l'astral de lumière. Je voulais rejoindre un défunt pour qui une dame me consultait. L'ouverture pseudo-matérielle s'effectua normalement. J'arrivai dans un endroit tout imprégné d'une belle lumière fluorescente d'un blanc immaculé. J'aperçus l'Esprit que j'avais invoqué. Il était comme sur la photographie que j'avais utilisée.

Tout près de lui apparurent deux autres entités à la luminosité fort particulière. Ces Esprits brillaient dans une fluorescence que l'on rencontre chez les plus avancés. Mais tout autour de leur périsprit, une magnifique luminosité lançait de véritables rayons d'or. On aurait même dit de l'or pur, en lumière, poli avec le plus grand des raffinements. Les deux Esprits se tenaient debout sans bouger. Ils me regardaient avec beaucoup de douceur. Leur présence ne dura que quelques instants. Ils disparurent sans effectuer aucun mouvement, me laissant seul avec le défunt que nous voulions contacter.

Quand j'eus terminé, je décrivis à la dame ce que j'avais perçu près de son parent défunt. Je croyais bien, à cet instant, que les Esprits s'étaient montrés parce qu'ils étaient en rapport avec le défunt ou celle qui me consultait.

Le lendemain soir, ils manifestèrent à nouveau leur présence. Je tentais de m'endormir. J'adressais mes demandes pour assister les gens qui avaient été placés sur la route de ma journée. Je perçus subitement une lumière dorée semblable à celle que j'avais vue la veille. La lumière prit de plus en plus d'intensité. Elle devint même beaucoup plus brillante et dorée que celle de ma vision précédente. On aurait dit un puissant projecteur focalisant l'or de ses rayons.

La source de la riche lumière s'avança vers moi. La silhouette d'un Esprit aux allures masculines se dessina de plus en plus nettement. Je perçus finalement un bel Esprit de lumière au périsprit chargé d'or dans tout son rayonnement. Sa brillance était sublime.

Ses traits se distinguaient à peine, mais je pouvais percevoir une barbe dorée longue d'une dizaine de centimètres. Il portait des vêtements drapés rappelant les personnages de la Rome antique.

Il me donnait l'impression d'être venu à ma rencontre. J'eus à peine le temps de ressentir cette pensée qu'il ouvrit ses bras comme pour m'accueillir. La position qu'il prit me rappela l'image du Sacré-Cœur apparaissant encore sur certains calendriers religieux.

Trois silhouettes se dessinèrent alors tout près de moi. Elles étaient exactement comme celles des deux Esprits que j'avais perçus la veille près du défunt. Une belle lumière d'or entourait tout leur être. Leur luminosité n'était pas aussi grande que celle de l'Esprit qui me tendait les bras, mais leur pureté de rayonnement était la même.

Voyant que mon épouse ne dormait pas, je lui décrivis l'extraordinaire présence qui se manifestait. C'est à ce moment qu'un visage d'une grande laideur apparut à ma droite. Ses traits sombres et repoussants contrastaient avec la belle lumière purifiée des Esprits dorés.

Cette présence impromptue me déçut et me parut dérangeante. À cet instant précis, je vis disparaître les entités à la lumière d'or, comme si ma pensée dirigée vers l'Esprit noir les avait débranchés de mon canal de réception. Je n'eus aucun moment pour y réfléchir, car je sombrai aussitôt dans un sommeil profond, comme entraîné par une force irrésistible.

Le lendemain matin, je m'éveillai en pensant à l'Esprit opaque venu s'immiscer dans l'apparition des entités dorées. C'était comme si je devais retenir l'information que ses intentions n'avaient pas été mauvaises. Il cherchait de l'aide pour rejoindre les sphères de lumière et la présence de la belle luminosité de ceux qui venaient à moi l'avait attiré. Il s'était finalement montré pour me demander de l'assister par mes appels à l'au-delà de lumière.

Il arrive que certaines personnes devenues la cible de manifestations d'un proche bienveillant se croient faussement victimes d'une hantise contre elles. Ce sont des cas où le défunt démontre une très grande maladresse pour exprimer ses intentions pourtant très louables. L'invocation joue alors un rôle fort différent, car plutôt que de chercher à contrer la virulence de mauvaises intentions, elle ne cherche qu'à mieux faire comprendre à l'Esprit en présence qu'il n'engendre pas les effets désirés.

Les trois cas qui suivent vous feront bien saisir la tournure que peuvent prendre de telles manifestations bienveillantes.

UN SILENCE DE VINGT ANS

Blanche avait perdu son père en 1974. De son vivant, il ne s'était jamais montré particulièrement spiritualisé, mais il mena une existence honnête centrée principalement sur son travail aux conditions difficiles.

Vingt ans s'étaient écoulés depuis son décès. Ces années ne l'avaient pas effacé des souvenirs de sa fille, mais la nature de son existence dans les dimensions de l'au-delà était bien loin des soucis de Blanche.

Noël approchait à grands pas. Blanche, dans sa cuisine, préparait des mets d'accompagnement pour la grande fête. Ses pensées trottaient dans les dédales de ses souvenirs d'enfant. Ses mains expertes exécutaient chaque mouvement avec une précision d'horloger.

Un air de cantique lui vint à l'idée. Comme emportée par les odeurs délicieuses qui embaumaient toute la maison, Blanche se mit à le chantonner de façon machinale. À peine eut-elle le temps de terminer le premier couplet qu'elle pensa subitement à son père qui chantait le même cantique à chaque messe de minuit.

À cet instant, une odeur bien différente s'imposa à elle. Blanche reconnut le parfum préféré de son père. Elle s'arrêta, leva les yeux et se tourna instinctivement vers la porte d'entrée donnant sur le petit vestibule. Elle faillit tout échapper en apercevant bien distinctement son père. Il se tenait debout derrière la porte. Il portait des vêtements très chics. Elle aperçut un cahier de chants de Noël sous le bras du défunt, exactement comme celui qu'il avait du temps de son vivant. Il paraissait du même âge que celui de ses derniers jours, sauf qu'il rayonnait de santé et de bien-être.

Blanche ressentit une grande peur. Elle se mit à prier. Elle se sentait incapable de bouger. Après quelques secondes, son père disparut en lui adressant un doux sourire.

Trois jours plus tard, l'avant-veille de Noël, Blanche et son conjoint sirotaient un café dans la cuisine. Ils parlaient encore de ce qui s'était passé dans le petit vestibule. Son mari croyait à un pur effet de l'imagination, mais il n'osait donner son point de vue, préférant ménager la susceptibilité de Blanche.

Le calme de leur conversation fut soudainement perturbé par un curieux bruit venant de leur chambre à coucher. C'était comme un froissement de papier de soie. Comme ils étaient seuls dans la maison, Blanche se leva rapidement pour voir ce qui se passait. En entrant dans sa chambre, elle vit de nouveau son père. Il emballait des boîtes avec du papier de soie, comme s'il eût préparé ses cadeaux de Noël. Blanche cria à son mari et tout disparut.

L'incident provoqua beaucoup de peur chez Blanche qui craignait constamment de voir apparaître son père devant elle.

Le jour de l'An était passé et Blanche n'avait plus été en présence de nouvelles manifestations. Elle crut donc que ses appels avaient porté fruit. Une certaine assurance calmait progressivement sa nervosité mise à rude épreuve.

La journée avait été très chargée et Blanche décida de se coucher tôt. Son conjoint préféra écouter les nouvelles télévisées avant de la rejoindre.

Blanche dégustait le calme revenu. Bien recroquevillée sous ses chaudes couvertures, elle sombrait lentement dans le sommeil réparateur. Elle fut éveillée par un brusque mouvement du matelas. Croyant que c'était son époux qui se couchait près d'elle, elle chercha sa main. Il n'y avait rien sous les couvertures. Elle se retourna et aperçut son père étendu près d'elle. Blanche poussa instinctivement un cri et l'Esprit disparut. Immédiatement après, il reprit forme dans le cadre de la porte. Blanche reconnut la silhouette de son père qui quittait sa chambre.

Son conjoint arriva à la course au même moment. Il lui demanda ce qui se passait. Il n'avait rien vu. Il avait même passé à travers le spectre du défunt sans se rendre compte de rien.

Blanche ne dormit pas de la nuit. Dès le lendemain, elle se rendit au presbytère pour payer des messes à l'intention de son père. Elles ne donnèrent malheureusement aucun résultat apparent.

Dès la semaine suivante, le défunt manifesta de nouveau sa présence.

Blanche dormait profondément. Comme elle était seule cette nuit-là, elle s'était endormie avec ses deux lampes de chevet allumées. Minuit avait sonné depuis plus de deux heures lorsqu'elle fut éveillée par un déplacement continu de ses couvertures. En ouvrant les yeux, elle les vit glisser sur le matelas. Des mains invisibles les tiraient lentement vers le pied du lit pour les laisser tomber sur le sol. Blanche bondit de sa couchette. Elle se précipita vers l'interrupteur du plafonnier et ouvrit toute grande la lumière. Les couvertures reposaient par terre, immobiles. Plus rien ne bougeait. Blanche alla quelques instants à la salle de bains. De retour dans la chambre tout éclairée, elle retrouva ses couvertures soigneusement enroulées tel un gros cigare. La douillette et toutes les couvertures avaient été superposées les unes sur les autres dans un enroulement précis et très soigné.

Voyant que le phénomène semblait vouloir prendre de l'ampleur, Blanche se décida à en parler à sa nièce qui possédait une certaine connaissance dans le domaine des manifestations médiumniques. Il lui fut conseillé de me consulter.

Il était bien manifeste que le défunt n'entretenait pas de malveillance envers son enfant. Tout au plus était-il maladroit dans sa façon de montrer sa présence.

Je conseillai à Blanche de continuer ses invocations à Dieu. Je lui indiquai cependant qu'elle devait s'adresser au défunt lui-même pour le toucher directement dans les demandes qu'elle adressait. L'Esprit devait comprendre que sa façon de se manifester causait des souffrances même s'il ne les recherchait pas. Blanche devait également découvrir ce qui motivait l'Esprit de son père à se manifester ainsi après tant d'années. Cet aspect était important, car le défunt ne devait pas repartir sans s'être libéré des éventuelles inquiétudes qui l'avaient dirigé vers sa fille. Il fallait que Blanche permette à son père de retrouver la paix dans sa vie d'outre-tombe au même titre qu'elle le recherchait dans sa propre dimension.

Blanche suivit scrupuleusement mes recommandations et je fis appel à l'au-delà de lumière pour qu'elle reçoive l'assistance qu'elle demandait.

Pendant mes invocations, un ami lumineux me confia que le défunt cherchait simplement à rappeler à sa fille la pleine réalité de la survie d'après-mort. Il connaissait les étapes à venir dans l'incarnation de sa fille. Il savait donc que la dimension spirituelle devait s'enflammer davantage dans le cœur de Blanche pour bien réussir son cheminement dans les années à venir. Il avait repris son rôle de père au-delà de la mort et du temps pour indiquer à sa fille, dans la mesure de ses capacités, le sens réel qu'elle devait donner à la vie d'ici-bas.

UNE MAISON CALME ET PAISIBLE

Après plusieurs années d'efforts et d'économies, Rina avait enfin acquis la maison de ses rêves. Elle avait pu s'y installer juste à temps pour le début des classes. La féerie de l'automne, qui annonçait déjà ses couleurs, décuplait sa joie d'avoir un vrai chez-soi.

L'ambiance y était parfaite. Dès que le soleil se frayait un chemin à travers les nuages gris de septembre, il semblait vouloir terminer sa course enjouée dans les moindres recoins de sa demeure.

Même les nuits y semblaient plus reposantes.

Un peu avant le lever du jour, Rina fut brusquement éveillée par un affaissement du matelas de son lit. Croyant qu'il s'agissait de son gros chien venu se coucher près d'elle, elle toléra de bonne grâce cette infraction aux règles de bonne conduite qu'elle lui avait inculquées. Comme elle n'entendait pas son habituel halètement, elle se retourna pour vérifier ce qui n'allait pas. À sa grande stupeur, elle ne vit rien ni personne. Elle alluma aussitôt sa lampe de chevet tout en bondissant hors de son lit. Elle reconnut avec horreur une forme humaine se dessinant dans l'affaissement de son vieux matelas de mousse. La présence n'était pas visible, mais sa forme, sa masse et son poids ne faisaient aucun doute.

Une grande peur l'envahit de toutes parts. Les pires scénarios des films d'horreur qu'elle avait vus se déroulaient subitement dans sa tête.

Reprenant le contrôle de ses jambes tremblantes, elle se précipita vers la porte de sa chambre. Au même moment, un grand brouhaha retentit au rez-de-chaussée. On aurait dit qu'une grande fête où se réunissaient de nombreux invités se donnait dans la maison.

Rigodons endiablés, danses entraînantes, rires bruyants rappelaient les fêtes traditionnelles des ancêtres québécois.

Prenant tout son courage, Rina descendit lentement le long escalier qui donnait sur la pièce d'où provenait tout ce boucan. Étouffée par la peur, elle implora Dieu à haute voix de venir à son aide. Tout se tut instantanément, comme si sa prière avait mis fin à la fête et fait fuir les invités. Elle regarda tout autour d'elle, mais ne trouva rien d'anormal. Le moindre objet était resté à sa place, semblant attendre passivement le lever du jour. Seule la respiration saccadée de son chien accouru dans la pièce brisait le silence de la maison. L'animal semblait ne s'être rendu compte de rien. Son regard encore endormi reflétait toujours ce calme profond que Rina appréciait tant.

Elle attendit longuement les premiers rayons du jour. N'ayant jamais vécu d'expériences de cette nature et traitant même toutes ces choses avec un peu d'humour, elle se voyait maintenant confrontée à la réalité du monde spirituel.

Après le petit-déjeuner, vaquant à sa routine du matin, Rina se sentit abordée par la même présence invisible qui s'était couchée près d'elle. Elle prit peur, mais, comme pour l'empêcher de réagir, l'Esprit se fit encore plus insistant. Il sembla se coller sur elle. À cet instant, Rina entendit une voix qui lui parla directement dans sa tête. L'entité se présenta comme étant un vieil oncle décédé depuis plusieurs années. Il tenta de la rassurer sur ses intentions et lui livra un important message concernant un événement que Rina aurait à vivre.

Sentant qu'elle n'avait aucun contrôle sur toute cette situation, Rina songea de nouveau à demander l'aide de Dieu. Elle ordonna également à l'entité de ne plus jamais l'importuner et de quitter définitivement sa maison.

Rina ressentit comme une curieuse impression de tristesse, puis l'Esprit lui promit de se plier à sa demande. Il disparut aussitôt de sa vie et ne se manifesta jamais plus. Quant au message livré, tout se déroula tel qu'il l'avait annoncé, comme s'il eût pu lire dans l'avenir de son plan de vie.

Le calme et la sérénité revinrent dans la maison, mais Rina ne put jamais plus retrouver le même plaisir à goûter les douceurs de son monde matériel. C'était comme s'il avait désormais moins d'importance. Elle savait maintenant qu'il était vrai qu'une autre vie nous attendait et qu'il valait mieux utiliser son temps pour bien s'y préparer.

UNE MAIN BLANCHE

Marie-Luce s'était mariée à un homme dont le caractère était aussi acariâtre que le sien. Leur égoïsme encore bien vivant ajoutait beaucoup de tension dans leurs rapports qui éclataient très souvent en de blessantes disputes.

Au début, les périodes de calme ravivaient leurs sentiments, mais, avec les années, ils oublièrent qu'ils s'étaient mariés pour s'aimer. Chacun accumulait des frustrations qui ouvraient les portes aux Esprits malveillants du bas astral.

La mort subite de son époux libéra Marie-Luce de sa vie infernale, mais elle continua à nourrir sa hargne et son agressivité envers le défunt qui ne pouvait plus se défendre. Au-delà de la mort, elle persévérait à lui adresser des reproches, le rendant responsable de tous ses malheurs.

Après deux ans de ce régime, l'époux de Marie-Luce rompit le silence.

Il était un peu plus de minuit. Marie-Luce dormait depuis trois heures. La nuit était calme et reposante. Marie-Luce sortit brusquement de son sommeil. Elle ouvrit les yeux. Une curieuse sensation la rendait très mal à l'aise. C'était comme si elle se sentait observée par quelqu'un d'invisible se tenant près d'elle. Une peur incontrôlable montait en elle, pressentant l'imminence d'un danger.

Soudain, elle se sentit empoignée par une puissante étreinte. Un rapide regard lui fit voir une main blanche qui lui serrait très fortement l'épaule droite. La main pourvue d'une force phénoménale agrippa sa jaquette. Marie-Luce fut littéralement arrachée de son lit. Sans qu'elle ait eu le temps de réagir, elle se retrouva debout, près de sa commode. Marie-Luce cria de la lâcher, mais la main dépourvue de corps renforça son emprise. Elle l'arracha presque du sol.

Les vagues souvenirs d'une lecture qu'elle avait faite sur de semblables manifestations lui rappelèrent que son Ange gardien pouvait lui porter secours. Elle l'appela à l'aide, mais ses supplications semblaient bien peu efficaces. Son corps tremblait de peur. Elle se sentait étouffée par l'étreinte de l'invisible. Des larmes inondaient ses yeux qui ne savaient plus comment pleurer.

Marie-Luce demanda à nouveau son Ange gardien de venir à son secours. L'Esprit lâcha prise et sa main disparut, comme dissoute dans l'air ambiant.

Marie-Luce s'écroula sur son lit. Elle fondit en larmes. Une image très précise de son défunt mari lui vint à l'esprit. Elle comprit en un éclair ce qui s'était passé.

Depuis son décès, son époux recevait continuellement les pensées négatives et malveillantes qui lui étaient adressées. Au début, il les accepta de bon gré, voyant lucidement sa part de responsabilité. Mais vint un temps où il s'en dégagea, comprenant les belles leçons qu'il pouvait en tirer. Avant de poursuivre son processus d'adaptation dans le monde de l'au-delà, il tenta de rejoindre Marie-Luce pendant ses heures de sommeil. Il voulait lui faire comprendre l'erreur de son attitude, mais, dès qu'elle s'éveillait, elle recommençait de plus belle.

C'est à bout de patience et voulant empêcher Marie-Luce de trop incruster sa malveillance qu'il se manifesta pour lui faire saisir clairement le message. Quant à son Ange gardien, il surveillait attentivement toute l'opération, prêt à intervenir dès le moindre danger.

Marie-Luce fut très ébranlée par cette expérience. Bien que sa peur fût immense, elle fut surtout impressionnée par la découverte de la pleine réalité de l'au-delà. Elle vit que chacune de nos pensées demeurait à la portée de ceux et celles qui nous ont quittés. Elle comprit également que la malveillance ne pouvait que se retourner contre nous-mêmes, blessant beaucoup plus l'émetteur que le récepteur.

Après cette manifestation fort particulière, Marie-Luce approfondit la dimension spirituelle de l'existence humaine. Ses recherches lui firent découvrir de belles richesses qu'elle portait en elle et qu'elle n'aurait peut-être jamais développées si elle n'avait pas ouvert son cœur à sa nature première : celle de l'Esprit.

3. INVOCATION ET MANIFESTATIONS MALVEILLANTES

Lorsque des Esprits malveillants s'en prennent à des incarnés, c'est qu'ils profitent des ouvertures du plan de vie de leur victime qui leur en laissent la possibilité. Ces ouvertures du plan d'incarnation découlent le plus souvent des vies antérieures.

Parfois, elles s'ouvrent d'elles-mêmes suivant un cheminement préétabli. Ce sont les cas où l'incarné vient soit s'affranchir d'un karma accumulé par des fautes similaires antérieures, soit compléter un apprentissage de certains acquis spirituels. D'autres fois, ces ouvertures de plan sont directement stimulées par l'incarné lui-même. Il devient alors la victime de son imprudence ou le simple débiteur de ses propres faiblesses morales. Dans tous les cas, les personnes concernées ne peuvent résoudre leur problème que par la prière ou l'assistance directe d'Esprits de lumière.

Les appels que la victime de manifestations malveillantes adresse à nos frères de lumière doivent tout d'abord se dépouiller de toute agressivité et de toute hostilité envers les auteurs de ses malheurs. Cette première condition se comprend facilement lorsque nous référons au processus d'émission dont nous parlions plus haut. Le prieur doit donc commencer par élever le niveau vibratoire de son périsprit par des pensées bienveillantes qui empêcheront toute emprise de ceux dont il veut se défaire.

Ensuite, ses appels doivent directement s'adresser à Dieu pour que celui-ci permette que sa demande soit exaucée. Il faut se rappeler ici qu'aucun Esprit protecteur ou policier de l'au-delà ne peut intervenir sans l'autorisation divine.

C'est par la suite qu'il peut adresser ses appels aux entités de lumière qui sont en mesure de mettre fin à l'action malveillante des Esprits sans scrupules qui s'en prennent à lui. Il leur demande alors d'intervenir pour qu'il retrouve la paix dans la pleine mesure de son plan de vie. Ce dernier détail est important, car il exprime le respect envers la sagesse de la trame de son incarnation, laquelle fut autorisée par Dieu lui-même.

Il doit également exprimer une demande bienveillante d'assistance au profit des Esprits importuns pour leur offrir la possibilité de s'amender et de se sortir de leur misère. Il doit même leur signifier clairement son intention de leur pardonner s'ils veulent bien prendre le chemin divin.

Enfin, il doit remercier Dieu et tous les Esprits bienveillants venus le secourir dans leur amour inconditionnel.

Dans les manifestations les plus virulentes, il arrive que la simple invocation adressée par la victime ne soit pas suffisante. Ce sont les cas où les auteurs s'entêtent bêtement à profiter d'une ouverture du plan de vie qui leur laisse presque le champ libre. Ils refusent alors la main généreuse qui leur est tendue par crainte de l'effort (dont ils ne peuvent évaluer la force libératrice dans l'aveuglement de leur opacité périspritale).

Pour venir à bout d'un pareil acharnement, il faut intervenir directement au niveau du périsprit de la victime pour bloquer tous les accès à l'action hypocrite des assaillants. Cette façon de faire me fut directement transmise par les Esprits de lumière qui m'utilisaient alors comme déclencheur spirituel et intermédiaire matériel pour intervenir dans ces situations précises.

Le procédé est fort simple, mais il met en branle un important processus qui nécessite l'autorisation divine et l'action directe de certains spécialistes de l'au-delà. Ces Esprits généreux se présentent toujours dans une très grande luminosité. Leur équipe se compose d'au moins deux d'entre eux. Souvent, ils étaient déjà présents avant même que j'aie commencé mes invocations, comme s'ils connaissaient d'avance les appels à l'aide qui leur seraient adressés.

L'intervention se faisait avec la même huile d'énergie réparatrice dont nous parlerons plus loin. Dès que les Esprits de lumière étaient bien en place, je traçais des croix sur tous les points du corps où les entités malveillantes peuvent se connecter ou voler de l'énergie fluidique pour se manifester. À chacune d'elles, je devais adresser une demande spéciale à Dieu pour autoriser l'exaucement de la prière. Ces croix déposées sur le corps de chair s'imprégnaient ensuite directement dans le périsprit de la victime. C'étaient de véritables croix de protection dont la durée était relative à l'autorisation divine, au plan de vie impliqué et, surtout, à l'orientation spirituelle que donnerait la personne à son avenir.

Dès qu'elles étaient bien intégrées au périsprit, ces croix de protection devenaient toutes lumineuses. Elles demeuraient bien visibles partout où se déplaçait l'incarné, que ce fût sur Terre ou dans l'au-delà. Elles marquaient un interdit autorisé par Dieu lui-même que nul n'aurait osé franchir avec une quelconque mauvaise intention. Pour qu'elles soient efficaces, aucune porte d'entrée ne devait être négligée.

Voyons deux situations où ces croix de protection durent être signées pour mettre fin à l'action malveillante des criminels de l'au-delà.

DES PETITS PAS

Depuis sa grande enfance, Ingrid subissait l'assaut d'Esprits très noirs qui s'abreuvaient d'énergie à même sa propre réserve pour se manifester à elle. Toutes les nuits, sans aucune exception, ils apparaissaient dans sa chambre, utilisant toujours le même stratagème. Pour Ingrid, le simple fait d'aller se coucher constituait une épreuve à surmonter. Comme elle avait remarqué qu'elle devait d'abord dormir pour qu'ils viennent vers elle, Ingrid luttait contre le sommeil qui finissait par l'emporter souvent tard dans la nuit. Même en se couchant le jour, le phénomène se répétait. C'était comme si elle ne pouvait échapper à leur emprise.

Dès qu'elle était bien endormie, des petits pas sur la pointe des pieds la sortaient brusquement du sommeil. Des ombres opaques et très noires s'approchaient alors d'Ingrid qui ne pouvait plus bouger. Elle devait subir des attouchements insistants sur les points de son corps où les entités pouvaient lui prendre leur indispensable fluide animalisé. Souvent, ils s'étendaient sur elle, comme pour ressentir une impossible volupté qu'elle leur inspirait. Les propos que ces Esprits lui tenaient exprimaient la haine et la malveillance. Parfois, ils se montraient dans leur apparence réelle. Des traits difformes et hideux faisaient alors tressaillir Ingrid de peur.

C'est par une de ses amies qui m'avait déjà contacté qu'Ingrid me demanda d'intervenir pour elle. Elle était à bout de force.

Dès le début de notre rencontre, je lui parlai de l'appel à Dieu et de sa grande importance dans pareille situation, mais elle me répondit qu'elle avait déjà tout essayé. Je lui proposai de signer des croix de protection avec l'huile d'énergie en faisant appel à l'assistance des Esprits de lumière de l'au-delà. Des croix furent tracées sur tous les endroits de son corps où les Esprits noirs pouvaient lui prendre ses forces vitales et se manifester à elle. Je demandai l'aide de mon équipe de l'au-delà et des Esprits de lumière qui pouvaient l'aider à se libérer. Je recommandai fortement à Ingrid de continuer ses appels à Dieu pour renforcer leur action.

Je reçus des nouvelles d'Ingrid deux mois plus tard. Elle avait attendu ce délai pour s'assurer que tout était bien terminé.

Ingrid put constater l'efficacité de l'intervention dès le premier soir. Comme à son habitude, elle se coucha avec crainte, ne sachant trop si tout ce qui avait été fait était aussi prometteur que je lui disais. Elle s'endormit cependant beaucoup plus rapidement, sans doute rassurée par la présence des Esprits de lumière venus jusqu'à elle.

Le bruit presque rituel des habituels petits pas l'éveilla de nouveau. Les masses noires apparurent et s'avancèrent vers elle. Soudain, Ingrid entendit l'un d'eux qui parlait à son compagnon du mal. Il exprimait une certaine surprise dans la tonalité de sa voix. Ingrid entendit clairement : « Ça ne marche plus ! On ne peut plus la toucher. » Les ombres opaques disparurent sur-le-champ. Ingrid remercia Dieu qui avait autorisé que nos prières soient entendues et tous ceux qui voulurent bien intervenir pour elle. Elle se rendormit soulagée comme elle n'avait pu le faire depuis de nombreuses années. Elle était enfin libérée d'un poids qu'elle avait apporté avec elle bien avant sa mort d'hier et sa vie d'aujourd'hui.

UNE FEMME TRÈS AFFABLE

Nadine avait fait l'acquisition d'une vieille maison dont la réputation stimulait l'imagination de bien des gens de son nouveau quartier. Depuis longtemps, on la disait hantée. Aucun des anciens propriétaires n'avait rapporté de faits réellement marquants, mais plusieurs d'entre eux y avaient connu des problèmes de santé. De plus, la liste des nouveaux occupants s'allongeait régulièrement.

Nadine avait fait bien peu de cas de tous ces ragots. Le prix de la maison répondait bien aux limites de son budget et c'était là le seul argument valable à considérer.

La première année se passa sans encombre apparent. Nadine et son époux étaient très occupés à réaliser les divers travaux de rénovation qui s'imposaient. Ils expliquaient facilement leur fatigue progressive par les nombreuses heures investies dans leurs soirées et leurs fins de semaine.

Lorsque le sous-sol fut complètement aménagé, ils remarquèrent un curieux phénomène. Personne ne pouvait y demeurer bien longtemps sans qu'un irrésistible besoin de déféquer stimule leur intestin. C'était comme si l'air du sous-sol contenait un puissant laxatif. Nadine avait reçu ses sœurs avec leurs enfants. Dès que ces derniers descendaient s'amuser, ils remontaient après quelque temps pour aller directement aux toilettes. Au début, la situation parut bien drôle. Plusieurs des proches à qui on rapportait le phénomène y trouvaient une excellente source de plaisanteries.

Mais le sérieux succéda aux rires lorsque Nadine s'aperçut que des effets négatifs commençaient à apparaître chez ses enfants. Une grande fatigue et une perte de motivation s'accroissaient dès qu'ils descendaient trop longtemps au sous-sol. La situation se rétablit progressivement lorsque l'endroit fut évité.

Ils crurent avoir résolu ainsi tout le problème, mais Nadine devint alors la cible d'un véritable siphon d'énergie. Peu importe où elle se trouvait dans la maison, elle avait l'impression qu'on la vidait de ses forces vitales. Elle était la seule affectée depuis qu'ils avaient condamné l'accès du sous-sol.

Nadine sentait quelque chose d'indéfinissable sortir lentement de son corps. C'était comme de l'énergie qui s'écoulait de ses entrailles. Une grande sensation de froid l'entourait dès que le phénomène s'enclenchait. Sa santé se détériora rapidement. Une faiblesse générale l'affectait dans tout son être sans faire apparaître des maladies physiques connues qui auraient pu tout expliquer.

Nadine fit appel à mon aide après avoir découvert mes écrits dans une librairie. Elle cherchait des réponses à ses questions qui se centraient de plus en plus sur la réputation de hantise de sa maison.

Lorsqu'elle entra chez moi, je perçus une grande fatigue qui ne pouvait résulter que d'un profond affaiblissement périsprital.

Elle me raconta avec précision le fait qu'elle m'avait succinctement relaté au téléphone. Je lui offris de signer des croix de protection sur tout son corps périsprital pour la protéger contre toute action négative des Esprits malveillants. Je pris la quantité d'huile d'énergie dont j'avais besoin et je fis mes prières d'invocation auprès des spécialistes de lumière de l'au-delà. Nadine présentait beaucoup de brèches dans les points précis où les Esprits noirs peuvent voler l'énergie d'un incarné. Des croix de lumière furent inscrites sur chacun d'eux. Sa réserve vitale avait été grandement affectée. Il était temps quelle soit protégée. Je donnai ensuite à Nadine l'orientation des demandes spirituelles qu'elle devait faire auprès des siens.

L'au-delà m'indiqua qu'elle serait exaucée dans ses invocations, mais je compris qu'elle devrait supporter des séquelles énergétiques pendant de nombreuses années. Si elle avait habité près de chez moi, j'aurais procédé à une réactivation plus massive de la partie intacte de sa réserve de fluide animalisé, mais cela aurait nécessité plusieurs rencontres espacées de quelques semaines. Comme la chose n'était pas possible, je ne pris pas la peine de lui en parler.

Bien sûr, dans des cas semblables, nous ne pouvons rien ajouter à la réserve de base, mais l'énergie réparatrice engendre une stimulation dans le circuit de distribution qui permet au corps physique de récupérer plus rapidement.

L'application de ces croix de protection pouvait mettre en branle un important phénomène énergétique, surtout lorsque la victime subissait une emprise particulièrement profonde de ses agresseurs invisibles. Le procédé devait parfois s'attaquer à des liens d'une très lourde vibration qui se frappaient littéralement contre l'énergie de lumière. L'exemple qui suit nous montre la répercussion que ce phénomène peut même avoir dans notre monde matériel.

UNE EMPRISE DIRECTE

Martha subissait les assauts répétés d'Esprits noirs du bas astral qui l'attaquaient sans aucun répit. Elle avait tenté de se débarrasser de ses agresseurs invisibles par de nombreuses prières, mais rien ne semblait pouvoir venir à bout de leur détermination rageuse à empoisonner son existence. Lorsqu'elle vint me rencontrer, elle me signifia que j'étais son dernier espoir. Je lui expliquai que je ne décidais rien dans tout cela. Je lui précisai que je n'étais qu'un simple intermédiaire entre les véritables décideurs, eux-mêmes soumis à la volonté divine, et ceux qui faisaient appel à moi.

Après avoir terminé mes prières, j'attendis l'arrivée de mes aides de lumière. Je procédai à l'application des croix de protection sur les points du périsprit indiqués par Martha. Lorsque je traçai le signe de protection divine sur le chakra coronal, un grand spasme nerveux fit tournoyer la tête de Martha. Son visage se contracta dans une véritable grimace. Puis, elle retrouva le contrôle de son corps. Le même phénomène se répéta lorsque je déposai l'huile d'énergie dans le creux de sa main droite. Un spasme encore plus violent fit tressaillir Martha lorsque je fis les croix de protection sur les points situés le long de la colonne vertébrale. J'eus l'impression très nette que de véritables fils pseudo-matériels avaient été plantés dans son dos, comme pour la maintenir en lien direct avec des éléments du bas astral.

Je sentis également que les croix d'énergie avaient débranché ces liens.

À deux reprises, pendant l'intervention, Martha me signifia qu'elle avait senti quelque chose d'indescriptible sortir d'elle.

Lorsqu'elle fut partie, mon épouse me demanda si quelqu'un était tombé dans la pièce où je me trouvais. Je lui répondis avec surprise que tout s'était passé très calmement. Elle m'expliqua qu'à deux reprises elle avait entendu un grand fracas, comme un bruit que ferait un corps tombant lourdement sur le sol. Le deuxième choc avait été plus violent que le premier. Je lui expliquai que je n'avais rien entendu de tel. Seule une douce musique accompagnait notre conversation calme et même réservée.

Louise avait été témoin de l'impact énergétique que les forces du bien peuvent exercer sur celles de l'ignorance que nous appelons le mal.

Les attaques spontanées

Malgré toute la virulence que peuvent prendre les attaques spontanées d'Esprits malveillants auprès de leurs victimes, elles ne peuvent se confondre aux véritables cas de hantise. En effet, ce type de manifestations malveillantes est très rarement causé par de mauvaises intentions contre la victime elle-même. Elle subit simplement l'action négative d'une entité peu évoluée qui aurait agi de la même façon avec toute autre personne dont les conditions auraient été similaires.

UN VOLEUR D'ÉNERGIE

Yvonnette était en excellente santé physique et mentale. Sa vie se déroulait sans trop d'histoires. Elle n'avait jamais été particulièrement intéressée par les phénomènes paranormaux. Elle préférait laisser tout cela aux gens un peu bizarres qui avaient des préoccupations non moins singulières.

Elle fut directement concernée par un de ces phénomènes bien malgré sa volonté. Tout commença une nuit où une curieuse sensation d'être touchée sur ses parties intimes la sortit brusquement de son sommeil. Elle crut d'abord à un mauvais rêve, mais elle se rendit compte que le phénomène persistait malgré son plein état de veille. Elle cria à l'invisible de s'en aller et tout rentra dans l'ordre.

La nuit suivante, alors qu'elle dormait couchée sur le ventre, Yvonnette reçut un violent coup dans le dos, à la hauteur du chakra du cœur. Elle bondit dans son lit et se leva aussitôt. Cette fois, son rationnel ne put calmer la peur qui montait en elle. Bien que ce ne fût pas son habitude, Yvonnette se mit à prier. Elle demanda l'assistance des saints qu'elle avait connus à travers sa formation religieuse.

Après une heure d'attente, elle se décida à se recoucher. Elle laissa toutes les lumières allumées et finit par se rendormir.

Le lendemain soir, Yvonnette procéda de la même façon pour trouver le sommeil. Malheureusement, le calme du repos fut encore perturbé par l'invisible qui frappait malgré toutes ses protestations.

Cette fois, Yvonnette ressentit un sévère pincement entre ses omoplates. Elle eut l'impression que des doigts d'une force extrême allaient lui traverser la peau. L'étreinte dura trois bonnes secondes. Yvonnette se débattit et cria de la laisser tranquille. Le calme revint ensuite pour le reste de la nuit.

Le lendemain, en se regardant le dos dans le miroir, Yvonnette aperçut une rougeur aussi grosse qu'une orange. Elle s'étendait à l'endroit exact où elle avait senti la douleur.

Se voyant dépassée par de tels événements, Yvonnette se documenta sur ces phénomènes qu'elle voyait jadis comme les aberrations d'une imagination fertile. C'est par ses recherches qu'elle obtint mes coordonnées et qu'elle fit appel à mon aide.

Lorsque Yvonnette me contacta, une grande détérioration de ses énergies affectait son entrain habituel. Elle se sentait toujours fatiguée. De légers étourdissements l'obligeaient parfois à se ressaisir. Son cœur faisait souvent des soubresauts comme s'il perdait son rythme et qu'il cherchait à le reprendre immédiatement.

Yvonnette présentait toutes les caractéristiques d'une personne qui s'était fait voler une importante quantité de ses énergies vitales. Le phénomène nocturne qu'elle me décrivit me confirma mon hypothèse. Yvonnette était la cible d'un Esprit noir du bas astral qui avait trouvé en elle une intéressante source d'approvisionnement en énergie animalisée, carburant indispensable à tout Esprit qui voudrait se manifester dans le monde de la matière.

Yvonnette devait d'abord mettre fin aux attaques dont elle était la victime. Ensuite, elle devait harmoniser ses énergies vitales pour reprendre le cours normal de son quotidien.

Pour mettre fin à la hantise, Yvonnette devait adresser des appels à Dieu et aux Esprits protecteurs pour venir l'assister dans son épreuve. Elle devait également aider l'Esprit coupable à se rendre compte de son erreur. Si cela ne suffisait pas, elle devrait recevoir une protection autorisée sur les endroits où le voleur invisible lui prenait son énergie.

Pour réajuster la circulation de ses énergies vitales, Yvonnette pouvait laisser faire le temps, en marchant régulièrement et en buvant beaucoup d'eau. Une façon plus rapide pouvait cependant s'offrir à elle en faisant appel à l'intervention des Esprits guérisseurs de l'au-delà. Cette façon de faire était fortement à conseiller, car la rapidité de son action lui éviterait d'éventuelles maladies qui pouvaient apparaître suite à la carence d'énergie vitale dans son périsprit.

Le calme revint définitivement après toutes ces interventions.

Certaines de ces manifestations peuvent découler directement des intentions mêmes de la victime. L'invocation sincère peut alors engendrer un retour à la paix, un peu comme si elle défaisait un mauvais tracé dont un Esprit malveillant aurait bien voulu profiter.

D'INDÉSIRABLES INVITÉS

Depuis son tout jeune âge, Lise avait toujours démontré un inquiétant côté aventurier frisant parfois l'étourderie. Lorsqu'elle découvrit l'existence de l'au-delà et les possibilités d'entrer en contact avec ses habitants, elle se lança dans l'expérimentation du spiritisme, sans trop de connaissances ni de préparation préalable.

Faisant fi des règles de prudence et des précautions les plus élémentaires, elle entreprit d'inviter les Esprits invisibles à se manifester auprès d'elle. Sans aucune prière, tant nécessaire pour obtenir la protection divine, Lise invoquait l'au-delà. Tous les soirs, avant de s'endormir, elle reprenait ses appels, espérant connaître la plus superbe expérience de sa vie.

Après quelques semaines de ce dangereux manège, Lise fut éveillée au beau milieu de la nuit par des bruits bizarres qui retentissaient dans toute la pièce. Ouvrant les yeux, elle ne songea pas tout de suite aux invocations auxquelles elle s'adonnait depuis déjà plusieurs jours. Elle comprit vraiment ce qui se passait lorsqu'elle aperçut des silhouettes très sombres s'approchant lentement vers elle.

Pendant un bref instant, Lise fut emballée de constater que ses appels avaient été entendus. Elle s'apprêtait même à souhaiter la bienvenue à ses visiteurs lorsque, soudain, elle put percevoir leurs traits obscurs. Leur faciès exprimait une grande malveillance. Le malaise de Lise se transforma rapidement en une terrible peur lorsque leurs yeux s'animèrent. Un feu incandescent jaillissait de leurs pupilles. On aurait dit des portes donnant sur l'enfer. Avançant toujours vers elle, ils encerclaient maintenant son lit. Leurs regards semblaient figés sur elle. Très opaques, ils donnaient l'impression d'être de chair et d'os. Lise entendait même leur respiration saccadée.

Se sentant nettement menacée, Lise se mit à crier. Des rires gras sortant de leur bouche caverneuse accentuèrent la panique qui l'envahissait. Elle se sentit soudainement agrippée par les bras. Une poigne très matérielle l'immobilisa sur son lit. Puis, on lui prit les jambes. Des mains glacées, semblant bien charnelles, lui empoignaient les chevilles et les genoux. Lentement, on lui écarta les cuisses. Une totale impuissance paralysait Lise de toute part. Même sa voix ne pouvait plus émettre aucun son. Alors qu'elle aurait cru la chose totalement impossible de la part d'êtres invisibles, Lise subit les affres bien réelles d'un véritable viol.

Après avoir assouvi la dégoûtante expression de leur haine, les violeurs du bas astral se retirèrent comme ils étaient venus, semblant se dissoudre dans la noirceur tamisée de la chambre obscure.

Traumatisée par cette épouvantable expérience, souffrant même dans sa chair, elle ne put se recoucher du reste de la nuit.

Les jours suivants furent très pénibles pour Lise. Elle ne pouvait même pas confier son drame à ses proches, craignant de passer pour une véritable folle. Chaque soir, en se couchant, elle songeait aux pénibles instants subis dans le lit même qu'elle occupait. Heureusement, la fatigue venait à bout de ses craintes et la faisait sombrer pour quelques heures dans un sommeil bienvenu.

Après quelques semaines de calme, Lise se réconfortait à l'idée que les choses semblaient être rentrées dans l'ordre. Elle regrettait d'avoir pris avec tant de légèreté un sujet si sérieux et si dangereux. Pour elle, la leçon avait été suffisante. Mais ses agresseurs de l'Invisible avaient bien l'intention d'en prendre davantage.

Après deux mois de calme complet, Lise fut à nouveau éveillée en plein cœur de la nuit. En sortant de son sommeil, elle reconnut immédiatement les bruits insolites qui retentissaient partout dans sa chambre. C'est avec une grande horreur qu'elle aperçut ses agresseurs s'approcher d'elle. Elle eut beau leur crier de partir, ils avançaient comme s'ils avaient été les bienvenus.

Ils empoignèrent Lise avec beaucoup de force et la soulevèrent de son lit. Elle se débattait avec toutes ses énergies, mais elle ne parvenait même pas à les faire bouger. Elle se sentait prise comme dans un étau. Ils la traînèrent vers le grand miroir de sa commode et tentèrent de l'amener avec eux à travers la glace. Deux d'entre eux, qui lui tenaient les pieds, étaient déjà passés. Son corps était presque à demi dans la matière vitrée lorsque Lise songea à demander l'aide de son Ange gardien que ses lectures lui avaient récemment fait connaître. Les ravisseurs reculèrent et durent libérer Lise de leur étreinte.

Le calme revint définitivement par la suite.

Lorsque Lise me consulta, elle avait déjà retrouvé le calme d'antan. En me confiant cette épouvantable expérience, son regard scrutait le mien comme pour s'assurer que je ne la prenais pas pour un esprit dérangé. Le phénomène lui paraissait tellement insolite et inexplicable qu'elle se demandait encore comment une telle chose pouvait être possible.

C'était pourtant fort simple. Lors de la première expérience, les Esprits noirs du bas astral s'en étaient pris à son corps physique, mais, à leur seconde visite, ils avaient agi sur le corps périsprital de Lise. En pénétrant dans le miroir, Lise se croyait bien en chair et en os, mais seul son périsprit subissait l'étreinte de ses agresseurs. Elle avait eu la même trompeuse impression du corps charnel que certains défunts peuvent vivre après une mort dont ils n'ont pas pris conscience. Comme pour Lise, ils se croient réellement dans leur corps de chair alors qu'il ne leur reste que leur périsprit en tous points semblable. Or, comme le périsprit est beaucoup plus subtil que la matière brute de notre monde, il peut facilement la pénétrer et la traverser.

Lise pouvait se considérer chanceuse de s'en être sortie à si bon compte. N'eût été de l'efficacité de ses appels à l'aide, son étourderie aurait pu lui mériter une facture fort coûteuse autant pour ses forces vitales que pour son équilibre mental.

D'autres attaques spontanées peuvent également subvenir alors que la victime n'entretient aucune mauvaise intention. Je subis moi-même certaines de ces attaques spontanées lorsque je cherchais à aider les autres. Encore là, l'invocation à Dieu constituait la meilleure arme contre la malveillance exprimée.

UNE ATTAQUE SOURNOISE

Vicky me consultait pour obtenir des nouvelles de son frère qui s'était suicidé. Dès que j'eus terminé mes invocations, je fus dirigé dans une zone sombre du bas astral. C'était comme l'intérieur d'une caverne. Les parois pseudo-matérielles donnaient l'impression du granite noir. De minces filets d'eau semblaient ruisseler sur la pierre rugueuse. Une pâle lueur dont je ne pouvais situer la provenance se reflétait dans les surfaces mouillées accentuant le relief à peine perceptible.

Le défunt présentait l'aspect exact de la photographie que j'utilisais pour favoriser le contact. Il se tenait debout, retiré du centre de la pièce caverneuse. Il ne réagissait aucunement à ma présence. Il semblait absorbé par ses tourments intérieurs.

Lorsque je décrivis à Vicky la situation de son jeune frère, elle me demanda si quelqu'un pouvait l'aider. À ces mots, je vis un Esprit s'approcher de lui. Je donnai à Vicky la description du personnage. Son apparence était féminine. Elle était de très petite taille. Ses cheveux étaient bouclés. Des lunettes à monture métallique encadraient ses yeux clairs. Une luminosité fluorescente qui se dégageait de son périsprit laissait deviner le beau cheminement spirituel de ses vies passées.

Vicky reconnut immédiatement sa défunte mère. Elle avait voulu dire à sa fille que son frère n'était pas seul dans sa souffrance. Je m'apprêtais à questionner l'Esprit protecteur, mais une masse noire fonçant sur moi m'en empêcha. Une énorme larve astrale tentait de m'atteindre dans une succession d'attaques sournoises. La larve ressemblait à une chauve-souris géante. Ses ailes déployées avaient une envergure impressionnante. Sa tête ressemblait autant à l'humain qu'à la bête.

Je priai mon Esprit guide et mon équipe de l'au-delà de me protéger. La larve quitta immédiatement les lieux, disparaissant comme elle était venue. Je pus ensuite échanger quelques pensées avec la mère de Vicky. Elle invita sa fille à demander souvent de l'aide pour son frère. Il en avait un urgent besoin, d'abord pour le calmer, puis pour abréger ses souffrances.

Vicky me demanda comment faire. Elle nota tous les points importants. Elle me quitta en s'engageant à solliciter l'aide divine pendant plusieurs semaines selon les instructions qu'elle avait reçues.

Les larves astrales, comme celle qui faillit m'empêcher d'aider le jeune homme végétant dans les zones sombres de l'au-delà, n'existent pas seulement dans le monde de pseudo-matière. Ces créatures primaires sont à la recherche constante d'énergic vitale. Comme cette énergie ne se retrouve que dans la réserve de fluide animalisé des êtres vivants, les larves cherchent à les attaquer directement dans leur périsprit. Le plus souvent, elles s'en prennent aux animaux, mais parfois elles choisissent des êtres humains dont l'énergie de vie leur convient encore mieux. Lorsqu'elles y parviennent, leur victime peut en être affectée dans sa santé. Souvent, un rééquilibre de l'écoulement de l'énergie vitale est nécessaire pour que les malaises ne persistent pas pendant plusieurs années.

Heureusement que l'accès qu'ils ont à notre monde est limité et que nos Anges gardiens sont là pour nous protéger.

Dans d'autres circonstances, certains Esprits m'ont signifié leur mécontentement à me voir mettre fin à leur manège hypocrite. Heureusement, l'appel aux forces de lumière devait réduire toutes leurs tentatives à néant.

DES MENACES

Dans sa recherche spirituelle, Christian s'était découvert des facultés médiumniques qu'il voulait mettre en valeur. Malheureusement, son orgueil encore trop grand l'empêchait de comprendre le sens que devait prendre l'utilisation de ses capacités : celui de servir et d'aider les autres dans leur évolution spirituelle.

Christian voulait me rencontrer pour que nous puissions en discuter. Comme mes disponibilités ne convenaient pas à ses heures de travail, je profitai d'un déplacement que je devais faire près de chez lui pour lui accorder quelques minutes.

Sa sincérité ne faisait pas de doute, mais sa réflexion devait considérer d'importants facteurs qu'il ne pouvait négliger. Pendant notre conversation, l'apparence de Christian se transforma. Un visage d'une grande laideur vint prendre forme sur celui de mon interlocuteur. Des cheveux noirs tout bouclés encadraient un front court fortement ridé. Des sourcils très épais recouvraient des yeux ensanglantés dont la pupille dégageait une rougeur de feu. Son nez large et aquilin accentuait les traits anguleux de ses joues creuses. Des lèvres épaisses laissaient voir des dents espacées fortement enracinées. L'ensemble était sombre, presque noir.

Christian continuait à me parler sans se rendre compte

de ce qui se passait. Je me concentrai sur le visage que je voyais et exprimai en pensée un message direct à l'intrus. Je lui signifiai qu'il ne me faisait pas peur et je lui ordonnai de partir. Il me répondit que si je ne quittais pas immédiatement les lieux, il m'arriverait un grave accident en retournant chez moi. Je continuai à lui ordonner de partir. Après un bref instant, l'Esprit disparut.

J'avais perdu le fil de notre échange et je dus faire un certain effort pour rejoindre les propos de Christian. Je vis alors qu'il se dirigeait vers un grand danger s'il poursuivait la direction qu'il s'était proposée. Je lui transmis toutes les informations que je recevais pour lui. Notre échange me permit de déjouer le piège astucieux qui lui avait été tendu. Les Esprits noirs du bas astral avaient tenté d'exploiter les faiblesses morales de Christian pour briser son potentiel. S'il suivait les conseils reçus et acceptait les efforts demandés, Christian pourrait servir plus tard. Mais, le plus merveilleux, c'est qu'il le ferait en conformité avec ce qui favoriserait véritablement son évolution spirituelle et celle des gens qu'il rencontrerait sur sa route.

Sur le chemin du retour, j'éprouvai une certaine difficulté à me concentrer. Je songeai aux menaces que j'avais reçues. Je priai mon Ange gardien de me protéger et tout rentra rapidement dans l'ordre. Je pus arriver sans encombre.

Certaines de nos habitudes peuvent également favoriser la manifestation d'Esprits malveillants. J'en donne comme exemple une simple manie qui, sans le savoir, peut stimuler l'intrusion de certaines entités qui aiment l'interpréter comme étant une imprudente invitation. Je parle ici de la manie de laisser nos portes de garde-robes ouvertes avant de s'endormir.

Dans toutes les maisons habitées, il existe des ouvertures pseudo-matérielles qui permettent aux Esprits opaques du bas astral de pénétrer dans notre dimension. Ces ouvertures constituent de véritables trappes d'accès que les intéressés invisibles ont eux-mêmes pratiquées dans l'énergie malléable. La plupart de ces trappes sont localisées dans des lieux qui dissimulent leur présence à tout médium. Les meilleures cachettes se trouvent donc dans les garde-robes de nos demeures par lesquelles ils peuvent circuler à leur guise.

Or, le fait de tenir ouvertes les portes de ces placards peut, dans certains cas, constituer une forme d'invitation auprès d'Esprits malveillants qui ne demandent pas mieux que de l'interpréter ainsi. Plusieurs cas d'attaques spontanées dont je me suis occupé découlaient de cette banale habitude. Encore là, sans la prière, l'action enclenchée aurait pu prendre des proportions incontrôlables.

UN CLOWN MALVEILLANT

Ginette livra son témoignage pour confirmer l'existence des trappes d'accès dans plusieurs de nos demeures. Elle participait à une conférence où je faisais mention de cette particularité exploitée par les Esprits noirs du bas astral. Elle prit la parole pour démontrer que les éléments que j'apportais étaient bel et bien une réalité.

Depuis toujours, Ginette ne pouvait s'endormir si la porte de sa garde-robe était ouverte. Elle mettait sa réaction sur le compte d'une peur indéfinie qui venait sans doute de son enfance. Toujours est-il qu'elle appliquait scrupuleusement la règle d'or qui lui faisait fermer tous les placards avant de se coucher et principalement celui de sa chambre à coucher. Même mariée, elle poursuivit son rituel.

Un soir, elle se coucha et s'endormit avant son époux qui laissa les deux portes-persiennes de la garde-robe de leur chambre grandes ouvertes. Ginette dormait profondément. Un silence presque total enveloppait toute la maison. Seules leurs respirations suivaient la mesure inaudible du cadran numérique.

Des claquements secs éveillèrent subitement Ginette. Elle ouvrit les yeux. Son mari dormait à poings fermés. Seule la lune fardait la pièce de sa faible lueur. Les bruits recommencèrent plus faiblement. Ils semblaient provenir de la garde-robe. Ginette alluma sa lampe de chevet. Elle aperçut les portes grandes ouvertes. Elle voulut se lever pour les refermer, mais quelque chose se mit à bouger entre les vêtements suspendus. Elle regarda plus attentivement. Une forme, d'abord indéfinie, prit rapidement l'apparence d'un clown bien vivant, comme ceux que l'on rencontre dans les cirques ambulants.

Il sortit subitement de sa cachette et bondit près de Ginette qui cria à son mari de se réveiller. Le clown, maquillé sous des traits d'un fou méchant, lui fit des grimaces. Il semblait bien se moquer de Ginette et de l'aide que pouvait lui apporter son mari qui sortit péniblement de son sommeil. Le cri strident émis par Ginette l'avait précipité trop vite dans son corps charnel. Un mal de tête insupportable lui embrouillait toutes les idées. Dès qu'il ouvrit les yeux, le clown disparut à la vitesse de ses paupières. Ginette raconta à son compagnon ce qui venait de lui arriver. Il se leva et fouilla dans la garde-robe. Naturellement, il n'y trouva rien d'anormal. Il chercha à calmer Ginette qui tremblait comme une feuille sous un vent froid d'automne. Il lui affirma qu'il n'y avait rien, appuyant son propos sur l'évidence d'un mauvais rêve. Mais Ginette insista. Elle avait bel et bien vu un clown réel bondir dans la chambre et lui faire des grimaces.

Ginette se rendormit difficilement, blottie contre son conjoint qui ne pouvait plus bouger.

Le lendemain, au petit-déjeuner, ils parlèrent de l'apparition nocturne. Ginette se dit alors convaincue qu'elle avait fait l'objet d'une manifestation malveillante d'une entité qui lui voulait du mal. Elle rappela à son mari la peur presque maladive que lui avaient toujours inspirée les clowns. Elle se dit convaincue que l'Esprit mauvais avait pris cette forme pour l'impressionner davantage.

La théorie de Ginette put se confirmer pendant les jours qui suivirent. D'abord, le téléviseur fit des siennes. L'image disparaissait subitement et revenait sans que le son en soit affecté. Puis, c'était le son qui partait ou montait démesurément, revenant à la normale dès que l'image recommençait son jeu de cache-cache. Ils appelèrent un technicien qui l'inspecta de fond en comble. Il ne trouva rien de défectueux. L'appareil ne recommença d'ailleurs jamais plus son manège.

Ensuite, des bruits d'explosion retentissaient dans la pièce où Ginette se trouvait. C'était comme si de la dynamite sautait à l'intérieur des murs de la maison. Le manège dura toute une journée.

Très apeurée, Ginette redoubla d'ardeur dans ses appels à l'aide. Ils semblèrent avoir été entendus, car le calme revint de façon définitive.

Ginette conserva un souvenir traumatisant de toutes ces manifestations. Lorsqu'elle m'entendit affirmer que les Esprits noirs du bas astral pouvaient imprégner dans nos demeures des trappes d'accès ouvrant sur notre dimension, elle savait exactement de quoi je voulais parler.

Les hantises

Les hantises revêtent un caractère plus sérieux que les attaques spontanées, car leurs auteurs poursuivent des objectifs précis entretenus par des intérêts personnels. Les manifestations qui en découlent peuvent viser autant des personnes que des lieux. Elles sont toujours l'expression d'une grande infériorité spirituelle des Esprits qui les entretiennent et d'un attachement prolongé aux grossières dimensions de notre monde matériel.

L'appel à Dieu est tout à fait indispensable pour se libérer d'une hantise. Sans cette assistance, la victime risque de subir des assauts pendant une très longue période pouvant s'étaler sur des dizaines d'années.

DEPUIS SON TOUT JEUNE ÂGE

Agnès fit la connaissance de son agresseur de l'Invisible alors qu'elle entrait à peine dans les premières années conscientes de sa présente incarnation. Ses souvenirs évaluent cette époque à la troisième ou quatrième année de son enfance.

Alors que tous les jeunes de son âge s'amusaient dans les rêveries de leur innocente insouciance, Agnès affrontait déjà les assauts d'un monde jugé imaginaire, mais qui n'en était pas moins des plus réels.

Toute petite, elle commença à recevoir la visite d'un personnage masculin semblant bien en chair et en os, mais qui apparaissait et disparaissait au simple gré de sa volonté. Ses habits étaient toujours foncés. Ses cheveux roux tout bouclés encadraient un visage sérieux dont la pâleur rappelait les allures d'un clown maquillé. La grandeur et la minceur de sa taille accentuaient la nervosité de ses mouvements.

La malveillance de ses intentions se manifesta dès ses premières apparitions. Bien qu'elle ait été encore toute petite, Agnès n'eut aucune difficulté à se rendre compte que sa présence donnait lieu à de multiples désagréments empoisonnant son existence.

Ses attaques devinrent plus sournoises dès le début de son adolescence. Sans jamais les prévoir, Agnès commença à subir des absences temporelles de quelques heures. C'était de véritables trous de mémoire effaçant de ses souvenirs des parties complètes de son vécu quotidien. Lorsque le phénomène apparut, Agnès en fut grandement bouleversée, mais elle ne pouvait pas encore mesurer toute la gravité de la situation. Elle en comprit l'ampleur lorsqu'elle apprit que ses longues périodes lunatiques lui faisaient commettre des gestes dont elle n'avait aucune conscience. Pendant qu'elle perdait le contact avec le réel qui l'entourait, Agnès pouvait agir de façon très étrange, outrepassant les règles de bonne conduite et de décence pourtant bien ancrées en elle. C'était comme si son agresseur prenait possession de son corps pendant quelques heures et qu'il en profitait pour goûter à tous les plaisirs charnels dont il semblait très assoiffé.

Sa réputation auprès des siens en fut rapidement entachée. On la prenait pour une folle ou pour une dévergondée. Heureusement que le phénomène s'espaça au fil des années.

À l'âge adulte, Agnès s'était suffisamment armée pour faire face à son agresseur de l'Invisible qui modifia alors la stratégie de ses attaques hypocrites. Voulant toujours semer le trouble dans la vie d'Agnès, il s'en prit à tout le cercle social de sa victime. Voisinage, parenté et milieu de travail semblèrent subitement stimulés par une vague de critiques négatives constantes sur tout ce qu'elle faisait. Un grand climat de tension prit progressivement des allures de conflit que rien, dans les agissements d'Agnès, ne pouvait justifier.

C'est à ce moment qu'elle fit appel à mon aide. Agnès venait de lire mes deux premiers livres et elle espérait que nous puissions trouver la solution à son problème devenu grave.

Lorsqu'elle me téléphona, elle subissait les assauts de cet Esprit sans scrupules depuis près de quarante ans.

L'emprise m'apparaissait de taille. Des informations généreusement livrées par nos frères de lumière nous firent mieux comprendre les éléments impliqués. Des invocations spéciales furent misés en branle. Elles s'adressaient autant aux Esprits de lumière, dont Agnès devait demander l'assistance, qu'à son agresseur. Ce dernier devait comprendre toutes les graves conséquences qu'il aurait à assumer et il devait bien saisir qu'il avait tout avantage à ne pas les aggraver.

Cette hantise me rappelait curieusement un autre cas semblable dont je m'étais occupé. L'Esprit tortionnaire utilisait le même stratagème pour faire souffrir sa victime. Il poussait même sa cruauté jusqu'à la frapper violemment en plein visage dans les circonstances pouvant le plus lui faire du tort.

Des appels soutenus vinrent finalement à bout de cette hantise après de longs mois d'efforts. Pour être vraiment efficace face aux hantises, la demande doit être bien centrée sur les entités concernées, en plus de répondre à tous les critères essentiels dont nous avons parlé plus haut. Certaines victimes, dont les appels à l'aide semblent sans effet, ont la désagréable impression que leurs supplications ne sont pas importantes, mais il peut s'agir simplement d'une mauvaise canalisation d'émission qui ne tient pas compte des conditions à respecter.

UN CLOWN TOUT NOIR

Victor recevait la visite régulière d'un Esprit qui lui apparaissait dans sa chambre à coucher. Toutes les nuits, depuis plusieurs semaines, une dame tout habillée de noir le sortait de son sommeil. Ses vêtements semblaient raffinés, mais la noirceur du tissu et des dentelles rendait l'ensemble très morbide et impressionnant. Victor ne pouvait jamais distinguer ses traits, car un voile noir descendait sur son visage.

Souvent, des bruits lourds et insistants l'éveillaient quelques secondes avant l'apparition qui ne faisait que le regarder fixement.

Victor priait sans cesse, mais ses efforts ne semblaient guère déranger sa visiteuse nocturne.

Il crut avoir retrouvé la paix après une nuit calme, mais, dès le lendemain, l'apparition reprit son habitude. Son apparence avait cependant radicalement changé et son attitude semblait vouloir devenir beaucoup plus active.

L'Esprit se présentait désormais sous la forme d'un clown dont le costume était complètement noir. Même son visage semblait maquillé de noir. Comme l'Esprit se montrait de plus en plus entreprenant, Victor redoubla d'ardeur dans ses invocations à Dieu, mais les résultats n'étaient que temporaires. C'était comme si elles ne pouvaient pas tenir le coup très longtemps. Victor pensa que je pourrais l'aider. Il fit donc appel à mes conseils.

Je lui demandai comment il adressait ses appels à l'au-delà. Sa réponse me fit rapidement comprendre qu'il devait centrer davantage ses invocations sur l'Esprit qui se manifestait. Les invocations de Victor étaient trop vagues pour atteindre véritablement l'Esprit errant. Je lui conseillai de s'adresser directement à l'entité en plus de demander l'assistance de son Ange gardien et des policiers de l'au-delà. L'Esprit devait savoir ce que Victor pensait de ses indésirables apparitions. Victor devait également l'éveiller à la triste réalité qu'il se réservait par son manque de respect des lois divines. Bref, il fallait que Victor donne à l'Esprit la possibilité de modifier lui-même son attitude en pleine connaissance de cause. Il recevrait ainsi toute l'assistance dont il aurait besoin, s'attirant la sympathie vibratoire des Esprits de lumière.

Nous convînmes qu'il me rappellerait si quelque chose n'allait pas. Je ne reçus jamais plus de nouvelles de Victor.

***

Il peut également arriver que l'apparente inefficacité des prières émises pour contrer une hantise soit directement reliée au plan de vie de la victime. Dans ces cas, de véritables délais peuvent être imposés aux prieurs. Le sentiment d'impuissance qui en découle s'avère alors trompeur, bien que très vif, car les prières se butent tout simplement à la volonté divine qui ne peut autoriser leur exaucement en raison de la sagesse du plan de départ qui doit suivre son cours. En voici un exemple bien précis.

UNE HANTISE PERSISTANTE

Yvonne supporta les assauts d'Esprits malveillants pendant plusieurs mois avant de chercher de l'aide. Elle avait cru que la ferveur de ses appels viendrait à bout du malheur qui l'assaillait, ce qui la poussait à persister dans ses efforts. Mais, un jour, elle finit par se sentir réellement dépassée par ce qui lui arrivait.

Ses premières démarches l'amenèrent vers un prêtre qui, malgré sa bonne volonté, ne s'avéra guère d'un grand secours. Puis, elle confia ses peines à des religieuses qui firent de sincères prières pour elle, mais toujours sans aucun résultat. Elle fit venir une médium qui confirma la présence des agresseurs de l'Invisible, mais sans pouvoir apporter de remèdes. Elle en parla même à son médecin qui, dans son ignorance de pareils phénomènes, la référa immédiatement à un psychiatre.

La pauvre dame, dont l'équilibre psychique ne faisait aucun doute, devait donc subir toute cette souffrance sans que personne ne puisse l'aider. Son époux collaborait bien de son mieux, mais ses bonnes intentions ne dépassaient pas le seuil de son impuissance.

Yvonne se mit à lire sur les manifestations pour mieux comprendre la nature de leur provenance. Elle se dit qu'un problème est plus facile à résoudre lorsqu'on en connaît toutes les composantes. Elle découvrit mes écrits dans la longue liste des livres qu'elle se procura. Dès qu'elle se rendit compte que j'habitais au Québec, elle fit les démarches pour entrer en contact avec moi.

Dans un premier temps, comme elle demeurait loin de chez moi, je lui recommandai des invocations adaptées au type de hantise qui empoisonnait son existence. Nous convînmes qu'elle me ferait part des résultats obtenus.

Après quelques semaines, Yvonne me téléphona.

Aucun changement ne s'était opéré. Toutes les formules que je lui avais indiquées semblaient sans effet. Je lui recommandai de poursuivre pendant encore quelque temps. Quinze jours plus tard, Yvonne me rappela. Elle semblait complètement découragée. Non seulement les appels à l'aide n'avaient pas donné les résultats escomptés, mais en plus les manifestations semblaient maintenant vouloir prendre davantage d'ampleur.

Elles s'attaquaient toujours directement à son corps charnel. Il n'y avait aucun bruit, aucune apparition ni aucun déplacement d'objets. Les Esprits agresseurs ne semblaient motivés à attaquer Yvonne que dans sa propre chair. Cette façon de procéder rendait la situation plus délicate pour Yvonne, car même son mari ne pouvait être témoin d'aucune manifestation. Les Esprits lui siphonnaient allègrement ses énergies selon le gré de leur convenance. La nuit, Yvonne sentait des attouchements très insistants sur ses parties les plus intimes.

Voyant que notre approche ne fonctionnait pas, elle me demanda de me rencontrer chez moi. Nous prîmes donc rendez-vous.

La fatigue physique et l'épuisement psychologique se lisaient sur ses traits pourtant vigoureux. Les longs mois de harassement continu commençaient à marquer leur effet.

Je consultai mon équipe de l'au-delà en leur demandant à nouveau leur aide pour Yvonne. Les yeux fermés, je vis pendant un bref instant les ombres noires qui s'en prenaient à elle. Puis, son Esprit guide se montra dans sa lumière. Malgré la situation, Yvonne me paraissait bien protégée. Ce que je voyais autour d'elle semblait contradictoire avec ce qu'elle vivait.

Je traçai les croix de protection sur ses points

d'énergie et la rassurai en lui décrivant leur efficacité qui, jusqu'à ce jour, n'avait jamais fait défaut.

Deux semaines plus tard, vers vingt-deux heures, Yvonne me rappela. Les manifestations étaient toujours aussi tenaces. Elle me parla d'une autre démarche qu'elle avait entreprise depuis notre rencontre et qui s'avéra également infructueuse.

Ne comprenant pas la raison d'une telle persistance, je demandai intérieurement à mon Guide de bien vouloir m'éclairer.

Il me dévoila qu'Yvonne devait continuer à subir ce calvaire pendant encore quelques mois. Cette expérience faisait intégralement partie de son plan de vie. Deux volets se dégageaient de cette épreuve.

Le premier concernait l'enracinement et l'approfondissement de certaines qualités spirituelles nécessaires à son évolution. La difficulté de la situation qui, au point de départ, avait été conditionnée par le second volet, convenait très bien aux objectifs fixés.

Le second volet concernait un retour karmique qu'Yvonne devait assumer en conservant sa foi. Elle s'était déjà rendue coupable de pareilles hantises lors d'une lointaine erraticité et elle venait s'affranchir de ce poids qu'elle ne voulait plus traîner.

Je transmis à Yvonne les informations qui m'apparaissaient utiles pour elle et je tus les autres à jamais. Pendant quelque temps, je continuai à prier pour elle. Au moment où j'écrivis ces lignes, le délai dévoilé par mon Esprit guide était largement dépassé et je ne reçus jamais plus de nouvelles d'Yvonne.

L'identification de la cause première qui a déclenché et qui entretient la hantise revêt une grande importance pour le prieur qui veut résoudre rapidement et efficacement le problème qui l'assaille. Une sérieuse investigation doit donc être entreprise dès le début de l'intervention.

Mes expériences médiumniques m'ont rapidement fait comprendre que chacune des causes de hantise était intimement reliée à chaque cas où je dus m'impliquer. Je crois cependant que nous pourrions tout de même les regrouper en quatre catégories, bien que, dans certains cas, elles ne nous apparaissent pas aussi clairement distinctes.

Première cause :

La première cause de hantise que nous pourrions identifier concerne celles qui s'acharnent directement sur certains incarnés. Ces hantises suivent leurs victimes partout où elles pourraient chercher à fuir. Elles collent littéralement aux personnes qu'elles font souffrir. Ce sont généralement des cas de vengeance que subissent d'anciens auteurs d'actions malveillantes commises dans des vies antérieures. Ces actes du passé ont engendré des ouvertures de plan de vie qui laissent une bonne marge d'action aux Esprits ignorants. Par leur vengeance, les entités accumulent à leur tour une douloureuse facture dont ils devront un jour s'affranchir.

UNE HISTOIRE ANCIENNE

Dina vint me consulter une première fois en avril 1995. Elle était accompagnée de sa mère. Âgée d'à peine quatorze ans, elle subissait les assauts d'un Esprit malveillant qui la tiraillait sans répit. Ses attaques avaient causé des séquelles dans ses énergies vitales, qui se traduisaient par de graves difficultés à respirer. Évidemment, la nature de la cause réelle de son problème de santé rendait presque inopérants les efforts médicaux mis en place pour la guérir.

Avant et pendant l'application de l'énergie réparatrice, je ne reçus pas beaucoup d'informations sur la raison d'une telle hantise. Les Esprits de lumière se limitèrent à me conseiller de lui donner l'énergie dont elle avait besoin. À la fin, ils prescrivirent trois autres rencontres pour l'automne suivant.

Dina s'était montrée très réceptive à l'intervention de l'au-delà. Les énergies entraient abondamment en elle. Il m'apparaissait fort probable qu'elle retrouverait complètement la paix et la santé.

Quand vint le temps de son second rendez-vous, Dina et sa mère ne donnèrent aucun signe de vie. J'en conclus qu'un imprévu les avait empêchées de venir. Mais il en fut de même pour les deux autres consultations que nous avions fixées.

Un an plus tard, la mère de Dina me téléphona. Elle voulait me rencontrer avec Dina dont la situation devenait de plus en plus grave. Lorsque je les reçus chez moi, je leur demandai pourquoi elles n'avaient pas suivi les recommandations des Esprits de lumière. La mère de Dina me répondit que l'état de santé de sa fille s'était grandement amélioré dans les mois qui suivirent notre rencontre et que la hantise s'était aussi calmée. Elle avait donc jugé qu'il n'était plus nécessaire de venir.

Dina donna une tout autre réponse. Elle avoua que l'Esprit qui s'en prenait à elle lui avait dit qu'elle ne devait pas revenir me voir. Sa naïveté d'adolescente inexpérimentée l'avait empêchée de reconnaître l'habile manœuvre qu'il exerçait sur elle. Comme sa santé s'était améliorée et que les manifestations avaient diminué, elle crut pertinent de suivre ce conseil. Par la suite, pour se donner une belle image, l'entité maintint le silence pendant quelques mois. Mais lorsque vint son heure, elle recommença de plus belle.

S'abreuvant à même l'énergie vitale de Dina, l'Esprit s'imposait à elle avec de plus en plus d'audace. Il lui parlait directement dans les centres de réception cérébraux. L'insistance de ses contacts créait un désordre psychologique chez Dina qui se disait toute confuse. Des idées de suicide lui étaient fortement suggérées. La présence malveillante se faisait sentir de plus en plus. Même son chien, habituellement calme, devenait sporadiquement nerveux, aboyant vers un être invisible qu'il semblait seul à percevoir.

Avant même de commencer mes invocations, un Esprit guide me dévoila la raison de cette hantise. Dina faisait l'objet d'une vengeance. L'Esprit qui s'en prenait à elle lui en voulait pour une histoire ancienne où Dina lui avait fait du tort. Il profitait de la structure médiumnique de sa victime pour assouvir sa colère.

Je priai pour recevoir toute l'assistance dont nous pouvions avoir besoin. Je m'adressai ensuite à l'Esprit malveillant pour lui signifier toutes les souffrances qu'il se réservait. Je tentai de lui faire comprendre qu'il travaillait contre lui-même, devant assumer plus tard toute sa méchanceté. Je l'invitai ensuite à profiter de l'occasion que lui donnaient nos prières pour se libérer de sa misère. Je lui fis bien comprendre qu'il devrait s'en sortir un jour ou l'autre et que le plus tôt valait le mieux pour lui-même.

En faisant appel à l'autorisation divine, j'appliquai les croix de protection sur tous les points d'énergie de Dina. Je me concentrai ensuite sur l'équilibrage de son flux vital grandement ébranlé.

Lorsque j'eus terminé, je demandai à Dina si elle avait vu quelque chose de particulier. Elle me regarda d'un air surpris, comme si elle ne s'attendait pas à ce que je sache tout ce qu'elle avait perçu.

Comme moi, Dina avait vu l'Esprit qui l'attaquait. Son périsprit était très sombre. Son allure était masculine. Il donnait l'impression d'un être très peu dégrossi.

Contrairement à ce que j'aurais cru dans un pareil cas, l'Esprit décida rapidement de suivre les conseils qui lui étaient adressés. Il quitta les lieux, entouré de deux Esprits lumineux. Avant de disparaître, il se retourna et leva le bras droit vers Dina en signe de salutation. Un calme particulier entoura chacun de nous. Dina me fit un sourire. Elle était libérée. Il ne lui restait maintenant qu'à rétablir son équilibre périsprital pour rendre plus opérants ses traitements médicaux et retrouver sa pleine santé.

Dina aurait pu abréger ses souffrances d'une bonne année. Il lui aurait suffi de revenir comme nous l'avions convenu lors du premier essai. Mais le délai n'avait pas été inutile. Peut-être qu'à cette époque, son agresseur n'aurait pas été en mesure de comprendre aussi vite.

DEPUIS L'ÂGE DE TROIS ANS

Judith commença à subir les assauts de son Esprit agresseur dès l'âge de trois ans. Alors que ses petits amis grandissaient dans la douceur typique de l'enfance, Judith essuyait les attaques de son agresseur, un être lâche et sans pitié. Heureusement que sa mère sut lui apporter l'amour, le support psychologique et l'assistance spirituelle qui l'empêchèrent de sombrer dans un profond déséquilibre psychique.

Dans ses pires crises de rage, l'Esprit l'attaquait

directement dans son corps physique. Il l'empoignait en pleine nuit et la jetait en bas de son lit. Il la traînait ensuite sur le plancher de sa chambre vers une ouverture très sombre qui n'apparaissait qu'en sa présence. Les cris de l'enfant éveillaient sa mère qui accourait. Son arrivée faisait toujours fuir l'entité malveillante.

L'Esprit se montrait souvent à Judith. Il était très sombre. Une grande cape noire tombait sur ses épaules. Un chapeau aussi noir au très large rebord lui couvrait la tête. Son visage était d'une telle noirceur qu'elle ne pouvait en distinguer les traits.

La mère de Judith s'astreignit à beaucoup de recherches pour faire cesser cette situation insupportable. Elle rencontra finalement quelqu'un qui rétablit le calme dans la vie de son enfant.

Vingt-deux ans plus tard, Judith s'inscrivit à un cours de transfert d'énergie par l'imposition des mains. La dimension spirituelle l'attirait beaucoup et il lui sembla qu'elle pourrait y acquérir des connaissances pertinentes à sa démarche personnelle. Sa mère, qui n'avait jamais cessé de songer aux attaques dramatiques de son enfance, lui conseilla fortement de s'éloigner de toutes approches faisant appel à l'intervention de l'au-delà. Mais Judith n'y vit rien de dangereux et elle poursuivit ses projets.

Les craintes de sa mère se justifièrent lorsque, dans le cadre de son cours, Judith se fit stimuler ses chakras. La personne responsable de la formation ouvrait les points d'énergie sans avoir pris la peine de connaître l'histoire intime de chacun de ses élèves. Chez Judith, cela eut comme effet de briser la protection en énergie qui lui avait été accordée et qui fonctionnait très bien depuis vingt-deux ans.

L'agresseur de son enfance, qui attendait patiemment ce moment, en profita aussitôt pour reprendre ses attaques malveillantes. Il en était d'autant plus heureux que c'était lui-même qui avait inspiré Judith à s'inscrire à une telle formation.

Le soir même, l'Esprit noir sortit brutalement Judith de son sommeil. Toute l'horreur de ses peurs d'enfant enfouies sous les plis de sa mémoire remonta à sa conscience. Le cauchemar recommençait comme si les vingt-deux années passées ne s'étaient jamais écoulées.

L'Esprit malveillant démontra beaucoup de rage et de haine. La virulence de ses attaques semblait traduire un défoulement de frustrations accumulées au cours des vingt-deux années où il ne pouvait plus bouger. Mais Judith n'était plus une enfant et elle s'opposa à lui par ses appels à Dieu. Voyant cela, l'Esprit lui siphonna plusieurs fois ses énergies vitales pendant qu'elle dormait. De graves problèmes de santé apparurent. Puis, il s'en prit à ses deux enfants. Il leur apparaissait à toute heure du jour et de la nuit, riant de la peur qu'il provoquait.

La mère de Judith me téléphona. Elle m'expliqua la situation et me demanda d'intervenir pour ramener la paix dans la vie de sa fille.

Comme convenu, Judith me téléphona à son tour. Je lui recommandai certaines invocations pour une période d'essai, car le fait qu'elle demeurait très loin lui semblait un empêchement majeur à une première rencontre.

Judith me rappela quelques jours plus tard. Elle avait très peur. Elle me rapporta qu'en lisant mon livre, l'Esprit s'était matérialisé près d'elle. Il lui arracha le volume et le jeta violemment contre le mur. Puis, elle ajouta que depuis notre conversation téléphonique, il ne cessait de lui ordonner de se suicider, lui précisant que c'était la seule façon de se libérer de lui.

Judith se sentait vraiment sans ressource. L'escalade des derniers jours l'avait finalement décidée à faire en sorte que nous puissions nous rencontrer.

Le fait qu'il s'en soit pris à mon livre était un signe encourageant. Il était bien évident qu'il y percevait un obstacle qu'il ne pourrait surmonter.

Nous nous rencontrâmes un jour de mai. Le soleil brillait de tous ses feux, nous donnant un avant-goût des douces journées de l'été.

Judith me parut très ébranlée. La peur et l'épuisement se lisaient dans son regard. Elle se montra d'une extrême politesse, mais la réserve qu'elle exprimait pouvait aussi laisser croire à une certaine méfiance face à ce qui pourrait advenir pendant notre échange.

Dès le début, Judith me fit part d'une idée intuitive qu'elle avait reçue et qui dévoilait l'identité de celui qui l'assaillait. Sans savoir pourquoi, elle croyait que l'Esprit qui lui en voulait tant était son grand-père décédé deux ans avant sa naissance. Elle sortit une photo de l'homme qu'elle n'avait donc jamais connu de sa présente vie.

Je fis mes invocations pour recevoir l'assistance des Esprits de lumière. Lorsqu'ils se montrèrent, j'invoquai l'Esprit du grand-père de Judith. Les yeux fermés, je reçus l'image d'un Esprit très noir à la stature imposante. Je m'adressai à lui en l'invitant à suivre les conseils des Esprits bienveillants venus jusqu'à nous. Je lui expliquai toutes les souffrances qu'il se réservait par son attitude négative et je l'invitai à profiter de la chance qui lui était offerte.

Après quelques minutes, les informations me parvinrent d'un Guide venu nous aider. Judith avait vu juste. Il s'agissait bien de son grand-père avec qui elle avait des liens qu'elle n'aurait jamais soupçonnés.

Judith était l'Esprit réincarné de sa propre grand-mère. Autrement dit, sa grand-mère et elle ne faisaient qu'une seule et même personne.

À l'époque où elle avait été l'épouse de son grand-père, elle l'avait fait beaucoup souffrir. Son égoïsme les avait empêchés de profiter de ce que leur avait offert l'existence terrestre. À sa mort, son époux fut soulagé de quitter sa compagne devenue, au fil des ans, une véritable tortionnaire du cœur. Lorsqu'il mourut, il tenta un rapprochement, mais elle se montra aussi injurieuse que de son vivant. La haine devint alors le seul lien qui les unissait.

Lorsqu'elle se réincarna dans son corps actuel, son époux y vit l'occasion rêvée de se venger de ses années de souffrance. Il l'attaqua dès l'âge de trois ans, bien décidé à lui rendre toute la monnaie de sa pièce.

Il aurait pu profiter de l'interdit de vingt-deux ans dont Judith avait bénéficié. Il aurait pu s'amender et reprendre le chemin de la lumière, mais sa douleur et sa haine l'aveuglaient et le rendaient sourd aux conseils généreux des Esprits de lumière qui l'approchaient.

En inspirant son identité à Judith, l'Esprit avait ouvert la porte à sa libération. Je profitai de cette ouverture pour lui parler de tous les avantages dont il s'était privé depuis son décès. Je l'invitai à prendre la main généreuse que nos amis de lumière lui tendaient.

Soudain, tout devint silencieux. Les images cessèrent. Le contact était coupé. Le défunt avait quitté Judith, accompagné de la lumière qui, seule, pouvait le soulager. Quant à Judith, elle était enfin libérée. Il ne lui restait qu'à bien enraciner, tout au long de sa vie, les qualités qu'elle développait pour ne plus refaire les erreurs passées.

Deuxième cause :

La deuxième cause de hantise nous démontre la grande importance de nous détacher au plus tôt de toute emprise que le monde matériel pourrait exercer sur nous. Ce sont les cas de hantise de lieux où les Esprits errent sans relâche malgré les belles possibilités de l'au-delà qui leur sont offertes. Comme dans les hantises sur les personnes, ces entités expriment toujours un important degré d'orgueil et d'égoïsme. Leur intelligence peut parfois être grande, mais leur connaissance est toujours fort limitée sur l'essence de l'existence des mondes matériels et pseudo-matériels. Plusieurs d'entre eux sont tellement obnubilés par leurs pulsions fortement incrustées dans leur périsprit opaque, qu'ils ignorent même ce qu'ils sont vraiment et ce vers quoi ils doivent se diriger.

Les demandes d'aide spirituelle peuvent exiger un laps de temps relativement long pour les plus entêtés d'entre eux, mais, souvent, le rappel d'amour engendré par le prieur suffit à les amener à écouter les bons conseils et à se prendre sérieusement en main.

UN PÉRISPRIT TRÈS OPAQUE

Laurette venait d'acheter sa première maison. Le bungalow avait souvent changé de propriétaire, mais chacun d'eux avait toujours apporté beaucoup de soins à son entretien. Laurette avait donc acquis une excellente propriété malgré les cinquante années de son existence.

Le premier mois se passa sans histoire. Laurette et les siens travaillaient comme de véritables abeilles. Toute la maison prenait progressivement les allures de ses habitants.

Une fois qu'ils furent bien installés, Laurette commença à sentir une présence invisible qui s'imposait à elle. Au début, elle mit cette curieuse impression sur le compte de la fatigue qui stimulait son imagination. Mais, peu à peu, elle comprit que quelque chose de particulier se passait chez elle.

Une nuit où Laurette ne parvenait pas à s'endormir, les manifestations prirent un caractère beaucoup plus agressif. Elle était seule dans sa chambre, son mari étant parti pour son quart de travail. Couchée sur le ventre, elle cherchait le sommeil avec impatience. Soudain, elle sentit le lit s'affaisser près de ses pieds. Croyant que c'était son jeune garçon, elle se tourna pour lui demander ce qui n'allait pas. À sa grande stupéfaction, elle ne vit personne près d'elle. Elle recula instinctivement ses pieds. Le matelas demeurait toujours affaissé, comme si quelque chose de lourd et d'invisible se tenait sur le lit. Une peur incroyable l'envahit lorsque la masse se déplaça sur les couvertures. Laurette percevait très bien la forme de pieds qui marchaient sur son lit. Elle bondit et alluma toutes les lumières de sa chambre. Le phénomène cessa immédiatement.

Laurette se leva, se fit du café et ne se recoucha qu'au retour de son mari.

Le calme des jours qui suivirent fit douter Laurette de la réalité de ce qu'elle avait vu. Le bonheur de croire à son erreur fut cependant de courte durée.

Son jeune frère s'annonça pour la fin de semaine. Comme le sous-sol avait été aménagé par les anciens propriétaires, elle l'installa dans une chambre.

Dès la première nuit, elle vit son frère arriver

brusquement au rez-de-chaussée. Il était blanc de peur. Il lui raconta nerveusement ce qui lui était arrivé.

Le jeune homme dormait. Une grande sensation de froid l'avait éveillé. Il avait ouvert les yeux. À cet instant, il avait senti des mains glacées le caresser. Il était sorti de la chambre à la vitesse de l'éclair et avait rejoint d'un seul trait les autres qui dormaient au-dessus.

Le frère de Laurette refusa de redescendre se coucher. Il préféra finir la nuit sur le plancher, tout près du lit de Laurette.

Le lendemain, Laurette confia à son frère ce qu'elle avait également vécu quelques jours plus tôt. Le jeune homme décida aussitôt de quitter les lieux en conseillant à sa sœur d'en faire autant.

Il raconta sa mésaventure à Sylvaine, sa sœur aînée, qui voulut vérifier par elle-même l'authenticité de ses propos. Elle téléphona à Laurette et lui demanda si elle pouvait passer quelques jours chez elle. Comme son mari en avait encore pour quelques nuits à travailler, Laurette accepta avec un grand plaisir.

Sylvaine était du genre plutôt fantasque. Elle croyait à l'existence de semblables phénomènes et y voyait une excellente occasion de pouvoir en vérifier elle-même les données.

Sylvaine s'installa dans la même chambre qu'occupait son frère. Elle s'endormit rapidement. Vers deux heures du matin, elle sortit brusquement de son sommeil. Des mains invisibles lui empoignaient les pieds. Elles étaient tellement glacées que Sylvaine avait l'impression qu'elle allait elle-même être congelée. Elle tenta instinctivement de retirer ses pieds, mais la poigne des mains invisibles l'empêcha de faire le moindre mouvement. Sylvaine cria à Laurette de venir la secourir. Sa naïve curiosité fut rapidement étouffée par une peur qui la transit dans tout son corps. Laurette, qui ne dormait pas, arriva quelques secondes plus tard. Le phénomène cessa immédiatement et Sylvaine remonta presque en courant.

Sylvaine décida de faire appel à mon aide pour libérer sa sœur de son problème. Elle comprenait maintenant à quel point une hantise pouvait devenir virulente et même très menaçante pour la sécurité de ceux et celles qui en sont les victimes.

Nous nous fixâmes un rendez-vous chez Laurette pour la semaine suivante. Je demandai à Sylvaine de s'informer entre-temps sur l'histoire de la maison et de ses habitants. Je lui expliquai l'importance de posséder ces informations pour mieux centrer notre intervention.

Lorsque j'arrivai chez Laurette, je me sentis accueilli par une présence qui me surveillait à distance. Je visitai les lieux et je décidai de faire notre invocation dans la chambre du sous-sol qui me semblait le coin préféré de l'Esprit errant.

Dès le début de mes appels à l'aide divine, je vis l'entité par image intérieure. Je la décrivis à Laurette qui m'accompagnait. Je m'adressai à l'Esprit en l'invitant à se prendre en main dans sa nouvelle dimension d'existence. Je tentai de le sensibiliser au temps précieux qu'il gaspillait en errant dans notre monde d'épreuves temporaires. Je l'invitai enfin à suivre les Esprits de lumière que mes invocations avaient attirés près de lui.

Quand j'eus terminé, Laurette me confirma que la description que je lui donnais correspondait exactement à celle du premier propriétaire qui avait construit la maison. Il était décédé depuis une trentaine d'années. Laurette se souvenait très bien de lui, car elle le voyait parfois, dans son jeune âge, lorsqu'elle venait dans le quartier.

Je me concentrai de nouveau et demandai à mon équipe de nous éclairer pour mieux aider l'Esprit à s'en sortir. Nous reçûmes ainsi la confirmation qu'il s'agissait bien de celui dont Laurette parlait.

J'indiquai à Laurette les invocations qu'elle devait continuer de faire pour convaincre l'Esprit de quitter les lieux et trouver la paix dans son cœur. Je lui recommandai de les poursuivre pendant un mois même si aucun signe ne se manifestait.

Je revis Laurette après ce délai lors d'une conférence. Elle me confirma que la paix était revenue dans sa maison. Elle me rapporta les informations qu'elle avait obtenues de ses voisins qui vivaient là depuis près de quarante ans. Ils lui décrivirent le défunt comme un être taciturne et renfermé. Il ne parlait pas beaucoup au voisinage. Après la mort de sa femme, il passait toutes ses journées dans son petit atelier du sous-sol. La pièce se situait là où la chambre à coucher avait été aménagée par les acheteurs de la maison après son décès.

Depuis tout ce temps, le défunt était demeuré dans sa propriété. Il ne s'était pas libéré de ses biens terrestres. Il n'avait pas compris qu'ils ne pouvaient plus lui servir et qu'il devait partir. Il cherchait maladroitement à chasser les incarnés qui prenaient possession des lieux, en ne comprenant pas que plus rien ici ne pouvait lui appartenir. Peut-être attendait-il encore son épouse qui n'avait pu ou voulu l'accueillir.

Quoi qu'il en soit, l'entité avait enfin su écouter les généreux Esprits de lumière venus jusqu'à lui.

UNE MAISON FORT ATTRAYANTE

Évelyne et son mari désiraient acquérir une maison de style ancien. Ils avaient effectué quelques démarches pour s'en faire construire une, mais les prix exorbitants les avaient convaincus qu'ils devaient s'en dénicher une déjà toute faite.

Leurs nombreuses balades dans tous les coins de leur région leur firent découvrir une vieille maison fort attrayante qui répondait exactement à ce qu'ils cherchaient.

Son style s'inspirait directement de la mode victorienne. Ses briques brunes, ses vérandas angulaires, ses frises finement décorées lui donnaient un air du siècle dernier.

L'intérieur était superbe. Les plafonds étaient hauts, de magnifiques boiseries au vernis semi-lustré accentuaient la richesse de l'ensemble. Le moindre lambris semblait raffiné.

Le prix était fort abordable. Certaines réparations s'imposaient, mais Évelyne et son mari conclurent une excellente affaire. Comme la maison n'était plus habitée, les nouveaux propriétaires prirent donc possession des lieux dans la semaine qui suivit.

Pendant leur visite, les deux grandes portes donnant sur le salon étaient demeurées verrouillées. Comme l'accompagnateur n'en avait pas trouvé la clef, ils avaient convenu qu'ils procéderaient plus tard à leur ouverture en forçant simplement la serrure.

Évelyne y découvrit une situation très curieuse. La pièce était merveilleuse. Un magnifique plafonnier trônait sur l'ensemble. Une cheminée au style superbe était généreusement éclairée par de larges fenêtres encastrées dans de magnifiques boiseries qui en rehaussaient la luminosité.

Ce qui semblait insolite, c'étaient tous ces vieux objets placés pêle-mêle comme dans un grenier. On aurait dit une pièce à débarras qu'on aurait condamnée.

Évelyne fit l'inventaire des vieilleries qui s'y trouvaient. Elle jeta tout, finalement. Rien n'était attirant, sauf un vieux fauteuil berçant. Il était démonté. Elle le conserva pour sa beauté exceptionnelle. Il ne faisait aucun doute qu'il avait une grande valeur. Son mari l'assembla minutieusement. Le meuble était noir. Le dossier, les appuie-bras, les pattes et les berceaux étaient massifs et finement sculptés. Le cuir du siège avait conservé sa souplesse. Évelyne le plaça près de la cheminée qui en accentuait le style particulier.

Les semaines passèrent. Évelyne était maintenant bien installée avec sa petite famille. Ses deux enfants adoraient la maison. Ils la trouvaient spacieuse et pleine de qualités.

Un phénomène bizarre se manifesta dès qu'Évelyne et les siens eurent fini de bien s'installer. En entrant dans le salon jadis condamné, Évelyne sentait une imposante présence qu'elle ne pouvait voir ni définir avec précision. C'était comme une intelligence invisible qui tenait à faire connaître ses droits. Dès qu'Évelyne s'approchait du gros fauteuil berçant, une peur irraisonnée s'emparait d'elle. Le phénomène prit progressivement de l'ampleur. Au début, Évelyne se trouvait un peu sotte de craindre un simple meuble, mais le malaise, qui l'empêchait même d'entrer seule dans le salon, prit finalement le dessus sur sa raison. Après trois mois d'hésitation, elle décida de se débarrasser du fauteuil.

Le soir même, des manifestations, d'une nature jusque-là inconnue d'Évelyne et des siens, s'enclenchèrent dans toute la maison. Tout d'abord, il y eut de la musique folklorique qui résonna à tue-tête. C'était comme une fête instrumentale qui ne voulait pas s'arrêter. Personne ne pouvait songer à dormir dans un tel tintamarre. Comme la source en était inconnue, il semblait impossible de pouvoir y mettre fin. Plus tard dans la nuit, après une brève accalmie, des voix menaçantes mirent Évelyne et les siens en demeure de quitter les lieux.

Une grande peur faisait intérieurement trembler Évelyne, mais son caractère combatif la poussait à résister à cette force invisible. Pour elle, il n'était pas question que des étrangers, de surcroît invisibles, viennent envahir sa propre maison.

Après deux petites heures de sommeil en toute fin de nuit, Évelyne se leva, éveillée par les premiers rayons du soleil matinal. Le calme était revenu comme au premier jour de leur arrivée. Elle descendit à la cuisine préparer son petit-déjeuner. Son mari la rejoignit presque aussitôt. Ils parlèrent de la situation. Évelyne exprima sa ferme intention de demeurer sur place, défiant presque cette force qui brisait son rêve.

Les manifestations devinrent de plus en plus insistantes. Voyant qu'ils ne pouvaient pas impressionner Évelyne à leur goût, les Esprits errants s'en prirent aux enfants qui se faisaient brusquement éveiller par de violentes gifles au visage. Des cris à déchirer leur âme retentissaient directement dans leurs oreilles, figeant tout leur être dans une peur indescriptible. Les entités poussèrent même leur effronterie jusqu'à les jeter en dehors de leur lit. La situation devenait tout à fait invivable. Le jour, personne n'osait plus se déplacer seul dans la maison. La nuit, tout le monde dormait dans la même pièce. Collés les uns contre les autres, ils attendaient que la fatigue vienne à bout de leur peur.

Évelyne fit rapidement certaines démarches pour régler le problème. Tout le monde voulait quitter ce lieu maudit et Évelyne était bien décidée à tout tenter avant cette ultime capitulation.

Elle rencontra un prêtre, puis une médium qui lui confirma que sa nouvelle maison était hantée par des entités malveillantes refusant de partager les lieux. Elle se fit indiquer les invocations nécessaires pour convaincre ces Esprits qu'ils n'y avaient plus leur place.

Dès le début des appels à l'aide, les manifestations perdirent beaucoup d'intensité. Les attaques physiques sur les enfants avaient cessé. Seules des boules de lumière, souvent d'un rouge vif, se promenaient dans la pièce où ils se trouvaient. Elles prenaient parfois l'apparence de véritables boulets de feu qui fonçaient sur eux, mais sans jamais les toucher.

Évelyne et les siens invoquèrent Dieu avec beaucoup de ferveur pendant plusieurs mois. Finalement, ils se levèrent un matin avec l'impression partagée que leurs hôtes invisibles avaient quitté les lieux. Ils redoublèrent l'intensité de leurs demandes pendant une semaine pour s'assurer qu'ils ne reviendraient pas. Le calme avait repris la place qui lui était due.

Les enfants d'Évelyne furent très ébranlés par toute cette expérience, mais l'insouciance de leur jeune âge et l'amour qui les entourait eurent vite fait de reléguer tous ces souvenirs dans les oubliettes de leur pensée. La vie reprit progressivement son cours, assistée des Anges gardiens qui veillaient à l'écoulement prévu du plan de vie de leurs protégés.

Évelyne sortit très enrichie de cette expérience. Elle voyait un côté positif à son caractère combatif qui lui avait parfois joué de vilains tours. Elle savait, de plus, que la vie consciente et intelligente des dimensions de l'au-delà était une solide réalité à laquelle il fallait tous se préparer.

UN MONSIEUR CAPUCHONNÉ

Christine et son époux faisaient partie de la horde des gens bien-pensants dont la spiritualité se borne aux dogmes des rituels de leur religion. Pour eux, toute manifestation spirituelle qui débordait de ces limites entrait dans l'expression complexe de la maladie mentale.

Les deux conjoints avaient fait l'acquisition d'une magnifique résidence dont le prix était bien en deçà de sa valeur réelle. L'ancien propriétaire l'avait quittée sans raison apparente, laissant à ses créanciers le soin de la saisir et de la mettre en vente pour rembourser leur hypothèque.

Trois mois après que le couple eut aménagé, leur petite fille de trois ans commença à leur parler d'un monsieur capuchonné qui lui rendait visite le soir lorsqu'elle tentait de s'endormir. Un peu plus tard, l'enfant, qui s'amusait dans sa chambre, en sortit rapidement. Elle rejoignit ses parents en leur rapportant que le monsieur tentait de lui faire mal. Christine rappela à l'enfant que jusqu'à ce jour elle leur avait toujours dit qu'il était gentil. La petite lui répondit que parfois il l'était et que d'autres fois il était méchant. Convaincue qu'il ne s'agissait que d'un simple jeu imaginatif de son enfant, Christine la rassura et lui dit qu'elle pouvait retourner jouer sans danger.

Le soir, lorsque la petite se coucha, Christine l'entendit parler dans sa chambre. Elle s'approcha lentement. Elle aperçut la fillette assise sur son lit. Elle regardait vers un coin de la pièce. Sa tête était levée comme si elle regardait quelqu'un qui conversait avec elle. Christine entra et lui demanda à qui elle parlait ainsi. L'enfant lui répondit qu'elle échangeait avec le monsieur capuchonné qui était là. Elle pointa du doigt le coin de la pièce. Christine lui dit de cesser ce jeu et de s'endormir tout de suite.

Deux jours plus tard, Christine et sa fillette étaient seules dans la maison. Alors qu'elles venaient de s'asseoir dans le petit salon du sous-sol, des pas résonnèrent lourdement sur le plancher du rez-de-chaussée. Christine monta rapidement en demandant qui était là. Elle n'obtint aucune réponse. Elle fit le tour de toutes les pièces. Personne d'autre ne se trouvait dans la maison. Elle vérifia les portes. Les verrous n'avaient pas bougé. Une peur l'envahit lorsque la petite accourut vers elle en se tenant les mains sur les oreilles. Elle se jeta dans les bras de Christine en pleurant. Elle lui expliqua que le monsieur essayait de lui mordre les oreilles. Mais Christine ne voyait rien ni personne.

Lorsque son époux rentra du travail, elle lui raconta ce qui s'était passé. Il lui répondit que l'imagination pouvait jouer de très vilains tours, surtout lorsqu'un enfant s'amusait avec un personnage imaginaire. Christine se sentit sécurisée par ces propos rationnels.

Le lendemain matin, son soulagement prit les traits de la panique. Des objets s'étaient déplacés pendant la nuit. Christine tira immédiatement ses conclusions : la maison qu'ils venaient d'acquérir était hantée. Dans un premier temps, son époux ne voulut pas endosser une position aussi hardie, mais l'escalade des manifestations eut bientôt raison de son scepticisme fermé.

Je rencontrai la petite famille dans sa maison. Lorsque

j'avais à me déplacer pour m'occuper de hantise, je le faisais toujours seul, mais, cette fois-ci, par exception, mon épouse m'accompagnait. Après avoir visité les lieux et que Christine nous eut donné toutes les explications, j'invitai tout le monde à se regrouper au centre de la maison. Nous formâmes un petit cercle et j'adressai les invocations pour que puisse régner la paix.

Au début de mon intervention, je vis une ombre noire qui se promenait devant moi, semblant faire les cent pas. Puis, des lumières de protection s'illuminèrent tout autour de nous. Je m'adressai à Dieu pour qu'il permette que ma demande d'aide soit exaucée. J'invitai ensuite les Esprits de lumière à venir nous assister. Je m'adressai enfin à l'Esprit errant qui semait la peur auprès des habitants des lieux. Je lui expliquai la chance qui lui était donnée par nos invocations de se sortir de ses misères. Je l'invitai à la saisir, lui décrivant les nombreux avantages à cesser d'accumuler des dettes qu'il devrait rendre intégralement.

Après quelques minutes de concentration, je vis deux Esprits coiffés d'un capuchon. Je ne pouvais voir leur visage. Là, je compris qu'il y avait deux Esprits d'impliqués. L'un était bon et bienveillant pour l'enfant, et l'autre empruntait l'apparence de l'Esprit protecteur pour tromper la vigilance de l'enfant. C'était donc logique que la petite nous dise que le monsieur était parfois gentil et parfois méchant.

Je continuai mes appels en soulignant à l'entité que nos intentions n'étaient pas mauvaises envers lui, que chacun ne voulait que la paix, autant pour eux que pour lui. Là, je vis une scène très touchante. L'Esprit qui hantait les lieux se rapprocha d'un Esprit de lumière venu nous aider. Il se blottit doucement dans ses bras. Il posa sa tête sur son épaule et se mit à pleurer. Un calme presque palpable envahit toute la maison. L'Esprit noir quitta les lieux en compagnie de ses frères lumineux lui montrant la route libératrice.

En ouvrant les yeux pour annoncer que tout était fini, je vis mon épouse essuyer des larmes qui perlaient entre ses paupières. Je lui demandai ce qu'elle ressentait. Elle m'expliqua qu'elle s'était sentie entourée d'un amour tellement pur et grand qu'elle avait eu peine à contenir ses émotions. Christine et son époux ajoutèrent qu'un calme particulier avait pris la place de leurs craintes.

Avant de partir, j'indiquai à Christine les invocations qu'elle devait faire avec son époux. Celles-ci et leur délai étaient nécessaires pour assister l'entité dans ses efforts de prise en main.

Sur le chemin du retour, ma femme me fit part de la découverte que l'expérience lui avait permise. Elle se dit surprise que tant d'amour puisse se concentrer à la suite de pareilles interventions. Je sentis qu'elle était heureuse de collaborer, par sa tolérance et sa compréhension, à une œuvre bien humble, mais nous rapprochant autant de nos frères de lumière.

Troisième cause :

La troisième cause de hantise découle directement de la victime elle-même. En effet, dans ces cas, les auteurs de l'Invisible sont littéralement invités à venir s'immiscer dans notre monde matériel.

Ces invitations peuvent prendre une forme indirecte, mais, encore là, elles expriment une épouvantable imprudence et une grande méconnaissance des lois qui régissent les relations entre le monde des vivants et celui des morts. Voyons l'exemple suivant où une des victimes outrepassa ces règles pendant que son corps physique dormait. Ce cas nous rappelle l'importance de la prière avant de nous endormir pour demander toute l'assistance dont nous pourrions avoir besoin pendant nos heures de sommeil.

UNE PETITE FILLE DE HUIT ANS

Lorsque Marion me téléphona pour faire appel à mon aide, elle se dit au bout de ses ressources. Sa fille unique âgée d'à peine huit ans semblait la cible d'un Esprit malveillant qui se manifestait à travers elle.

Tout avait commencé quelques semaines plus tôt. Alors que Marion revenait de ses cours de méditation, de grands courants d'air froid commencèrent à circuler autour d'elle. Elle vérifia les fenêtres et la porte d'entrée, mais tout était bien étanche. Ensuite, le chat commença à agresser un être invisible qui semblait s'en prendre à lui. Enfin, les appareils électriques commencèrent à se mettre en marche d'eux-mêmes, dans le but évident d'impressionner Marion.

Jusque-là, Marion se sentait en mesure de faire face à l'intrus qui troublait sa quiétude. Mais elle fut bientôt saisie de panique lorsque l'Esprit s'en prit à sa fille. Catherine s'éveillait en pleine nuit et venait parler à sa mère. Sa voix n'était plus la même et elle proférait des injures de toutes sortes. Marion était figée de peur. Le regard de la petite devenait si dur qu'il lui glaçait le sang dans les veines.

Marion en parla à son professeur de méditation qui, pour cacher son impuissance, prétexta ne travailler qu'avec les Esprits de lumière. Comme si leur intervention n'était pas nécessaire pour solutionner un tel problème...

Marion se tourna ensuite vers un prêtre qui lui conseilla de consulter un bon psychologue. Puis elle vit une personne qui se disait voyante, mais cette démarche ne lui apporta que de nouvelles inquiétudes. Enfin, elle pria du mieux qu'elle put, mais dans une approche qui ne convenait vraiment pas à une telle situation. C'est finalement une de ses amies qui lui conseilla de me demander mon avis.

À cette époque, il m'arrivait encore de me déplacer directement chez les gens. Vu l'urgence de la situation, et comme mes disponibilités me le permettaient, nous fixâmes notre rendez-vous pour la fin de semaine suivante.

Le lendemain de son appel, Marion me téléphona de nouveau. Elle me rapporta que, dans la soirée, l'Esprit avait intensifié ses manifestations comme s'il voulait exprimer sa colère. Le téléviseur se mettait en marche et s'éteignait sans arrêt. Le répondeur téléphonique semblait devenir fou. Les lumières s'allumaient dans toutes les pièces. Le manège durait plusieurs minutes qui lui paraissaient une éternité. C'est en pensant à demander l'aide de mon équipe de l'au-delà dont je lui avais parlé que le calme se rétablit.

Marion avait très peur, mais je la rassurai en lui signalant que cette intensification des manifestations était un très bon signe pour l'efficacité de notre intervention. L'Esprit semblait avoir compris qu'il devait cesser et il en exprimait ainsi toute sa frustration.

Après mon arrivée chez Marion, nous discutâmes quelques minutes sur tout ce qui lui arrivait. Marion me parla alors d'un proche qui était décédé depuis un an et qu'elle soupçonnait d'être l'auteur de toutes ces manifestations. Catherine, ébranlée par les événements des dernières semaines, se blottissait contre sa mère.

Lorsque je fis mes prières pour demander l'assistance des Esprits policiers et de toute mon équipe, je perçus nettement l'entité qui hantait les lieux. Il ne s'agissait pas du défunt dont Marion m'avait parlé.

L'Esprit avait l'apparence d'un homme âgé d'environ soixante à soixante-cinq ans. Son allure courbée et les sillons creux de sa peau épaisse lui donnaient les traits d'un alcoolique fatigué.

Un Esprit de lumière me fit voir que Marion avait attiré l'agresseur invisible en revenant d'une incursion interdite dans le bas astral. En arrivant chez elle, l'Esprit avait reconnu les dons médiumniques utilisables de Catherine et même ceux de Marion à qui il pouvait prendre l'énergie nécessaire à ses manifestations. Il s'était donc installé dans le logis où il retrouvait d'intéressantes possibilités pour ses pulsions intimes.

Lorsque je lui adressai la parole pour l'inviter à partir, je cessai de le percevoir. Je continuai mes appels. Après quelques minutes, je le vis à nouveau. Il quittait les lieux. Deux Esprits lumineux l'accompagnaient. Vu l'intensité des manifestations, je fus surpris de la rapidité de son repentir. Sans doute que mes pensées l'avaient touché directement par les paroles inspirées qu'il devait entendre.

Par mesure de prudence, j'imposai des croix de protection sur la petite Catherine pour éloigner tout Esprit malveillant qui pourrait chercher à s'en prendre à elle. Je vérifiai également la ligne d'énergie de Marion chez qui l'Entité avait puisé du fluide vital. Nous apportâmes ainsi les correctifs nécessaires pour que sa santé physique n'en subisse pas de contrecoup.

Avant de partir, je conseillai à Marion de prier Dieu pour qu'elle reçoive en astral tous les conseils dont elle avait besoin pour bien utiliser ses heures de sommeil. Le calme revint définitivement dans la maison de Marion, et Catherine ne fut plus importunée.

***

Ces invitations malsaines, causées par notre négligence, peuvent prendre un caractère beaucoup plus direct. Le cas suivant nous démontre bien jusqu'où l'ignorance et le manque de sagesse peuvent nous pousser. La victime aurait pu en subir de graves séquelles qu'elle put heureusement éviter.

UNE GRANDE NAÏVETÉ

Dans sa grande naïveté, Florette avait cherché à connaître la réalité de l'au-delà en tentant de se plonger dans un état de mort temporaire. Elle passa à un cheveu de ne jamais en revenir.

Lorsqu'elle reprit ses sens, Florette n'avait gardé aucun souvenir de son périple dans l'après-mort, mais des entités, qu'elle y avait rencontrées, l'avaient accompagnée dans son voyage de retour.

Les premiers signes de la présence de ses nouveaux compagnons se manifestèrent par des bruits de pas qui retentissaient tout près d'elle. Des pieds invisibles venaient fouler le sol partout où elle se déplaçait.

Au début, elle trouva la situation amusante, mais les visiteurs de l'au-delà prirent de plus en plus de place dans son quotidien. Au fil des jours, l'escalade de leurs manifestations prit une ampleur qui lui fit amèrement regretter son geste irréfléchi.

Tout d'abord, en plein milieu de la nuit, la vaisselle se mit à danser dans les armoires de cuisine, provoquant un vacarme qui éveillait toute la maisonnée. Ensuite, pour mieux s'amuser, les invisibles se matérialisèrent dans des formes impressionnantes qui inspiraient la peur à Florette et aux siens.

Des mains invisibles venaient lui flatter les cheveux dans les moments les plus dérangeants. Puis, Florette était brusquement sortie de son sommeil par les lumières de sa chambre qui s'allumaient et s'éteignaient successivement, comme dirigées par un chorégraphe maniaque et sans gêne.

Les agresseurs s'en prirent ensuite à l'automobile de Florette. Ils s'amusaient à verrouiller les portières lorsque ses clefs étaient à l'intérieur et à les déverrouiller dans des situations où la sécurité exigeait le contraire.

Ils revenaient ensuite dans la maison, s'amusant à faire tomber les bibelots qui se fracassaient sur le sol. Ils allèrent même jusqu'à dévisser les ampoules électriques qui chutaient devant Florette.

Lorsqu'elle me téléphona, la hantise prenait une ampleur qu'elle ne pouvait supporter. On s'emparait d'elle pendant son sommeil pour tenir des discours en langues étrangères que personne ne pouvait décoder.

Lorsque Florette m'expliqua la situation, je compris qu'elle devait implorer Dieu de façon intense, car elle avait grandement favorisé ce qui lui arrivait.

Après avoir soigneusement expliqué mes recommandations, nous prîmes rendez-vous pour qu'elle puisse recevoir les croix de protection dans son périsprit. Finalement, après ces efforts conjugués, les visiteurs invisibles retournèrent dans leur patelin.

Quant à Florette, elle avait compris tout le sérieux des rapports que nous devons entretenir avec l'au-delà. Elle en mesurait désormais les conséquences. Son expérience lui avait démontré que les Esprits ne sont pas nos jouets et que certains d'entre eux pouvaient avoir conservé des faiblesses morales qui en font des criminels aussi dangereux que de leur vivant.

***

Une autre forme d'invitation directe auprès des Esprits malveillants prend l'image inoffensive d'un jeu qui, malheureusement, tend à se répandre de plus en plus. Le fait qu'il paraisse banal le rend encore plus dangereux. Je parle ici de la planche Ouija qui constitue une porte grande ouverte aux habitants du bas astral pour venir s'immiscer en toute quiétude dans le quotidien de notre monde terrestre. En invitant les Esprits, ces incarnés insouciants annulent d'eux-mêmes la protection dont ils profiteraient normalement. Ils s'exposent alors à devoir assumer les conséquences de leur légèreté que leur libre arbitre leur a permis d'appliquer.

Il n'y a pas tellement longtemps, j'entendais à la télévision un homme, que l'on qualifiait de spécialiste et dont le titre semblait pourtant crédible, affirmer avec un sourire béat que la planche Ouija n'était qu'un simple jeu inoffensif. Or, les nombreux cas de hantise qui y prirent leur origine et pour lesquels on fit appel à mon aide me démontrèrent tout à fait le contraire. Voyons ensemble quelques exemples bien précis qui décrivent le sérieux que peuvent prendre les hantises qui se déclenchent par l'utilisation de ce jeu. Encore là, nous voyons le rôle capital que joue l'appel à l'assistance de l'au-delà pour assurer une libération complète et permanente.

DES ESPRITS FRUSTRÉS

Lorsque Rémi, un copain de ma fille, arriva à la maison, nous discutions d'un cas de hantise qui avait été déclenché par l'utilisation du jeu Ouija. Comme il s'intéressait au sujet, il s'introduisit dans notre conversation, me questionnant pour mieux connaître les implications potentielles d'un tel jeu.

Dans la même semaine, le jeune frère de Rémi lui parla d'un jeu bizarre que son ami avait reçu en cadeau d'anniversaire. La description qu'il en donna fit rapidement comprendre à Rémi qu'il s'agissait d'un jeu Ouija. Rémi s'empressa d'expliquer à son frère cadet les dangers que pouvait engendrer l'utilisation de la planche aux allures inoffensives. Il lui fit promettre de ne jamais participer à ce jeu.

Le jeudi suivant, au dépanneur où il travaillait, Rémi rencontra le père du jeune garçon qui avait reçu le Ouija en cadeau. Tout en s'excusant, il lui fit part de ce que son jeune frère lui avait rapporté et lui parla des dangers du jouet qu'il avait donné à son fils. L'homme lui répondit que si le Ouija était dangereux, il ne serait pas vendu dans les magasins. Rémi lui fit remarquer que les armes à feu étaient vendues en magasin même si elles étaient dangereuses. Son interlocuteur ne répondit pas et quitta le dépanneur.

Moins de quinze minutes plus tard, le téléphone sonna. C'était pour Rémi. Rendu chez lui, le père du jeune garçon avait raconté à son épouse les propos de Rémi. Elle s'en était inquiétée et voulait savoir s'il était vrai que le jeu Ouija pouvait être dangereux pour son enfant.

Rémi lui transmit les grandes lignes des informations que je lui avais données. Tout à coup, il entendit un imposant grognement sortir du récepteur téléphonique. C'était à la fois humain et animal. Des frissons parcoururent tout le corps de Rémi. Son ouïe semblait subitement se fermer à tout ce qui l'entourait. Seuls les grognements parvenaient jusqu'à lui. Ensuite, il ne put même plus parler, comme si les sons impressionnants avaient figé son cerveau.

Rémi fut ramené à sa conscience par les appels répétés de son interlocutrice qui se rendait bien compte que quelque chose n'allait pas. Lorsqu'il put parler de nouveau, la dame lui demanda pourquoi il avait cessé ses explications et pourquoi il ne lui répondait pas. Rémi voulut lui donner une réponse réconfortante, mais il ne pouvait plus construire de phrases. Il se sentait profondément désorganisé, comme s'il avait perdu le contrôle de sa personne. Il reprit progressivement ses sens et s'excusa auprès de la dame devenue très inquiète. Il lui fit part de ce qu'il venait de vivre et lui conseilla fortement de détruire cet instrument ouvrant la porte aux Esprits malveillants.

Le soir, lorsqu'il me rapporta son expérience, sa voix en tremblait encore d'émotion. Il me révéla qu'il craignait faire l'objet d'une vengeance de leur part. Je le rassurai en lui rappelant qu'il avait servi à empêcher le mal et que chaque Guide concerné lui était très reconnaissant. Je lui rappelai également la protection que lui garantissait son plan de vie dans tous les actes bienveillants qu'il commettait.

Je demandai quand même à mon équipe de veiller sur lui. Rémi n'eut jamais d'autres signes négatifs par la suite.

UN JEU BIEN DANGEREUX

À ses quatorze ans, Murielle avait reçu en cadeau d'anniversaire le fameux jeu Ouija. Le plaisir qu'il lui procura fut rapidement estompé par des désagréments prenant progressivement des allures cauchemardesques.

Ignorant la moindre notion des lois régissant les relations entre les morts et les vivants, elle s'amusait avec ses amis à parler aux Esprits, dont les intentions malveillantes se cachaient bien sous leurs propos de faux Anges de lumière. Sa mère, aussi ignorante qu'elle, y trouva un amusement intéressant pouvant lui faire découvrir les secrets de son avenir.

Au début, tout semblait aller dans la direction espérée. Mais lorsque leurs interlocuteurs de l'Invisible sonnèrent la fin de la récréation, le petit jeu aux allures inoffensives prit un visage fort inattendu.

Murielle, qui n'avait jamais vécu de phénomènes médiumniques; commença à entendre des voix, qui empruntaient différents timbres, mais dont les messages présentaient un point commun : la malveillance.

Les Esprits, au périsprit alourdi par une grande infériorité spirituelle, exigeaient un retour pour les heures de loisir qu'ils avaient procurées. Ils avaient répondu patiemment aux questions loufoques que les apprentis médiums leur avaient posées et, maintenant, ils voulaient bien rire à leur tour.

La médiumnité de clairaudiance de Murielle leur offrait d'intéressantes possibilités. De plus, sa naïveté et son ignorance en faisaient une victime parfaite.

Le jour, ils brisaient sa quiétude en lui livrant toutes sortes de propos déplacés sur les gens qui l'entouraient. Ils se moquaient de tous et de chacun. Ses parents, ses amis, ses frères et sœurs, ses voisins et même son chien leur servaient de cible pour répandre le fiel de leur haine.

D'abord, ils incitèrent Murielle à détester tout le monde. Plus tard, ils l'invitèrent à leur faire du mal. Leur attaque se centra ensuite sur Murielle elle-même. Ils lui tinrent des propos orduriers. Ils la diminuaient dans toute sa personne. Finalement, ils la poussèrent à franchir le seuil de la mort. Ils lui ordonnèrent régulièrement de se suicider. Ils lui dictaient de les rejoindre dans leurs ténèbres, lui hurlant qu'elle leur appartenait.

La nuit, ils la réveillaient par des bruits que seule Murielle pouvait entendre. Elle ne ressentait jamais de contact physique avec eux ni ne les voyait, mais les bruits qu'ils produisaient dans l'air et les propos qu'ils lui tenaient imposaient leur désagréable présence.

Murielle vint me consulter. Elle était avec sa mère qui m'exprima tout le regret qu'elle éprouvait. Elle me dit que si elle avait su, elle n'aurait jamais encouragé sa propre fille à échanger avec ces êtres dont elle ignorait la nature réelle. Elle ajouta rapidement, comme pour se déculpabiliser, qu'elle n'aurait jamais cru que l'on pût mettre en vente libre un jouet si dangereux. Pour elle, le simple fait qu'il se soit trouvé sur les tablettes d'un grand magasin de jouets prouvait qu'il était inoffensif.

Murielle dut recevoir des croix de protection sur ses oreilles périspritales et sur certains chakras. Nous dûmes également rééquilibrer sa ligne d'énergie qui avait été touchée par les Esprits noirs qui y puisaient le fluide dont ils avaient besoin pour se manifester. Murielle et sa mère durent également entreprendre une longue période d'invocations pour s'assurer que leurs invités indésirables quitteraient définitivement leur entourage.

UN JOUET QUI SEMBLAIT BIEN INOFFENSIF

Fleurette commençait à peine à se documenter sur les différentes expériences médiumniques. Ses premières lectures l'avaient littéralement emballée. La découverte de la pleine réalité de l'existence consciente au-delà de la mort physique lui apportait une rafraîchissante espérance à travers son quotidien plutôt difficile. Comme la plupart des néophytes du spiritisme, Fleurette voulut bientôt communiquer à son tour avec les trépassés qui pouvaient l'entourer.

Ce désir tomba directement dans l'oreille d'un Esprit peu scrupuleux qui y flaira une proie facile pour ses desseins égoïstes. Pour s'assurer d'atteindre sa victime, il utilisa Kathy, la fille de Fleurette, à peine âgée de quatorze ans. Il lui inspira de se rendre dans une certaine pharmacie. Kathy y entra sans besoin bien particulier. Il la dirigea ensuite par inspiration directe vers un étalage où se trouvaient des planches Ouija. Sur leur emballage, elles étaient décrites comme étant un jouet amusant qui permettait d'atteindre la voix de notre subconscient. Kathy pensa alors aux recherches de sa mère et acheta le jeu dans lequel elle voyait une façon agréable d'aborder les dimensions subtiles du spirituel.

Fleurette accueillit avec grande satisfaction cette belle initiative de sa fille. Sans attendre d'autres préambules, elles s'initièrent à la planche parlante aux apparences si inoffensives.

Comme l'Esprit du bas astral l'avait calculé, elles ne prirent aucune précaution pour s'assurer la protection de leur Ange gardien. Sans la moindre demande de protection, elles posèrent des questions frivoles visant leur intérêt matériel ou cherchant à scruter leur avenir. Tous leurs propos dégageaient une dangereuse légèreté qui attira les Esprits trompeurs à des kilomètres à la ronde. Les entités qui se manifestèrent par le jeu prirent la fausse identité de plusieurs de leurs proches décédés. Au fil des jours, leur tendance exagérée à donner des conseils irréfléchis et à dicter une conduite plus ou moins morale démasqua leur véritable nature. Fleurette comprit alors qu'elles étaient victimes d'une malveillante supercherie d'Esprits au cœur criminel. Elle décida de mettre fin à ces décevantes expériences et détruisit le Ouija.

Le soir même, Fleurette se coucha grandement soulagée. Elle se dit chanceuse d'avoir compris à temps que les contacts avec l'au-delà comportaient des risques dont il fallait sérieusement tenir compte. Elle s'endormit en pensant aux malheurs qui auraient pu en découler.

À peine assoupie, des cris provenant de la chambre de Kathy la firent bondir hors de son lit. Des bruits de griffes grattant les murs de sa chambre avaient sorti Kathy de son sommeil. Ils avaient ensuite persisté plusieurs secondes alors qu'elle était en plein état de veille. Aucune trace n'apparaissait cependant dans le papier peint. Toute la maisonnée se mit en prière et chacun se rendormit très tard dans la nuit.

Le lendemain, le père de Kathy suggéra l'idée d'un cauchemar éveillé, mais il révisa sérieusement sa position à mesure que la journée avançait. Du matin jusqu'au soir, tous les appareils électriques de la maison tombèrent en panne. Du mélangeur au grille-pain, du téléviseur au rasoir électrique, de l'aspirateur au séchoir à cheveux, rien ne semblait échapper à une force invisible qui sabotait tout ce qui fonctionnait à l'électricité.

La nuit suivante, les bruits de griffes retentirent de nouveau. Cette fois, ils se localisèrent dans la cuisine.

Leur son semblait amplifié et se répandait dans toute la maison. En se levant, Fleurette et les siens trouvèrent les essuie-tout perforés de multiples trous que seules auraient pu faire les griffes d'un gros animal.

D'impressionnants craquements retentirent ensuite dans les cloisons et le plancher de la maison. Ils donnaient l'impression que toute la construction allait éclater, mais rien de visible n'apparaissait.

Une grande peur s'installait progressivement dans le cœur de chacun. Ils prièrent tous ensemble comme jamais ils ne l'avaient fait auparavant. Tout rentra progressivement dans l'ordre, sauf pour Kathy qui subissait une constante et désagréable impression d'étouffement. La sensation disparut à son tour après de nombreux efforts d'appels à l'aide.

Lorsque je reçus Fleurette et Kathy, l'adolescente subissait encore certains effets du désordre énergétique que l'expérience avait laissés dans ses forces vitales. Nous pûmes heureusement y remédier rapidement.

N'eût été la sincérité de Fleurette, elle et les siens auraient pu subir des dommages beaucoup plus sévères. Les Esprits noirs du bas astral sont de profonds égoïstes et ils n'acceptent pas facilement d'être utilisés sans recevoir un retour. La destruction du Ouija les avait donc enragés et ils cherchaient à se venger au centuple. Cette mésaventure a clairement démontré à Fleurette que les expériences médiumniques exigeaient une grande prudence. Il ne faut jamais oublier que la mort ne met aucun terme à notre personnalité. Celui qui meurt avec des penchants malhonnêtes et criminels les conserve donc jusqu'à ce qu'il ait compris qu'il doit les combattre et les vaincre. Mais cette prise de conscience est plutôt lente et plusieurs, dans l'au-delà, cultivent très activement leurs vices malgré toutes les dettes de souffrance qu'ils accumulent.

DES ALLIÉS PRÉTENDUMENT DÉVOUÉS

Pascale était une jeune femme joviale et entreprenante. Elle mordait dans la vie comme une affamée prenant son dernier repas. Ses ambitions visaient haut et elle était bien résolue à prendre les moyens nécessaires pour atteindre les buts qu'elle s'était fixés. Elle crut avoir découvert la solution aux obstacles de sa vie dans l'utilisation du Ouija. Des amis aussi ignorants qu'elle l'avaient initiée à ce mode d'échanges médiumniques faisant le délice des trompeurs et des malveillants de l'au-delà. Ignorante de la nature réelle des êtres pouvant se manifester par cet instrument, elle crut y trouver la source presque magique pouvant lui fournir le pouvoir qui la servirait.

Elle ne poursuivit pas très longtemps ses échanges médiumniques en compagnie de son petit groupe d'amis. Dès qu'elle se rendit compte qu'elle pouvait se passer de leur présence, elle décida de procéder seule à ses invocations. Elle pourrait ainsi mieux orienter les forces qui se présenteraient à elle.

Pascale s'installa dans sa chambre. Seule, elle verrouilla la porte pour ne pas être dérangée. Les Esprits qui se présentèrent la félicitèrent généreusement de son initiative. Ils lui firent miroiter les grandes choses qu'ils pourraient faire ensemble. Pour mieux l'embobiner, ils calomnièrent ses proches, les qualifiant de jaloux indignes de ce qu'elle pouvait réaliser.

Pascale se coucha fort satisfaite de cet échange aux allures si prometteuses. Elle venait de connaître des invisibles qui se disaient ses dévoués alliés. Un sentiment de puissance la réconfortait, flattant son orgueil qui lui cachait la route à suivre.

Le lendemain, elle s'éveilla avec un violent mal de tête qu'aucun analgésique ne put calmer. Souffrante, elle manifesta une grande impatience pendant toute la journée. Le soir venu, elle recommença son manège, heureuse d'échanger enfin avec ses prétendus amis, les trompeurs aux visages de la fausse bienveillance.

La même manœuvre se répéta jour après jour. Pascale se transformait progressivement sans que ses proches puissent l'atteindre par leurs judicieux conseils. Elle devint de plus en plus agressive et même méchante. Son sourire n'éclairait jamais plus ses lèvres devenues crispées. Pascale se refermait sur elle-même, coupant progressivement les liens avec tous ceux et celles qui l'aimaient.

À la fin de la quatrième semaine, Pascale s'enferma dans sa chambre comme elle en avait maintenant l'habitude. Elle verrouilla la porte et installa son Ouija sur sa table de travail. Lorsque ses proches allèrent se coucher, ses échanges avec les faux Esprits épurés se poursuivaient encore. La lueur de la petite lampe, qu'elle gardait allumée pour la circonstance, se faufilait faiblement sous la porte close.

Le lendemain matin, les parents de Pascale trouvèrent sa porte encore fermée et verrouillée. Une forte odeur de brûlé s'en dégageait. Ils crièrent à Pascale de leur ouvrir. Devant le silence obstiné de leur fille, ils enfoncèrent.

Un drame épouvantable s'était déroulé pendant la nuit. Pascale gisait, morte, sur le plancher. Son cadavre et tout l'intérieur de sa chambre étaient calcinés. On aurait dit un incendie localisé uniquement dans un espace déterminé. Les flammes avaient léché tous les recoins de la pièce sans se propager en dehors de ses limites.

Une autopsie fut pratiquée. Pascale était décédée par asphyxie. L'enquête conclut au suicide. Les intervenants retinrent d'abord les changements que ses proches avaient observés dans son comportement. Puis, comme toutes les issues étaient intactes, que sa porte était verrouillée de l'intérieur et qu'il n'était pas possible de l'ouvrir par l'extérieur, la logique voulait qu'elle ait mis elle-même le feu pour se donner la mort.

Comme pour la plupart des suicides, cette mort tragique ne fut pas ébruitée. Je n'en pris moi-même connaissance que lorsque Monique, la sœur de Pascale, vint me consulter pour avoir des nouvelles de la défunte.

Monique vint me voir un soir de novembre. Le délai de trois ans était largement dépassé. Nous pouvions donc tenter d'entrer en contact avec Pascale.

Je priai Dieu de me protéger et je demandai l'assistance de toute mon équipe de l'au-delà.

Après une certaine attente, les premières images commencèrent à prendre forme. Je pénétrai dans un lieu opaque de l'au-delà. Tout au fond de la pièce pseudo-matérielle, j'aperçus Pascale. Elle était debout. Elle ne me regardait pas, mais je sentais qu'elle avait pleinement conscience de ma présence. Je compris intérieurement qu'une certaine honte lui minait le cœur. Elle était très incommodée de voir les erreurs qu'elle avait accumulées malgré tout le potentiel qu'elle avait reçu pour réussir son plan de vie.

Je lui soulignai qu'elle était bien libre de se manifester à moi et qu'elle pouvait se retirer dès qu'elle le désirerait. Un sourire très amical apparut sur son visage qui sembla s'éclairer. Elle avait conservé toute la beauté que rappelait la photographie.

Pascale livra quelques messages d'amour à sa sœur

Monique. Elle manifesta ensuite sa joie de pouvoir rétablir la vérité sur tout ce qui s'était passé. Une grande tristesse m'atteignait malgré ses mots, comme s'il se fût agi d'une simple façon de parler, comme nous le faisons souvent dans notre langage courant.

Pascale me décrivit les détails que je vous ai donnés plus haut, puis elle précisa le déroulement final de sa mort physique.

Les Esprits noirs qui s'étaient présentés à elle commencèrent leur emprise dès les premiers contacts. Voyant en elle un excellent sujet pour se manifester allègrement dans le monde matériel, ils tentèrent de la mettre à leur main. Ils la subjuguèrent de leurs inspirations directes. Rapidement, Pascale ne fut plus l'ombre d'elle-même.

Leur contact par le Ouija fut progressivement remplacé par une autre canalisation beaucoup plus commode pour leurs mauvaises intentions. Ils investirent le corps de Pascale avec un contrôle de plus en plus grand de son système nerveux central. À la fin, leur domination était presque totale. C'est ce qui expliquait que Monique ait perçu une lueur rouge feu dans les yeux de Pascale la veille de sa mort. Souvent, lorsque Pascale invectivait ou blasphémait, c'étaient les Esprits qui parlaient à travers elle, utilisant son corps comme un simple outil à leur disposition.

La nuit de sa mort, ils se rendirent compte qu'elle ne pourrait pas devenir l'instrument qu'ils recherchaient. Pour soulager leur rage, ils mirent le feu à plusieurs endroits de sa chambre en utilisant son propre corps qu'ils voulaient faire mourir. Ils se retirèrent ensuite de Pascale lorsqu'ils furent certains qu'elle ne pourrait pas reprendre connaissance. Le monoxyde de carbone termina ensuite son œuvre.

Pascale avait été la victime directe de ceux-là mêmes qu'elle croyait ses fidèles alliés. Son ignorance l'avait poussée à croire leurs tromperies habilement présentées. Son orgueil l'avait empêchée d'écouter les siens pendant qu'il était encore temps. Quant à son Ange gardien, il était dans la même position que celui dont le protégé roule à grande vitesse dans une zone dangereuse. Il tente de lui inspirer la prudence, mais ne peut conduire à sa place, chacun devant assumer pleinement les conséquences de ses propres choix.

Si le plan de vie de Pascale avait interdit aux Esprits trompeurs de pousser leur emprise jusqu'à la limite, l'Ange gardien aurait pu intervenir. Il aurait mis fin immédiatement à leur mascarade pour ne pas nuire au cheminement prévu. Mais, pour Pascale, cette épreuve faisait partie intégrante de ce qu'elle avait à surmonter.

Elle aurait pu apprendre simplement en écoutant les bons conseils qu'on lui prodiguait, mais son orgueil l'avait obligée à souffrir pour tirer la leçon éternelle.

Monique me quitta soulagée, mais aussi relativement bouleversée. Elle était apaisée d'apprendre que sa sœur ne s'était pas suicidée. Pascale n'aurait donc pas à en assumer les difficiles retours. Mais Monique était déconcertée de savoir jusqu'à quel point les Esprits malveillants du bas astral pouvaient pousser leur méchanceté lorsque la porte de notre cœur leur était grande ouverte.

Quatrième cause :

La quatrième cause de hantise nous réfère directement à l'état de confusion post mortem dans lequel certains défunts peuvent se retrouver après leur décès. Cette confusion peut complètement obnubiler les capacités de raisonner du défunt. Cet état douloureux peut se prolonger sur une période relativement longue. Surtout si l'Esprit nouvellement arrivé dans l'au-delà ne bénéficie d'aucun soutien spirituel de ceux et celles qu'il a laissés sur Terre. C'est d'ailleurs le plus souvent le contexte de cas de hantise. C'est de cette cause que proviennent les manifestations bienveillantes aux allures contraires que nous avons vues un peu plus haut.

Face à ce déclencheur de hantise, l'invocation de l'au-delà prend une importance encore plus particulière, car elle vient au secours d'une entité qui, au point de départ, n'entretient pas nécessairement de mauvaises intentions. En fait, dans la grande majorité des cas, les Esprits qui hantent en raison d'un état de confusion d'après-mort ne font que crier à l'aide auprès des leurs.

UNE PAUVRE DAME CONFUSE

Gilles hésita longuement avant de faire appel à mon aide. Il entretenait une peur profonde envers tout ce qui touchait le monde des Esprits et seul son essoufflement, autant physique que psychologique, le décida à me téléphoner.

Sa mère était décédée depuis deux ans. Dans les dernières années de sa vie, l'accumulation de certaines frustrations avait poussé cette femme à menacer ses proches de hantise. Personne n'avait pris ses propos vraiment au sérieux jusqu'au jour où, vingt-trois mois après sa mort, elle commença à exécuter ses promesses.

Elle ouvrit le bal des manifestations par des bruits insolites et inexplicables qui dérangeaient la quiétude de tous les habitants de la maison. Ensuite, chacun sentit une présence invisible, mais d'une insistance qui s'imposait jusque dans les entrailles. C'était comme une masse immatérielle dont la lourdeur presque palpable s'agrippait à eux.

Chacun réagissait très mal à toutes ces attaques sournoises dont l'origine n'était pas encore clairement définie. Le manque de sommeil, la peur et la nervosité minaient le moral de Gilles et de sa famille.

Après quelques jours, les manifestations prirent une nouvelle ampleur. Le père de Gilles fut brusquement éveillé par la forte impression d'une présence dans sa chambre. En ouvrant les yeux, il aperçut son épouse décédée se tenant au pied de son lit. Elle le regardait d'un air froid et sévère, pour ne pas dire agressif. Son apparence était comme celle de son vivant. Sa coiffure était la même que celle pour son embaumement. Elle portait ses vêtements de nuit roses qu'elle avait à peine eu le temps d'étrenner.

Très craintif, le père de Gilles lui demanda ce qu'elle lui voulait. En guise de réponse, elle fonça sur lui comme pour l'attaquer. Il se protégea de ses bras et ferma les yeux en attente de l'impact, mais l'Esprit disparut avant de pouvoir le toucher. La morte répéta le même manège par la suite, inspirant, chaque fois, une peur que sa pauvre victime ne pouvait contrôler. Elle s'en prit ensuite aux lumières de la maison qu'elle ouvrait et fermait à toute heure du jour et de la nuit. Les bruits qui accompagnaient son indésirable chorégraphie créaient une ambiance digne des films d'épouvante.

Puis, il devint difficile de regarder la télévision. L'appareil s'éteignait continuellement lorsqu'il devait être allumé et s'allumait lorsqu'il devait être éteint. La syntonisation se changeait d'elle-même, passant d'une chaîne à l'autre sans qu'aucun bouton de commande ne soit actionné.

Pendant que Gilles me parlait, je reçus des informations très précises sur l'Esprit de sa mère. L'au-delà me montra ses faiblesses morales qu'elle était venue combattre. Je vis que son enfance avait été difficile. Je compris que son incarnation avait été parsemée d'épreuves successives qui n'avaient pas réussi à l'approcher du but qu'elle s'était fixé. Je décrivis à Gilles ce que je recevais. Les détails sur la personnalité de sa mère le firent sursauter. Il m'exprima la peur que ces visions lui inspiraient. Il n'arrivait pas à comprendre comment je pouvais faire un portrait aussi fidèle d'une personne que je n'avais jamais connue. Je lui expliquai que toutes ces informations ne venaient pas de moi et que je les recevais pour mieux aider l'Esprit de sa mère qui devait se dégager de ses tourments.

J'indiquai à Gilles les demandes qu'il devait faire pour assister la défunte.

Celle-ci n'avait jamais maîtrisé son caractère acariâtre, et cette faiblesse lui jouait maintenant un très vilain tour. De plus, la confusion post mortem obscurcissait encore ses facultés intellectuelles, ce qui l'empêchait de se questionner réellement sur tout ce qui lui arrivait.

Gilles et les siens devaient se montrer compréhensifs et accueillants envers elle. D'une nature très craintive, elle ne pouvait supporter de se voir isolée de ses proches. Toutes ses manifestations ne signifiaient qu'un appel à l'aide auprès des siens. Lorsqu'elle fonçait sur son époux, elle ne voulait qu'exprimer sa frustration face à son inaction à l'aider. Tous les bruits, les jeux de lumière et ceux de la télé ne visaient qu'à leur démontrer sa présence et la réalité de sa pleine survie. Elle appelait à l'aide et personne ne s'occupait d'elle.

J'expliquai à Gilles comment centrer ses demandes d'assistance. Il devait faire appel à l'aide des Esprits de lumière, mais, avant tout, il devait bien faire comprendre à sa mère l'importance de les écouter et de suivre leurs conseils. Les Esprits pourraient alors lui livrer les informations suffisantes pour l'éveiller à sa nouvelle réalité et la rendre disponible à l'aide qui serait autorisée pour elle.

Gilles et les siens prièrent comme je le leur avais indiqué. Ils respectèrent le délai de trente jours recommandé. Le calme revint définitivement dans la maison quelques jours après le début des prières. Sécurisée par l'amour des siens qui priaient pour elle, la défunte avait saisi les mains qui lui étaient tendues, comprenant la nouvelle orientation que prenait sa vie. Elle avait ouvert son cœur aux pleines possibilités que lui offrait la paix de la lumière divine.

***

Comme nous l'avons vu dans les témoignages, c'est par l'intervention directe d'Esprits déjà avancés, ceux que nous appelons de lumière, que toute l'action se passe. Lorsque nous demandons à l'au-delà de venir à notre aide, notre appel est directement reçu par une multitude d'Esprits bienveillants qui n'attendent alors que l'autorisation divine pour agir dans la pleine mesure de leur capacité et de la marge de manœuvre accordée.

Cette participation directe de nos frères de lumière est fort importante à considérer dans nos prières, car toute la réussite de l'intervention des prieurs repose sur elle.

D'ailleurs, toute action d'un incarné pour contrer une hantise qui se ferait avec l'orgueilleuse prétention d'avoir seul les mérites de son éventuelle réussite, risquerait fort d'être vouée à l'échec. Il est en effet important de bien comprendre que notre corps charnel limite énormément nos pouvoirs réels, eux-mêmes déjà souvent limités par notre propre manque d'élévation spirituelle.

Voyons deux autres cas qui démontrent bien clairement cette action directe des Esprits de lumière qui garantissent l'exaucement de nos prières.

UNE MAISON DE CAMPAGNE

Érika avait toujours rêvé de vivre à la campagne dans le calme vivifiant de la nature. Lorsqu'elle me téléphona, elle avait trouvé ce qu'elle cherchait depuis déjà quatre ans. Elle avait acquis une belle propriété dans un endroit paisible où les arbres et les oiseaux étaient ses plus proches voisins.

Elle n'avait cependant pas profité bien longtemps de l'environnement de ses rêves, car les lieux étaient habités par des entités dangereuses qui se nourrissaient de son énergie vitale.

Dès les premiers jours, Érika avait ressenti une impression d'étouffement qui cessait dès qu'elle quittait la maison. Elle mit d'abord cela sur le compte de la fatigue, mais une escalade de manifestations lui fit finalement comprendre que son nouveau foyer était hanté.

La mise en demeure de quitter les lieux qu'elle leur imposa déclencha des attaques directes sur sa personne. En pleine nuit, à peine sortie de son sommeil, elle se sentit soulevée au-dessus de son lit par des mains invisibles qui la projetèrent sur le sol de sa chambre. Ensuite, dans les jours suivants, les objets se mirent à se déplacer dans la maison, la faisant sursauter de peur. Puis, Érika se sentit littéralement siphonnée de son énergie de vie par le cou et la poitrine. La nuit, des attouchements sur ses parties sexuelles la sortaient de son sommeil, la vidant de son fluide animalisé dont ils avaient tant besoin pour se manifester.

Ne pouvant supporter cette pénible situation, Érika demanda à une amie médium de venir à son secours.

L'amie accepta de passer la journée chez elle pour tenter de résoudre son problème. Dès qu'elle entra dans la maison, une sensation d'étouffement s'empara d'elle. Des mains invisibles vinrent la palper et une voix l'invita impérativement à quitter les lieux. Le calme revint pour le reste de la journée.

Le soir, rentrée chez elle, la médium sentit qu'elle avait été suivie. Lorsqu'elle fut couchée, deux mains à forte poigne lui saisirent la gorge et resserrèrent leur étreinte comme un étau. Puis, une voix grave l'avertit de ne plus jamais revenir les importuner. Les mains invisibles se désintégrèrent aussitôt, laissant des marques rougeâtres sur la gorge frêle de la pauvre jeune femme.

Elle n'avait pas pris la précaution de s'assurer de l'assistance des Esprits de lumière avant de se rendre chez son amie, et les agresseurs, la voyant seule, eurent vite fait de l'écarter de leur route.

Lorsque Érika vint me consulter, j'utilisai une photographie des lieux pour voir ce qui s'y passait. La photo donnait une vue aérienne de la maison. En fermant les yeux, je perçus une dizaine d'entités très sombres se tenant par la main. Ils se pressaient les uns contre les autres, formant un demi-cercle. Ils me regardaient en silence. Ils donnaient l'impression de faire front commun face à moi. Je priai intérieurement mon équipe de l'au-delà. L'image disparut. Je vis alors des Esprits très lumineux se tenant la main à leur tour. Ils me souriaient. Je sentis qu'ils me signifiaient de ne rien craindre, me faisant comprendre que leurs forces contraient bien celles des Esprits qui refusaient de se faire déloger.

Je perçus ensuite un fort courant d'énergie tellurique émanant d'un point précis de la maison. Les Esprits opaques utilisent souvent cette énergie. En la combinant au fluide animalisé d'un incarné, ils produisent une importante force qu'ils peuvent appliquer dans leurs manifestations.

Comme nous ne pouvions rien pour faire cesser le courant tellurique, je proposai à Érika de tracer des croix de protection sur ses propres points d'énergie. Avec la permission divine, nous pouvions ainsi empêcher ses agresseurs de lui voler son fluide animalisé, sans lequel ils ne pouvaient se manifester. À moins d'une limite de son plan de vie, Érika devait normalement être libérée des attaques dont elle faisait l'objet. Je lui recommandai également de continuer ses prières. En nous quittant, nous convînmes qu'elle me ferait part des résultats de nos appels. Elle me rappela plusieurs mois plus tard. Elle avait voulu s'assurer que tout était bien terminé avant de me confirmer l'efficacité de notre démarche. Un an plus tard, je reçus une agréable carte de souhaits d'Érika qui continuait de goûter le précieux calme de sa maison.

ELLE VIT UNE GRANDE HORLOGE

Les Esprits malveillants qui avaient envahi la demeure de Sylvaine donnèrent les premiers signes de leur présence par la radio de son réveille-matin. Plutôt que d'entendre l'habituelle musique qui la sortait doucement de son sommeil, elle fut subitement éveillée par une voix bizarre dont les propos étaient indéchiffrables. Elle changea la station de son récepteur, mais la voix lugubre continua son discours difforme pendant quelques secondes, comme s'il passait directement par le petit haut-parleur de l'appareil.

Il lui restait normalement une autre heure à dormir, mais l'étrangeté de l'expérience la fit se lever au plus vite.

Pendant tout le petit-déjeuner, Sylvaine eut la désagréable impression que des yeux invisibles la regardaient. La sensation était telle, qu'elle partit travailler avec un certain soulagement de quitter la maison.

Souvent, pendant la journée, elle songea au phénomène bizarre du matin, se questionnant sur la nature réelle de ce qui s'était passé.

De retour à la maison, elle retrouva l'ambiance sereine habituelle. La soirée fut calme et paisible. Lentement, elle se sentit rassurée. Elle se dit finalement que son imagination avait exagéré l'ampleur du petit incident. Elle se coucha sans trop songer à sa peur du matin, mais, par mesure de prudence, elle coupa quand même toute alimentation électrique de son réveille-matin. C'était la fin de semaine, et elle voulait s'assurer qu'il ne se déclencherait pas à nouveau de lui-même.

Le sommeil était profond et le corps de Sylvaine récupérait doucement. À cinq heures du matin, le réveil s'anima à plein volume. Sylvaine sortit rapidement de son sommeil. Encore à moitié endormie, elle se demanda ce qui causait tout ce vacarme. Réalisant que le réveille-matin fonctionnait sans aucune alimentation électrique, elle prit peur. La même voix retentissait à nouveau à travers l'appareil, mais, cette fois, elle articulait très nettement les paroles qu'elle prononçait. Le débit était net et rapide. Sylvaine ne pouvait cependant rien comprendre de ce qui se disait, car la langue utilisée lui était totalement étrangère. Elle paraissait même bizarre, ne s'apparentant à aucune langue que Sylvaine eût pu entendre jusqu'à ce jour.

La voix tint son discours inintelligible pendant encore plusieurs secondes, puis elle se tut subitement. Le petit appareil redevint muet, tel un corps bien en chair que la vie venait de quitter.

La moindre trace de sommeil avait littéralement fondu dans le cerveau survolté de Sylvaine. La peur crispait tous les muscles de son corps. Tremblotante, elle s'aperçut qu'elle s'était levée sans s'en rendre compte.

Elle s'empressa de s'habiller et partit déjeuner à l'extérieur. Comme la température était belle, elle décida de faire une longue randonnée en automobile. Elle improvisa d'abord son trajet. Puis, elle se choisit une destination assez éloignée pour la garder au volant une bonne partie de la journée. En cours de route, Sylvaine se questionna sur sa santé mentale. Peut-être que la fatigue pouvait lui causer de véritables hallucinations. Cette version lui plut et, au fil des kilomètres, elle décida qu'il était sans doute temps pour elle de prendre des vacances.

Son effort de rationalisation calma son angoisse et, finalement, Sylvaine profita agréablement de sa journée tout à fait improvisée.

De retour chez elle, en ouvrant la porte, ses peurs remontèrent à la surface comme de véritables bouchons de liège. Elle reprit aussitôt ses arguments logiques, mais une présence presque palpable s'imposait à elle.

Sylvaine alluma toutes les lumières et finit par se calmer un peu. Les heures avançant, elle dut se résoudre à aller se coucher, mais elle prit d'abord bien soin de sortir le réveille-matin de sa chambre.

Sa lampe de chevet éclairait toute la pièce. Mille suppositions trottaient dans sa tête. Sylvaine n'osait même pas changer de position. La fatigue la plongea finalement dans le sommeil. Elle dormit jusqu'au matin.

Deux journées se succédèrent dans un calme complet, puis les visiteurs invisibles exprimèrent à nouveau leur présence.

Vers deux heures du matin, Sylvaine fut éveillée par des craquements saccadés provenant d'un coin de sa chambre. Ouvrant les yeux, elle aperçut son fauteuil de rotin qui se berçait tout seul. Figée par la peur, elle réussit difficilement à se lever du lit. Les craquements donnaient la nette impression qu'un personnage très corpulent y prenait place. En allumant la lumière du plafonnier, les mouvements mécaniques cessèrent.

Prenant son courage à deux mains, Sylvaine adressa la parole à ses visiteurs invisibles. Elle leur demanda, presque en criant, ce qu'ils voulaient d'elle. En réponse à sa question, les objets sur sa commode se mirent à s'éparpiller.

Sylvaine leur ordonna de quitter les lieux sur-le-champ. Mais, comme pour se moquer d'elle, un invisible lui saisit solidement le bras. La main de l'agresseur semblait très opaque et très matérielle. Elle était glacée et figée comme celle d'un mort.

Sylvaine sortit de la chambre en courant, et l'Esprit relâcha aussitôt son étreinte.

Complètement dépassée par ce qui lui arrivait et voyant bien qu'il ne pouvait s'agir de son imagination,

Sylvaine prit un jour de congé. Elle partit à la recherche d'informations pouvant l'éclairer sur de semblables phénomènes. Quelqu'un lui conseilla mes deux premiers livres. Elle put rapidement se procurer le deuxième et le lut aussitôt. Dès qu'elle eut terminé, elle commença ses appels à l'aide et se promit de me téléphoner le lendemain.

Ce soir-là, elle s'endormit rapidement, réconfortée par une meilleure compréhension de ce qui pouvait se passer. Pendant la nuit, en réponse à ses prières, Sylvaine vécut un échange conscient dans le monde astral. Elle se retrouva dans un lieu inconnu lui apparaissant vide et inhabité. Elle aperçut devant elle une magnifique horloge à la stature très imposante. L'heure indiquée pointait midi vingt. Dès qu'elle remarqua la position des aiguilles, une voix à la fois très douce et très ferme lui dit : « N'oublie pas cette heure. » Puis, un véritable effet de zoom rapprocha le cadran de l'horloge vers Sylvaine. Elle voyait maintenant très bien l'heure indiquée. Tout était si proche qu'elle aurait pu toucher les aiguilles.

Le lendemain, suivant ce qu'elle avait décidé la veille, Sylvaine me téléphona pour fixer un rendez-vous avec moi.

Pendant que nous échangions, Sylvaine songea subitement à regarder l'heure sur l'horloge de sa cuisinière. À sa grande stupéfaction, elle constata qu'il était midi vingt. Elle s'empressa alors de me raconter son expérience nocturne.

Lorsque nous nous rencontrâmes quelques semaines plus tard, Sylvaine subissait encore des manifestations qui ne semblaient cependant pas vouloir prendre plus d'ampleur.

Sylvaine se disait convaincue que c'était l'œuvre de

sa défunte mère envers qui elle n'avait pas toujours été des plus généreuses. Je consultai donc nos frères de l'au-delà pour en savoir davantage et obtenir leur assistance dans cette affaire.

J'eus à peine le temps de tenir la photographie de la défunte qu'elle se montra dans toute sa lumière. Je la vis très brillante. Je compris immédiatement qu'un tel Esprit ne ferait jamais de mal à quiconque. Une grande chaleur émanait de la photo. Je me sentis enveloppé d'un véritable effluve, d'amour. L'Esprit transforma ensuite son allure, empruntant les traits qu'elle avait eus dans la trentaine. Maintenant qu'elle s'était fait reconnaître, elle désirait se montrer telle qu'elle était dans l'au-delà avec toute la beauté dont sa jeunesse avait été porteuse. Elle fit un sourire et envoya un baiser vers Sylvaine, lui exprimant tout l'amour et toute la tendresse que son cœur éprouvait pour elle. Je ressentis alors une certaine tristesse qui émanait de sa pensée. C'était comme si, pendant quelques instants, elle avait trouvé triste d'avoir dû quitter notre monde sans avoir pu renouer pleinement avec sa fille bien-aimée. Puis, une joie beaucoup plus intense parvint jusqu'à moi. On aurait dit qu'elle ne voulait surtout pas que je m'attarde à cela, tellement elle était heureuse de pouvoir manifester toute sa bienveillance.

Dès que le message de la défunte fut terminé, trois Esprits très lumineux se présentèrent. Ils exprimaient beaucoup d'amour, mais aussi beaucoup d'autorité. Ils manifestèrent leur désir d'assister Sylvaine dans son épreuve. Je lui transmis les consignes que je recevais. Après quelques jours, le calme revint définitivement chez Sylvaine.

***

Pour terminer notre réflexion sur le rôle de l'invocation de l'assistance de l'au-delà dans les cas de hantise, j'aimerais attirer votre attention sur un certain phénomène de résistance que nous observons parfois. Il apparaît lorsque le prieur ou la victime elle-même commence son offensive d'invocations. Ce phénomène se manifeste généralement lorsque nous faisons face à des Esprits malveillants particulièrement agressifs. Il est important de prendre quelques lignes pour s'y attarder, car il entraîna la capitulation de bien des victimes de hantise pourtant sur la voie d'une brillante victoire.

Ce phénomène de résistance n'est, en fait, que l'expression d'une tentative de dernière instance que mettent en branle les Esprits malveillants devant l'échec inévitable qui se pointe devant eux. Lorsque les agresseurs invisibles se rendent compte qu'ils ne feront pas le poids devant la force de lumière engendrée par les appels à l'aide ou la démarche spirituelle de leurs victimes, ils augmentent la virulence de leurs attaques pour impressionner ceux qui veulent contrer leur mépris. Leur tactique consiste à donner l'impression que leur demande de l'assistance divine se retourne contre ses auteurs. Ils utilisent ainsi la peur des incarnés concernés pour imposer leur volonté.

Lorsqu'une telle situation se présente, il est important de savoir que toute cette mascarade n'est qu'une simple stratégie hypocrite qui exprime leur panique devant l'échec de leurs assauts. Il ne faut craindre en aucun temps cet accroissement des manifestations. Bien au contraire, leur réaction n'est que la confirmation de la réelle efficacité que la démarche d'invocation va concrétiser.

À BOUT DE SOUFFLE

Lorsque Pierrette fit appel à mon aide, elle avait déjà essayé bien des stratagèmes qui n'avaient su venir à bout d'une fort désagréable hantise empoisonnant son existence. Chandelles, encens, sels de mer, chapelets, scapulaires, eau bénite, tout y avait passé. Mais l'Esprit semblait se moquer de ses tentatives. Même ses appels à Dieu semblaient inefficaces.

Le phénomène avait commencé du jour au lendemain, sans crier gare. Le téléviseur du salon servit de première cible. Il s'allumait et s'éteignait à n'importe quelle heure du jour et de la nuit, s'amusant parfois à changer de chaîne au beau milieu d'une captivante émission. Les techniciens ne trouvèrent jamais la moindre défectuosité.

Ensuite, des bruits bizarres retentirent dans les murs de la maison, comme si des êtres déchaînés tentaient de s'en extirper. Les bruits insolites ne parvenaient pas aux oreilles de tout le monde. Ils semblaient choisir leurs auditeurs au bon gré de leurs caprices. Souvent, cela donnait lieu à des situations cocasses où certains visiteurs pouvaient facilement se demander s'ils ne se trouvaient pas en présence de véritables malades mentaux.

Les invisibles s'en prenaient parfois à la sonnerie des portes d'entrée. Pierrette et les siens ne pouvaient maintenant plus savoir si quelqu'un sonnait réellement à la porte, ouvrant souvent à des visiteurs inexistants.

D'autres fois, ils frappaient aux portes des chambres, dérangeant chacun dans son intimité.

Puis, ce furent les objets volants qui faisaient sursauter Pierrette dans les moments les plus embarrassants. Ustensiles, serviettes, bibelots, crayons, tout ce qui leur tombait sous la main pouvait leur servir de projectile.

Lorsque je rencontrai Pierrette, les Esprits malveillants s'amusaient à faire retentir dans les murs une tonitruante musique de cornemuse. La musique infernale la sortait régulièrement de son sommeil. Peu à peu, la fatigue prenait le dessus et Pierrette craignait maintenant pour sa santé.

Lorsque nous pûmes identifier à qui nous avions affaire, mon Guide m'indiqua la prière contre les hantises que je transmis à Pierrette. Elle devait la répéter quotidiennement pendant au moins trente jours.

Au début des invocations, les manifestations augmentèrent considérablement, puis, peu à peu, devant l'insistance des appels à l'aide, le calme revint dans la demeure.

***

Comme nous le disions, il n'est pas rare de pouvoir observer ce genre d'augmentation des manifestations au début d'une période d'appels à l'aide. Ce stratagème ne dure rarement plus que quelques jours. Il est donc important de persévérer dans nos efforts devant une pareille réaction, car il faut y voir une évidente confirmation de réussite.

UN JEUNE FILS DE DOUZE ANS

Julie fit appel à moi dès le début des manifestations qui lui inspiraient une grande peur. Elle était d'autant plus paniquée que, jusqu'à maintenant, toutes les histoires de ce genre lui étaient apparues comme le signe évident d'une maladie mentale.

L'Esprit qui s'en prenait à Julie s'amusait à faire disparaître des objets dont elle avait besoin, pour les faire réapparaître quelques instants plus tard dans des endroits les plus inattendus. C'est ainsi qu'elle pouvait retrouver la savonnette sur le réfrigérateur ou le beurre dans le savonnier.

Au début, elle mit cela sur le compte d'une simple distraction, mais l'ampleur et la fréquence des disparitions lui firent rapidement comprendre qu'un phénomène dépassant les limites de sa compréhension envahissait sa demeure.

Comme je le lui recommandai, Julie entreprit aussitôt les invocations pouvant mettre fin à la hantise qui semblait vouloir s'installer chez elle. Craignant surtout pour son jeune fils de douze ans, Julie pensa faire ses demandes de protection dans la chambre de son enfant. Elle entra dès qu'il se fut endormi.

Elle s'installa sur le bord de son lit et commença ses demandes. Soudain, son fils s'assit dans sa couchette. Il lui jeta un regard très nerveux. Puis, ses yeux s'écarquillèrent. La regardant fixement, il ouvrit la bouche et poussa un grognement qui rappelait un chien prêt à attaquer. Il lui montrait les dents de façon très agressive. Julie eut peur et se leva rapidement de son lit. Le jeune garçon se rendormit aussitôt et se recoucha. Dès que sa tête eut touché l'oreiller, il s'éveilla de nouveau. Julie fut prise d'un sursaut de peur, mais son enfant était redevenu lui-même. Il se plaignit d'un vague malaise. Sur les conseils rassurants de sa mère, il se réinstalla dans le confort de ses couvertures et s'endormit aussitôt.

Julie me téléphona dès le lendemain. Je lui expliquai qu'elle avait reçu la manifestation de l'Esprit malveillant dérangé par ses invocations. Et, malgré lui, il lui avait montré leur efficacité. Contrarié par les énergies qui le délogeaient, il avait utilisé la médiumnité de l'enfant pour exprimer sa rage, mais il nous confirmait du même coup qu'il finirait par quitter les lieux. Malheureusement pour l'Esprit, son attitude nous démontrait également qu'il préférait encore végéter dans sa souffrante ignorance plutôt que de profiter de cette belle occasion pour reprendre l'inévitable montée.

La hantise disparut finalement après quelques jours d'appels à Dieu.

Les trompeurs de l'au-delà

Certains Esprits retardataires vont exprimer leur malveillance de façon plus subtile que ceux qui attaquent ou hantent leurs victimes. Ce sont les trompeurs de l'au-delà. Leur mépris orgueilleux et leur soif du mal s'avèrent cependant tout aussi profonds. Ils sont généralement plus intelligents que ceux dont nous venons tout juste de parler, mais ceci ne fait que raffiner davantage les entourloupettes de leur hypocrisie. Par contre, pour plusieurs d'entre eux, cette intelligence peut devenir un atout important pour les aider à comprendre ce qu'ils ont à faire pour se libérer de leurs difficiles conditions de stagnation spirituelle.

Les trompeurs de l'au-delà se manifestent généralement dans les échanges médiumniques. Ils sont à la constante recherche de médiums naïfs ou mal préparés, par qui ils pourraient entrer en relation directe avec notre monde d'incarnés. Lorsqu'ils réussissent leur manège, les médiums qu'ils utilisent deviennent leurs esclaves. C'est l'absence d'appels sincères ou de bonnes intentions qui permet aux trompeurs d'établir leur contrôle. Toute invocation motivée par l'argent, l'égoïsme, le matérialisme ou toute forme de malveillance leur ouvre directement les portes.

UNE VÉRITABLE PETITE MINE D'OR

Bernadette avait lu mes deux premiers livres par curiosité. Les éléments qu'elle y avait trouvés n'étaient cependant pas parvenus à faire disparaître ses doutes sur notre survie d'après-mort.

Sa réflexion se referma ainsi sur son quotidien mécanique où le souci de la dimension spirituelle ne pesait guère dans ses tracas du jour.

Deux ans plus tard, un matin de juin, la pensée de son frère décédé quinze années auparavant s'imposa à elle. Bernadette eut beau se changer les idées, tenter de reprendre sur elle, le souvenir de son frère semblait vouloir revivre en elle comme s'il fût encore de ce monde. Ses nombreuses activités estivales lui permirent enfin de calmer un peu cette insistance qu'elle ne pouvait expliquer.

Trois mois plus tard, elle fut aux prises avec de sérieuses difficultés financières. La situation devint grave au point qu'elle se tourna vers son défunt frère que son scepticisme avait jadis si facilement fait oublier. Elle le pria donc, malgré ses doutes et son image terre à terre qu'elle aimait tant étaler.

À sa grande surprise, en dépit du désespoir que la situation lui inspirait, tout s'arrangea dans les jours qui suivirent ses appels. Bernadette remercia son frère et dut s'excuser auprès de lui pour sa foi de saint Thomas. Elle en profita pour lui adresser plusieurs autres demandes, croyant avoir trouvé là une véritable petite mine d'or.

Après quelques semaines de requêtes, les pensées insistantes recommencèrent de plus belle. Croyant être à nouveau en contact avec son frère, Bernadette s'en réjouit, mais, peu à peu, le phénomène prit une tout autre apparence.

Plus les jours se succédaient, plus Bernadette se sentait déprimée. Ses forces semblaient vouloir la quitter. Elle réagit vivement lorsque des idées suicidaires se présentèrent à son esprit. Elle qui mordait tant dans la vie, autant dans ses peines que dans ses joies, ne pouvait avoir des pensées aussi morbides !

Malgré tous ses raisonnements, les idées noires ne cessaient de s'imposer à elle. Elle pria à nouveau, puis elle entendit la voix de son défunt frère. Il lui dit très nettement qu'elle devait me téléphoner. Elle attendit encore quelques jours, mais les assauts semblaient vouloir prendre de l'ampleur. Son frère lui enjoignit à nouveau de m'appeler.

Lorsque Bernadette me consulta, son Guide me montra les deux étapes bien distinctes de ce qu'elle avait vécu.

Dans un premier temps, son frère s'était présenté à elle pour qu'elle sache qu'il serait là lors de l'épreuve qui l'attendait. Cela avait été permis pour que Bernadette y trouve un déclencheur spirituel dans la seconde moitié de sa vie.

Dans un deuxième temps, les attentes matérialistes de Bernadette avaient ouvert la porte à un Imposteur du bas astral. Il y avait trouvé une excellente occasion de se régaler aux dépens d'une pauvre naïve encore bien étourdie. Cela avait été permis pour que Bernadette intègre le seul sens à donner à l'approche spirituelle et pour qu'elle apprenne comment s'éloigner des Esprits malveillants qui peuplent le bas astral de notre planète.

Enfin, son frère l'avait dirigée vers moi pour l'aider à comprendre et à en faire une application concrète dans sa vie.

UN ESPRIT BLANC

Johanne avait suivi certains cours sur les contacts médiumniques. Ces cours sont malheureusement une dangereuse mode depuis quelques années. Je dis malheureusement, car, le plus souvent, ces cours initient des gens aux forces occultes sans vérifier si leur plan de vie répond bien à ce genre d'activité.

La faible préparation spirituelle de certaines personnes qui suivent ces cours peut les exposer à de graves dangers. La ruse malveillante d'Esprits trompeurs très aguerris peut trouver en eux d'excellents candidats à exploiter malgré leur bonne volonté. Johanne était une cible de ce type.

Elle fit appel à moi lorsque les contacts qu'elle entretenait avec l'au-delà prirent une inquiétante tournure.

Elle avait retenu beaucoup d'informations techniques de son initiation aux échanges médiumniques, mais les notions de prudence et de méfiance lui étaient étrangères. Sa structure nerveuse en faisait une médium facilement utilisable par les Esprits de l'au-delà, et les trompeurs du bas astral s'en étaient aperçus. Comme ses objectifs rejoignaient beaucoup plus un désir orgueilleux de s'imposer aux autres, Johanne nc put bénéficier de l'assistance des Esprits de lumière. Ses vibrations trop lourdes l'empêchaient de les atteindre. Elle faisait des demandes de protection dans son rituel, s'entourant d'une bulle de lumière imagée en pensée, mais ses invocations trop stimulées par des soucis inférieurs n'avaient aucun effet. Elle ne pouvait qu'attirer à elle des Esprits partageant ses faiblesses spirituelles.

Au début, les échanges lui parurent merveilleux. Tous les Esprits qui se présentaient à elle se disaient complètement épurés et proches de Dieu. Ils enrobèrent leurs mauvaises intentions de flatteries bien calculées, stimulant l'orgueil et l'ambition de leur victime dont ils devaient bien se moquer. Ils lui laissaient entrevoir de belles possibilités d'avenir et lui faisaient miroiter de magnifiques promesses, à la mesure de ses ambitions secrètes.

Johanne commença à se douter que quelque chose n'allait pas lorsque ses visiteurs commencèrent à restreindre la marge de manœuvre de son libre arbitre. Elle se rendit soudainement compte qu'on lui imposait progressivement une ligne directive où ses aspirations avaient de moins en moins leur place.

Lorsqu'elle me rapporta ses expériences, je compris rapidement qu'elle était le jouet d'Esprits trompeurs très habiles qui la soudoyaient. Ils s'emparaient progressivement du contrôle de ses zones cérébrales. Comme elle les laissait passer, les invitant même dans sa naïveté, ils pouvaient travailler bien à leur aise.

Je lui fis part du drame qui se préparait. Elle me jeta un regard très interrogateur. Elle me demanda comment des Esprits blancs pouvaient lui vouloir du mal. Johanne ignorait que les Esprits trompeurs pouvaient facilement imiter la blancheur et l'exprimer dans leur apparence périspritale. Je lui expliquai que seule la luminosité de l'Esprit épuré leur était inaccessible. C'est pour cette raison qu'il faut toujours demander à un Esprit, qui se manifeste en blanc ou en apparence charnelle, de se montrer dans sa lumière. Nous pouvons alors facilement reconnaître son degré réel d'épuration et, par le fait même, le niveau de confiance que nous pouvons lui accorder.

La libération de Johanne ne fut pas facile. Elle dut d'abord faire des efforts d'amélioration sur certaines de ses faiblesses. Ensuite, elle dut demander l'assistance des Esprits policiers de l'au-delà pour remettre de l'ordre dans son entourage invisible. Nous dûmes également tracer des croix de protection avec l'huile d'énergie pour empêcher les Esprits noirs de rétablir leur connexion avec elle. Il fallut en plus rééquilibrer l'écoulement de ses énergies vitales qui avaient été sérieusement ébranlées. Enfin, Johanne devait patienter jusqu'à ce que les Esprits de lumière aient réparé certains dommages dans son périsprit.

Après cette expérience, Johanne cessa tout contact médiumnique volontaire, mais elle dut reprendre l'énergie du combat à deux reprises, dans des périodes où ses efforts spirituels s'étaient relâchés.

***

Leur action malveillante peut prendre des proportions insoupçonnables. Si le plan de vie du médium utilisé leur laisse le champ libre, ils exprimeront sans vergogne leur rage du mal, sans aucune considération pour l'incarné qui a cru en leurs balivernes.

UN PRÉTENDU ANGE GARDIEN

Normande s'était initiée aux connaissances spirituelles par des cours que donnait une médium de sa région. Elle avait poursuivi l'approfondissement de sa réflexion par de nombreuses lectures. Elle y puisait une intéressante source de motivation à la vie terrestre. Malheureusement, Normande n'avait pas été sensibilisée, et encore moins prémunie, contre l'action sournoise des Esprits trompeurs qui se régalent de briser les élans spirituels qu'ils jugent trop prometteurs.

Stimulée par toutes les connaissances qui lui avaient dévoilé les horizons de l'au-delà, elle sentit le désir de communiquer avec son Ange gardien. Depuis qu'elle avait découvert son existence, et surtout qu'elle avait compris la grandeur de son amour inconditionnel, elle avait entretenu le secret désir de lui parler. Elle ressentait de plus en plus l'intimité vibratoire les liant dans leur existence. Faire sa connaissance devenait dorénavant un besoin à combler.

Normande consulta une médium dont la performance en avait déjà impressionné plus d'un. Elle se dit bien naïvement que le prix élevé pour une consultation devait sûrement être à la mesure de la satisfaction qu'elle en retirerait. C'est donc en toute confiance qu'elle se rendit à son rendez-vous.

L'Esprit se manifestait en incorporant l'enveloppe charnelle de la médium. Elle tombait en transe et l'entité de l'au-delà venait parler par sa bouche.

Ce mode de canalisation, appelé communément la médiumnité parlante, peut présenter aux Esprits épurés des difficultés souvent insurmontables.

Tout d'abord, pour qu'un Esprit de lumière puisse venir se manifester par un tel canal, il faut que les vibrations périspritales du médium soient très élevées. Autrement dit, il faut que le médium lui-même soit considérablement avancé en épuration spirituelle. Ainsi, un médium possédant encore trop d'impuretés offrirait une trop grande résistance qui, sur le plan technique, empêcherait les Esprits évolués de l'utiliser. L'incompatibilité vibratoire ferait qu'ils ne pourraient harmoniser suffisamment leurs vibrations avec celles du médium pour contrôler ses centres du langage parlé.

De plus, il faut que le médium éprouve de sincères

intentions d'aider généreusement ceux et celles qui le consultent. S'il en était autrement, la barrière deviendrait encore plus dure à franchir.

Enfin, les attentes du médium ne doivent jamais se traduire dans l'imposition d'un retour monétaire ou matériel. Dans ce, cas, elles rendent la manifestation des Esprits de lumière encore plus improbable.

Ce n'est donc pas n'importe quel médium parlant qui peut servir de canal médiumnique à un Esprit avancé. Ce serait même plutôt l'exception, du moins, pour ce genre de manifestation.

Bien sûr, cela n'empêche aucunement les Esprits plus sombres de prendre la parole. Plusieurs d'entre eux peuvent même s'avérer très bienveillants et très à propos dans leurs conseils. Mais, malheureusement, la situation est souvent fort différente, comme le démontre l'expérience vécue par Normande.

La médium reçut Normande avec une certaine froideur. Non pas qu'elle eût l'air trop sérieux ou qu'elle fût impolie ; c'était comme dans certains magasins lorsqu'on est abordé par un vendeur plus intéressé par sa commission que par ses clients eux-mêmes. Cette impression se renforça lorsque Normande se vit exiger le montant fixé avant qu'ait lieu la consultation.

La dame prit place dans un large fauteuil. Elle s'y installa confortablement, puis elle prononça machinalement des invocations. Elle ferma les yeux. Après quelques secondes, sa respiration devint de plus en plus haletante. Soudain, une voix gutturale bien différente de la sienne sortit de sa bouche.

L'Esprit se présenta à Normande comme étant son Ange gardien. Il lui adressa de belles paroles d'amour, lui exprimant toute sa joie de pouvoir enfin lui parler directement. Lorsque les yeux de la médium s'ouvrirent, Normande se rendit compte qu'il la regardait à travers ce corps emprunté servant temporairement d'appareil de communication interdimensionnelle.

Dès les premiers mots, la mémoire de Normande subit un véritable balayage. Toutes les questions qu'elle voulait lui poser s'effacèrent subitement. Reprenant son calme, elle demanda l'avis de l'Esprit sur les épreuves qu'elle surmontait difficilement. À ces mots, le ton de l'échange se modifia radicalement.

Alors que Normande attendait un certain support et beaucoup de compréhension, les propos de l'Esprit lui exprimèrent une pure indifférence. Une grande agressivité, voire une haine, se dégageait des paroles de cette entité prétendument de lumière.

Pour ses problèmes de relation professionnelle avec certains confrères de travail, il lui répondit qu'elle n'avait qu'à quitter son emploi. Pour les précisions qu'elle demandait afin de favoriser son évolution spirituelle, l'Esprit qualifia Normande de bornée. Lorsqu'elle voulut savoir pourquoi il lui parlait ainsi, il lui répondit qu'elle n'avait jamais rien compris et qu'elle ne comprendrait jamais rien.

Peinée, Normande mit fin très rapidement à la consultation de l'au-delà. Malheureusement, elle ne sut en tirer les conclusions qui s'imposaient. Plutôt que de bien se rappeler qu'un Ange gardien ne pouvait parler ainsi à sa protégée, elle quitta les lieux avec l'idée que c'était bien son Esprit guide qui lui avait livré le portrait de ce qu'elle était vraiment. Quant à la médium, elle ne put rétablir l'ordre dans ce qui s'était passé, son état de transe l'empêchant de connaître les propos qui s'étaient tenus.

Normande sortit très bouleversée de cette expérience. Un profond chagrin lui grugeait tout son esprit. Convaincue que c'était bien son Ange gardien qui lui avait parlé, elle vivait une véritable peine d'amour. Sa santé physique et mentale fut même ébranlée. Inconsolable, elle sombra dans un sérieux burn-out qui l'éloigna de son travail pendant plus de huit mois. De plus, elle repoussa toute la dimension spirituelle hors de son existence. Elle était maintenant convaincue que l'au-delà ne valait guère mieux que notre monde terrestre. Elle en était rendue à croire que, comme la mort, toute l'existence n'était qu'une totale absurdité.

Après ce long délai de déchirements, une poussée intérieure l'incita à reprendre ses recherches spirituelles. D'abord très résistante, elle se laissa finalement conduire vers d'autres sources qui pouvaient l'aider.

Avant de me rencontrer, Normande lut soigneusement le fruit de mes recherches. Elle arriva chez moi très bien préparée.

Dès les premières invocations, son Esprit guide se montra dans toute sa lumière. L'éclat de son périsprit contrastait avec tous les propos que Normande me tenait. Un tel Esprit ne pouvait exprimer les indélicatesses qu'elle me rapportait.

Je lui demandai de bien vouloir nous éclairer sur le fond de toute cette expérience.

Normande apprit qu'elle avait été la cible d'un Esprit trompeur. Au début, il n'avait voulu que s'amuser, cherchant simplement à ridiculiser les démarches spirituelles qu'elle prenait beaucoup à cœur. Puis, voyant que sa victime prenait ses propos au sérieux, il poussa le stratagème encore plus loin, prenant un plaisir jouissif à détruire ainsi la lueur qui pointait dans le cœur de Normande.

Quant à son Ange gardien, il lui était impossible de parler par cette médium. Il était donc demeuré un peu à l'écart. Il espérait que Normande comprenne par elle-même qu'il ne pouvait s'agir de lui. Il devait laisser sa protégée vivre cette expérience, car elle pouvait en tirer des leçons profitables pour sa démarche spirituelle. Entre autres, elle devait mieux saisir la nature réelle des Esprits qui nous entourent. Elle devait comprendre concrètement qu'un Esprit ne devient pas épuré du simple fait qu'il se présente sous ce vocable. Elle devait également évaluer le réel degré d'enracinement des connaissances qu'elle croyait posséder. Elle devait aussi confronter la profondeur de sa foi qui la reconduirait vers la lumière.

Enfin, elle devait se rendre compte qu'être médium est une chose, mais qu'avoir de bonnes connexions médiumniques peut en être une autre.

Nous échangeâmes assez longuement, Normande et moi, avec l'assistance de son Ange gardien et de quelques Esprits lumineux. Normande put ainsi comprendre toute la richesse qu'elle pouvait tirer de cette expérience. Bien sûr, une certaine amertume s'agitait encore en elle, mais savoir qu'elle n'avait jamais été abandonnée la rassurait.

La leçon aurait pu tourner bien autrement. Heureusement qu'elle s'était prise en main pendant ses heures de sommeil, ce qui lui attira toute l'aide matérielle et spirituelle dont elle eut besoin.

Pour contrer l'action de ces Esprits trompeurs, l'appel sincère doit sérieusement être appliqué à toutes les étapes de l'échange médiumnique. Seules des intentions réelles de bienveillance et de soucis spirituels doivent motiver les échanges avec l'au-delà, qu'ils soient initiés par le médium lui-même ou par l'Esprit voulant se manifester.

L'invocation adressée doit faire appel à l'autorisation divine pour déléguer des Esprits protecteurs, eux-mêmes invités à venir protéger tous les participants recherchant honnêtement et humblement le chemin qui mène jusqu'à Dieu.

4. INVOCATION ET GUÉRISON

Sans que je le veuille aucunement, mes recherches spirituelles m'ont conduit à la confirmation de l'effet réel de l'appel à Dieu dans le processus de guérison de nos maladies, hélas ! très nombreuses dans nos fragiles corps matériels.

Cette confirmation prit la forme d'un véritable approfondissement du processus mis en branle. On m'y plongea même directement avec tous les acteurs de l'Invisible jouant un rôle dans sa mise en application.

Tout débuta pendant une nuit de janvier. La veille, j'avais écouté un reportage sur la vie d'un grand thaumaturge. Un peu après minuit, je m'éveillai brusquement. En ouvrant les yeux, je vis bien distinctement devant moi l'Esprit du défunt qui avait fait l'objet du reportage. Il me regardait avec un petit sourire amical. Son apparence était charnelle, comme s'il eût été incarné. Dès que me vint l'idée que ce pouvait être un trompeur, il disparut aussitôt.

La nuit suivante, l'Esprit m'apparut de nouveau. Cette fois, il se montra dans toute la lumière de son périsprit. Une luminosité fluorescente émanait de tout son être. Un amour vibratoire pénétrant se dégageait de lui comme d'une source inépuisable. Il disparut dès que je voulus lui parler.

L'Esprit se montra sporadiquement par la suite, apparaissant même, à quelques reprises, à d'autres personnes de la maison.

Un an s'écoula. Puis, je me retrouvai dans l'astral de lumière avec un autre Esprit tout aussi lumineux. Je reconnus les traits qu'il avait lors de son dernier passage terrestre. Son apparence était celle de ses trente ans. L'impression qui se dégageait de notre échange pouvait laisser croire à une amitié de longue date.

Nous étions debout autour d'une grande table de pseudo-matière lumineuse. Des vases identiques, apparemment de verre, y étaient harmonieusement disposés. Ils contenaient un certain liquide que je ne pus identifier par moi-même. L'Esprit m'expliqua alors ce que je devais faire pour permettre à des spécialistes de l'au-delà d'emmagasiner de l'énergie réparatrice dans de l'huile du même type que celle que contenaient les mystérieux vases transparents.

Je retournai ensuite dans mon corps et m'éveillai aussitôt. Je notai alors les informations que je venais de recevoir.

Plus tard, dans la semaine, les mêmes Esprits lumineux m'amenèrent dans des grands courants de lumière où ils prélevaient l'énergie réparatrice dont ils m'avaient parlé. C'était comme de véritables aurores boréales qui dansaient sans cesse. La sensation qu'engendraient leurs effluves était un pur délice. Les Esprits m'expliquèrent alors que c'était de ces fleuves d'énergie que nous venait notre propre fluide animalisé reçu à notre conception corporelle. Ils ajoutèrent que c'était là que les personnes décédées à la suite de graves blessures venaient régénérer leur périsprit. Ils me précisèrent que tous les défunts qui en avaient besoin pouvaient y accéder, sauf les suicidés ou les morts par négligence, qui devaient assumer les conséquences de leurs gestes.

La semaine suivante, j'acceptai, malgré une certaine hésitation, d'appliquer les consignes que l'on m'avait données.

À peine avais-je installé mes contenants d'huile et terminé la prière prescrite que je vis comme une pluie de petits cristaux de lumière qui pénétrait directement dans le liquide. Ils apparaissaient à environ un mètre du plafond et descendaient avec de magnifiques éclats dorés. Le phénomène dura plusieurs secondes. Je le revis régulièrement par la suite.

Dans un premier temps, j'hésitai longuement avant d'appliquer sur des personnes le processus d'intervention par les énergies que l'au-delà m'avait fait découvrir. Je craignais que les Esprits noirs du bas astral utilisent ces expériences pour tenter de briser ma crédibilité tant nécessaire pour le genre de recherche que je partage avec vous. Je savais alors qu'ils l'avaient fait, bien que vainement, contre un grand thaumaturge qui utilisait sensiblement le même procédé. J'ai finalement misé sur la protection divine et la sincérité de mes intentions. Je me suis donc laissé convaincre qu'il valait la peine de l'expérimenter dans le cadre de mes recherches spirituelles. J'en suis aujourd'hui fort satisfait, car les résultats obtenus m'ont confirmé une autre richesse que pouvait nous apporter l'appel à l'aide divine.

Pour m'assurer d'un nombre significatif de cas, j'ai fait appel aux Esprits guérisseurs sur cinq périodes de quinze semaines. Les rendez-vous s'étalaient parmi les autres consultations.

Au moment où j'écrivais ces lignes, je terminais ma cinquième période d'expérimentation. Je la voyais comme la dernière, car, malgré un taux de réussite fort intéressant, je ne croyais pas que mon travail d'approfondissement de la dimension spirituelle exigeait que je m'attardasse plus longtemps sur cet aspect. Je voulais comprendre et savoir ce qu'il en était de ses possibilités et de sa valeur réelle. Maintenant, je crois que je dois poursuivre ma réflexion sur un autre front. De toute façon, si Dieu jugeait à propos qu'il en soit autrement, il saurait me placer sur la route qui Lui conviendrait le mieux.

Pour bien comprendre le processus appliqué, il faut d'abord se référer aux trois niveaux d'où peuvent provenir les maladies, que nous avons vus dans *Messages de l'au-delà.* Je parle du niveau physique, où agit toute la gamme des facteurs exogènes et endogènes propres à la nature du corps charnel, du niveau périsprital, qui porte les possibles séquelles de nos vies antérieures et, finalement, du niveau fluidique qui réfère à la transmission du flux vital à notre corps de chair par la corde d'argent.

Comme nous le disions alors, c'est précisément par les deux derniers niveaux que la force de l'invocation applique véritablement son action pour se répercuter ensuite, par contrecoup, dans le corps de chair.

Il est important de souligner ici que l'action curative que peut entraîner l'appel spirituel ne diminue aucunement l'importance primordiale de l'action physique assurée par la médecine traditionnelle. L'une et l'autre ne font que se compléter dans le but commun de vaincre la souffrance. Selon ce que j'ai pu découvrir par mes propres recherches, cette complémentarité est telle que viendra un jour où les scientifiques eux-mêmes constateront qu'il est aussi impertinent pour la médecine traditionnelle de négliger l'importance de l'appel spirituel et de son intervention au niveau de nos énergies vitales, qu'il l'est aux tenants de l'action spirituelle de rejeter l'importance de la médecine physique.

DES TACHES NOIRES

Jacynthe avait de désagréables problèmes de digestion dont la cause physique n'avait pu être déterminée par la médecine traditionnelle. Une médication continue en taisait efficacement les symptômes, mais ceux-ci réapparaissaient dès que Jacynthe en diminuait la fréquence.

Ses lectures et ses recherches spirituelles l'avaient sensibilisée à l'existence de certaines maladies découlant directement du périsprit. Sachant que dans ces cas-là seule une action de nature spirituelle pouvait en guérir la cause, elle me consulta. Elle voulait vérifier si l'au-delà pouvait l'aider à résoudre son problème de santé qui lui empoisonnait l'existence.

Jacynthe m'apparaissait vive et intelligente. Elle m'exposa sa situation avec une grande précision. Elle semblait posséder une bonne connaissance des implications physiologiques de son problème.

Son aura était d'un jaune très pâle qui s'étendait largement comme chez les Esprits avancés dont le plan de vie ouvre au dévouement inconditionnel.

Après lui avoir expliqué, à sa demande, comment les interventions spirituelles pouvaient agir sur son corps charnel en passant par son périsprit, nous procédâmes à l'application de l'huile d'énergie.

Avant même que je commence ma prière sollicitant

l'autorisation divine et l'assistance des Esprits guérisseurs, j'en vis trois, présents près de nous. Ils avaient devancé mon invocation, comme s'ils étaient venus à un rendez-vous fixé depuis longtemps. L'un d'eux se tenait à ma droite, tourné légèrement vers moi. Un autre prenait place entre Jacynthe et moi. Il faisait face à un troisième qui se tenait un peu à l'écart et semblait diriger le trio ou plutôt semblait responsable de l'harmonisation de toute l'intervention.

Je fis mon invocation. Jacynthe reçut un bref message symbolique. J'attendis un court instant et je commençai.

En appliquant l'huile chargée d'énergie réparatrice sur les parties malades, je perçus des taches noires qui bougeaient. Elles semblaient incrustées dans le périsprit de Jacynthe, aux endroits correspondants à ses problèmes physiques. Ces taches avaient la forme un peu vague de pastilles aplaties. À cet instant, je sentis beaucoup d'énergie pénétrer dans le corps périsprital. L'intrusion de la force réparatrice sembla déloger les formes noires qui sortirent de Jacynthe. La rapidité du phénomène me laissa peu de temps pour les dénombrer. Il devait y en avoir sept ou huit. Chacune disparut instantanément dès qu'elle sortit de l'enveloppe corporelle.

J'expliquai à Jacynthe ce que je venais de voir. Elle n'avait rien noté de particulier, sauf une sensation de froid qu'elle localisait dans le centre de son corps.

Lorsque Jacynthe revint pour son rappel d'énergie, elle me rapporta qu'elle n'avait commencé à observer de nettes améliorations que trois jours après notre rencontre. Depuis, sa santé reprenait continuellement de la vigueur. Elle pouvait déjà se permettre de consommer des aliments qu'elle ne tolérait pas avant l'intervention spirituelle.

Je conseillai à Jacynthe de continuer à consulter son médecin tant qu'elle ne serait pas complètement rétablie. Ce conseil était à suivre, car, comme dans bien des cas semblables, le support physique avait autant d'importance que le support d'énergie pour la guérison complète. Les actions complémentaires devaient agir de concert dans les deux niveaux impliqués.

La reconnaissance officielle et l'enseignement des effets extraordinaires, que peut engendrer l'intervention spirituelle suite à l'appel vers Dieu, constitueront un élément important d'un réel progrès dans notre lutte pour une meilleure qualité de vie. Ce sera d'ailleurs un des signes confirmant la nouvelle ère de l'humanité terrestre. Par contre, d'ici là, la plus grave erreur serait de reculer dans la conception des superstitions moyenâgeuses où l'action spirituelle prenait des allures de magie.

Dans mes recherches, il m'est arrivé de voir des gens, qui se voulaient des Guides spirituels, rejeter et même nier la valeur de la science médicale moderne. Or, cette attitude est tout à fait insensée. Certes, mes propres expériences m'ont clairement confirmé qu'une action bien réelle et très efficace se mettait en branle par l'approche spirituelle, mais elles m'ont également démontré qu'elle se transformait en une force formidable lorsqu'elle s'associait à l'action physique compétente. Rejeter la pertinence et l'importance de la médecine moderne serait donc faire montre d'une grande ignorance, sinon d'une très grave irresponsabilité.

La nature du phénomène

Comme nous le disions plus haut, l'action spirituelle qu'engendrent nos invocations dans ses demandes de guérison déclenche un processus de transformation réparatrice directement dans le périsprit du malade. Il est logique qu'il en soit ainsi, car le périsprit représente le modèle constitutif du corps charnel et c'est lui qui porte l'énergie animalisée qui en garantit la survivance.

Voyons deux témoignages qui nous démontrent cette influence directe qu'exerce l'enveloppe de notre Esprit sur notre corps physique.

UN COUP DE CARABINE

C'est par le courrier que je pris connaissance de cette expérience particulière. Fernand en subissait encore des effets et il cherchait à en comprendre la nature réelle.

Quelques mois avant de faire appel à moi, Fernand fit un rêve très prenant qui déclencha tout le phénomène. Il se vit en présence de son beau-frère. Le contexte de la rencontre semblait bien réel. D'autant plus que l'attitude haineuse et agressive de son beau-frère correspondait bien aux tensions vécues à cette époque.

Dans la trame de leur échange, le beau-frère de Fernand se mit dans une grande colère. Il prit une carabine et la braqua vers Fernand. Sans aucune hésitation, il tira sur lui. Il l'atteignit au côté droit. Fernand ressentit une très vive douleur. Son intensité fut telle, qu'elle le sortit directement du sommeil.

Bien éveillé, Fernand continuait à souffrir de la blessure reçue en rêve. Comme si elle avait été réelle. Surpris d'un pareil phénomène, il changea de position pour retrouver le sommeil. Après tout, il ne s'agissait que d'un rêve. Fernand se rendormit.

Le matin, lorsqu'il s'éveilla, Fernand ressentait toujours la douleur déclenchée par le coup reçu en rêve. En faisant sa toilette, il aperçut une grosse rougeur avec un cercle blanc à l'intérieur. Il avait la dimension d'un trou de balle du calibre utilisé en rêve. Il se situait à l'endroit précis d'où provenait son mal.

Après plusieurs jours d'une souffrance parfois vive, Fernand se décida à consulter son médecin qui refusa catégoriquement de croire à l'histoire de son patient. Pour lui, il était bien clair que Fernand avait reçu un coup d'une grande violence et qu'il cherchait à camoufler sa provenance. Il lui fit subir des examens plus approfondis, mais rien d'anormal ne fut décelé pouvant expliquer la marque blanche entourée d'une si vive rougeur.

Devant une telle fermeture d'esprit, Fernand se résolut à ne plus parler de son problème. Il savait que rien de physique n'avait été atteint et cela suffisait à calmer ses inquiétudes.

Quelques mois plus tard, il portait toujours la cicatrice au côté droit. La douleur avait cependant beaucoup diminué. Seule demeurait une grande sensibilité dès qu'il touchait au cercle blanc imprégné dans sa peau.

Fernand souffrait d'une blessure énergétique dans son périsprit. Lorsque son beau-frère lui tira une balle de pseudo-matière, il lui projeta les basses vibrations de sa haine à un point précis de son périsprit qui subit un désordre dans sa structure d'énergie. Comme pour les maladies d'origine périspritale, la carence localisée se répercuta dans le corps de chair qui en manifesta les symptômes. Cependant, contrairement à ce qui se passe généralement avec les maladies du périsprit, qui ont une action lente et perverse, le coup porté engendra un effet immédiat qui se répercuta directement dans le corps de chair.

L'expérience de Fernand nous fait bien comprendre le processus du développement de certaines maladies dont les symptômes apparaissent avant qu'elles ne soient identifiables par les techniques physiques. Le corps de chair a besoin d'un périsprit bien équilibré, car il se nourrit de ses échos vibratoires. Si une carence en énergie apparaît dans le périsprit, dont il reçoit le fluide vital, la force de vie s'échappe peu à peu du corps, et la maladie physique s'installe.

Cette expérience nous fait également comprendre le processus inverse : celui de la guérison par apport d'énergie. La carence étant comblée dans le périsprit, le corps reçoit tout le fluide vital dont il a besoin dans chacune de ses parties, et la santé revient au rythme où la cause première disparaît.

DE L'HERBE À PUCE

Carole vécut elle aussi une expérience qui nous démontre le lien direct et très intime entre l'équilibre énergétique du périsprit et la santé du corps physique. Comme pour le cas de Fernand, Carole subit le déclencheur de ses problèmes de santé par un effet de la pseudo-matière de l'au-delà. L'expérience lui apparut comme un simple rêve, mais elle avait réellement vécu tout ce qu'elle en avait retenu.

Carole s'était couchée à son heure habituelle. Rien de particulier ne perturbait sa vie quotidienne, si ce n'est l'hiver tenace qui refusait toujours de partir malgré le mois d'avril.

En toute fin de nuit, Carole se vit couchée dans un grand champ. Une riche verdure s'étendait à perte de vue dans un magnifique décor. La chaleur était douce. Elle caressait sa peau dénudée qui s'imbibait de cette sensation merveilleuse. En regardant de plus près autour d'elle, Carole se rendit compte qu'elle s'était étendue dans un champ d'herbe à puce. Une panique l'envahit. Elle chercha à se relever rapidement, mais revint directement dans son corps de chair. En s'éveillant, elle craignit de retrouver toutes ces plantes dans son lit.

Ses craintes se justifièrent par une grande démangeaison qui lui parcourait tout le corps. Elle porta ses mains sur sa peau et sentit des boursouflures qui s'étendaient sur tout son épiderme. Elle se leva rapidement et alluma la lumière de sa chambre. Elle était couverte de rougeurs et d'éruptions cutanées.

Elle prit un bain, mais aucun effet positif ne se fit sentir. Au cours du petit-déjeuner, les démangeaisons devinrent insupportables. Elle téléphona au bureau pour avertir qu'elle ne pourrait aller travailler et se rendit à la clinique familiale de son quartier.

Le médecin reconnut les effets habituels provoqués par le contact cutané avec l'herbe à puce, mais il ne comprenait pas que cette plante irritante ait pu pousser en plein milieu d'avril. Il approfondit donc un peu plus son investigation en posant plusieurs questions à Carole, mais elle n'avait jamais présenté aucun symptôme d'allergie à quoi que ce soit. De plus, elle n'avait rien mangé d'inhabituel ni fréquenté aucun milieu nouveau. En fait, rien de physique ne pouvait expliquer son problème cutané, car la cause résidait dans la pseudo-matière de l'au-delà. Comme Carole n'osa toucher le moindre mot de son expérience astrale, son médecin ne sut jamais ce qui s'était réellement passé. Carole reçut l'ordonnance conventionnelle des personnes ayant été en contact avec l'herbe à puce, et tout rentra dans l'ordre dans les délais normaux.

Des effets similaires peuvent être facilement provoqués sous hypnose. L'hypnotiseur suggère à la personne qu'elle touche à l'herbe à puce, et les effets physiques apparaissent sur son épiderme. Le processus inverse s'effectue par la suggestion de l'entière guérison des symptômes provoqués.

Dans les deux cas, le phénomène en jeu agit directement sur le périsprit. Une modification énergétique est provoquée dans les couches périspritales. Cette modification entraîne une carence dans le flux vital. Cela se répercute dans le corps de chair qui doit donc subir passivement le contrecoup que lui impose le périsprit dont il est directement dépendant.

Comme nous l'avons vu plus haut, c'est cette dépendance qui rend possibles les guérisons par l'énergie réparatrice qu'utilisent les Esprits guérisseurs incarnés et désincarnés. Naturellement, ceci est surtout valable pour les maladies où le périsprit est concerné comme cause première.

Cette action spirituelle doit cependant suivre un processus bien précis dont chacune des étapes constitue une condition préalable à toutes les autres.

Première étape

Comme dans toutes les invocations, la première étape à franchir est celle de l'obtention de l'autorisation divine. Rien ne peut se produire sans son aval. Cette autorisation est grandement importante pour le médium prieur, car elle lui garantit que son intervention sera conforme à l'orientation du plan de vie du malade et qu'elle agira dans la pleine mesure de ses possibilités.

Deuxième étape

La deuxième étape exige que le prieur élève son niveau vibratoire pour se rendre compatible à l'action des Esprits de lumière qui devront intervenir. Il est important de comprendre ici que cette élévation des vibrations n'est pas une simple image abstraite. Elle traduit un phénomène complexe bien réel où l'incarné médium retrouve ses caractéristiques d'Esprit telles qu'elles seraient sans son enveloppe charnelle.

UNE VÉRITABLE TRANSFORMATION

L'état de santé d'Alfred exigeait une quantité assez massive d'énergie réparatrice pour rétablir l'équilibre dans son périsprit, puis dans son corps physique. Avant notre première rencontre, je lui recommandai de se tourner vers Dieu de façon toute particulière pour s'assurer de la pleine possibilité de l'intervention des spécialistes de la guérison de l'au-delà qui agiraient par mon intermédiaire.

Le transfert d'énergie s'effectua dans une ambiance un peu particulière. C'était comme si les Esprits de lumière accordaient une importance toute spéciale aux moments que je vivais.

Je fis mes invocations pour demander l'autorisation divine et l'assistance des guérisseurs de l'Invisible. Gardant les yeux fermés, je vis des effluves de lumière d'une grande intensité. Chacun d'eux dansait dans un mouvement continu, s'entrecroisant avec une gracieuse harmonie. On aurait dit une véritable chorégraphie céleste.

Alfred, qui attendait que je commence le transfert énergétique, ouvrit les yeux et me regarda avec stupéfaction. Sans que je me rende compte du phénomène, il vit mon visage devenir tout lumineux. Mes traits étaient à peine reconnaissables. Une aube de lumière blanche recouvrit tout mon corps. Une lueur fluorescente s'en dégageait. Mes mains se modifièrent à leur tour. Elles devinrent toutes lumineuses. Mes doigts s'allongèrent en lumière et devinrent très effilés. Une luminosité bleutée et argentée s'en dégageait sur une longueur d'au moins quinze centimètres. Une lumière encore plus belle commença à m'envelopper. Elle brillait d'un jaune très pâle rempli de dorures lumineuses.

Alfred tenta de toucher cette lumière qui m'entourait. Lorsque sa main entra dans son champ d'émission, elle devint toute jaune. Elle garda cette teinte jusqu'à ce qu'il la retire.

Alfred vit ensuite mon corps périsprital s'élever au-dessus du sol. Je montai d'une hauteur d'au moins un mètre et ma tête traversa le plafond.

Je redevins ensuite moi-même dans mon apparence charnelle habituelle. Je procédai au transfert de l'énergie réparatrice et c'est après que j'eus terminé qu'Alfred me rapporta ce qu'il avait vu.

Le même phénomène se répéta lors du deuxième traitement d'énergie que l'état d'Alfred nécessitait. Je revis les mêmes effluves lumineux et Alfred me vit me transformer sans que je ne me rende compte de rien. La seule différence que remarqua Alfred concernait un bracelet pseudo-matériel que je portais à mon poignet droit. Le bijou était large et très brillant. De nombreuses pierres lumineuses ressemblant à des diamants en ornaient toute l'armature. Ce bracelet demeura présent jusqu'à la fin du transfert, disparaissant dès le dernier geste d'imposition de l'énergie contenue dans l'huile.

Alfred avait été témoin d'une manifestation énergétique du périsprit. Ses capacités médiumniques lui avaient permis de voir un des nombreux phénomènes spirituels qui, malgré leur pleine réalité, échappent généralement à nos sens charnels. Bien que peu de gens puissent les percevoir, il faut toujours agir en tenant compte de leur présence.

Plusieurs personnes dont je me suis occupé m'en ont déjà rapporté d'autres de même nature. Les phénomènes étaient moins spectaculaires que celui que je viens de décrire, mais ils confirmaient l'implication d'une dimension très subtile qu'il fallait atteindre pour que nos prières de guérison soient exaucées.

Troisième étape

La troisième étape concerne la disponibilité de l'énergie réparatrice. Il est bien entendu que nous ne parlons pas ici du fluide animalisé personnel à chacun d'entre nous et que tous peuvent donner à un autre incarné par transfert direct. Nous référons ici à l'énergie réparatrice qui vient directement des courants de lumière dont nous avons précédemment parlé. Sans cette énergie de l'au-delà, toute personne désirant guérir autrui le ferait au détriment de sa propre réserve vitale. Après plusieurs récidives, cette façon d'opérer entraînerait d'inévitables problèmes de santé.

Quatrième étape

La quatrième étape se traduit dans la capacité de transmettre l'énergie guérisseuse dans le périsprit de la personne malade. C'est ici qu'entre en jeu la médiumnité de l'intermédiaire incarné utilisé par les Esprits de lumière pour atteindre leur cible. Comme pour les autres types de manifestations qui impliquent une action directe dans notre monde physique, les Esprits guérisseurs de l'au-delà ont besoin d'un vivant pour agir. Bien que le procédé utilisé soit fort différent, il nécessite la même proximité d'un médium qu'ils pourront utiliser aussi facilement à son insu qu'avec sa libre collaboration, exactement comme cela se produit lors de certaines guérisons où il y a une foule en activité de prières.

C'est la prise de conscience de cette importante étape qui a toujours fait dire aux grands guérisseurs comme Alfred Bessette, le bon frère André de l'oratoire Saint-Joseph de Montréal, qu'ils n'étaient que des instruments au service d'entités guérisseuses.

Le mode de transfert de l'énergie réparatrice sera directement déterminé par la structure électrique du médium.

Certains pourront opérer par simple imposition des mains. Ce premier mode exige une grande prudence de la part de son utilisateur. Il doit toujours bien s'assurer de la présence des Esprits émetteurs de l'énergie guérisseuse, car, s'il négligeait cet aspect, il risquerait d'épuiser sa propre réserve et d'affecter sa santé.

DEUX GUÉRISONS COMPLÈTES

Mon épouse, qui collabore étroitement à mes recherches par sa compréhension que je qualifierais d'angélique, put ainsi profiter de la généreuse intervention des Esprits guérisseurs à deux reprises. Dans les deux cas, la guérison accordée fut complète.

Il y a quelques années, Louise me signala la présence d'un tout petit kyste sur une de ses mains. Il était apparu plusieurs semaines plus tôt. Jusqu'alors, il avait été stable et ne provoquait aucune douleur. Mais subitement, la petite masse commença à augmenter de volume. Sa croissance fut telle, qu'elle prit rapidement la grosseur d'un jaune d'œuf. Louise s'en inquiéta et me demanda si je pouvais faire quelque chose.

Deux Esprits très lumineux se présentèrent à la suite de mes invocations. Je déposai l'énergie réparatrice par l'imposition de mes mains et me concentrai sur le mal à détruire. Le kyste fondit littéralement sous nos yeux. En quelques secondes, il devint à peine perceptible au toucher. Louise fut émerveillée d'un pareil phénomène. Elle remercia Dieu d'avoir autorisé la guérison de sa main qui bougeait avec de plus en plus d'aisance.

Après deux autres impositions d'énergie réparatrice, le kyste avait disparu complètement sans laisser aucune trace.

L'année suivante, Louise subit une agressive augmentation de l'arthrite qui l'incommodait depuis l'époque de sa dernière grossesse. Jusque-là, le mal s'endurait bien et une faible médication contrôlait facilement les symptômes. On aurait dit que la maladie s'éveillait subitement après une longue somnolence et qu'elle voulait rattraper le temps perdu.

Les zones les plus atteintes se situaient au niveau des épaules. Avec les jours, la douleur devint si intense que Louise ne pouvait plus s'habiller seule. Même les anti-inflammatoires ne venaient pas à bout de la virulente poussée qui figeait progressivement la partie supérieure de son corps.

Louise dut recevoir l'énergie réparatrice à trois reprises. Chaque fois que j'imposai mes mains, des spécialistes de lumière vinrent jusqu'à nous. La première séance du traitement donna des résultats qui nous parurent timides, mais les deux dernières nous confirmèrent l'effet réel que l'énergie avait engendré. Non seulement Louise fut-elle guérie de tous ses symptômes, mais elle put cesser progressivement toute sa médication sans jamais plus subir les affres de cette douloureuse maladie.

Notre énergie vitale n'est pas très difficile à donner à un autre. Souvent, il suffit d'une sincère compassion pour que le processus s'enclenche. Mais dans ce cas, notre Ange gardien voit à ce que tout se passe dans les limites de nos capacités, ce qu'il ne peut malheureusement faire si nous décidons librement de passer outre aux règles de prudence.

Ces transferts spontanés peuvent même s'effectuer de l'homme à l'animal.

UN OISEAU BLESSÉ

J'effectuais de menus travaux dans la cour arrière de ma maison. Nous étions en plein milieu du mois d'août. Les vacances d'été étaient presque terminées. Bientôt, tous les oiseaux migrateurs nous auraient quittés. Je profitais de la chaleur avec toute la nature qui semblait s'en regorger.

Mon attention fut attirée vers le stationnement de ma voiture. Ma femme, mon père, ma fille et son ami semblaient y observer quelque chose qui reposait sur le sol. Ils étaient penchés. Je m'avançai vers eux pour satisfaire ma curiosité. Je me rendis rapidement compte qu'ils parlaient à un petit animal blessé.

En m'avançant davantage, je vis un oiseau au magnifique plumage. Il ne pouvait plus voler. Il parvenait à peine à bouger ses ailes. Même ses pattes ne le supportaient plus. Une certaine tristesse se dégageait de toute la scène. Chacun l'encourageait à reprendre son envol, mais cette solidarité ne faisait aucune différence.

Mon épouse et ma fille me demandèrent de tenter de le guérir. Je pensai qu'il valait la peine d'essayer. Je m'approchai de l'oiseau et je priai Dieu de permettre que la vitalité revienne dans le petit animal. Je demandai intérieurement l'assistance des Esprits de lumière pouvant m'aider. Je posai mes mains à quelques centimètres de son plumage multicolore. Je me concentrai pour que le transfert direct puisse s'effectuer. Je sentis l'énergie vitale sortir de moi comme s'il fût un humain. Après quelques secondes, je cessai l'imposition.

L'oiseau se mit à bouger brusquement, avec une grande vigueur. Presque aussitôt, il s'envola dans un battement d'ailes régulier et nerveux. Après quelques voltiges, il disparut à travers le feuillage des gros arbres où il retrouva sa sécurité.

Je ne revis jamais plus cet oiseau, du moins ne l'ai-je jamais reconnu. Je ne pus donc évaluer la durée de l'effet de guérison. Nous pouvons par contre affirmer qu'il y eut une stimulation d'énergie bien observable dans les réactions immédiates de l'oiseau blessé. En quelques secondes, il était passé d'un état d'agonie à celui d'une grande vigueur.

Je ne reçus aucune information particulière de mon Guide à ce sujet. Pour lui, l'essentiel avait été atteint. Je comprenais que l'énergie fluidique qui anime nos corps charnels était de même nature que celle qui permet la vie dans le règne animal.

Cette connaissance peut sembler bien anodine dans notre réflexion spirituelle, mais elle mériterait sûrement d'être approfondie pour mieux comprendre nos rapports avec les animaux. Peut-être que leur survivance d'après-mort, maintes fois démontrée, revêt une importance que nous ne pouvons pas encore soupçonner.

Le second mode n'exige qu'une simple proximité physique entre le médium et le malade. Aucun contact volontaire n'est nécessaire. Les entités forment alors des arcs de pseudo-matière qui servent de véritables ponts par lesquels leur énergie atteint la personne ciblée. Le plus souvent, ce mode s'applique sans l'approbation du médium. Parfois même, il ignore qu'il peut être utilisé de cette façon. Les entités guérisseuses inspirent alors leur instrument de transfert à s'approcher de la personne dont ils ont reçu les prières et que Dieu a autorisées.

Je fus personnellement conscient d'avoir déjà été ainsi utilisé. Dans certains cas, c'était l'intéressé lui-même qui m'en faisait part, mais, dans d'autres, je n'avais besoin de personne pour m'en rendre compte.

UN TRANSFERT INVOLONTAIRE

Je vécus cette expérience au tout début de mes recherches, bien avant que mes amis de l'au-delà ne m'enseignent les règles à suivre en matière de guérison.

Je participais à un groupe de formation dont l'activité n'avait aucun lien avec l'objet de mes recherches spirituelles. Une vingtaine de personnes étaient présentes. Une heure après le début de notre échange, je me retrouvai à proximité de Réna. Son teint était pâle et elle ne semblait pas se sentir très bien. Je la regardai et lui fis un sourire.

À cet instant, je sentis une grande chaleur sortir de mon corps. C'était comme si un foyer s'enflammait en moi et qu'il sortait à travers ma paroi physique. J'eus une douleur de plus en plus grande au niveau de mon foie. J'avais l'impression qu'une masse se pressait à l'intérieur.

À la pause-café, je demandai à Réna si elle avait mal au foie. Elle me répondit avec un grand sourire qu'elle s'était sentie très mal au début de la rencontre, mais que maintenant tout son malaise avait disparu. Elle me précisa qu'elle faisait une crise de foie depuis la veille. Elle était venue quand même à sa formation vu son importance. Réna m'expliqua que lorsque je lui fis un sourire, elle avait senti une grande chaleur pénétrer en elle et que ses douleurs avaient cessé sur-le-champ.

Je venais de subir un transfert d'énergie involontaire. Lorsque je dis transfert, il faut prendre le mot dans sa signification première. Un véritable échange s'était effectué au niveau des énergies. J'avais été utilisé pour donner à Réna le fluide qui manquait à son foie, et je me retrouvais momentanément avec la sensation de la carence qui l'affectait. Bien sûr, l'au-delà voyait à ce qu'il n'y ait pas de déséquilibre dans mes propres énergies, mais je dus quand même supporter des souffrances pendant plus de quarante-huit heures.

Bien que gratifiante par les résultats obtenus, cette expérience me fut plutôt désagréable. Elle me permit cependant de comprendre qu'un guérisseur qui ne serait pas assisté des spécialistes de lumière ne pourrait pas subir longtemps l'écoulement de sa propre énergie vitale sans que sa santé en soit gravement affectée.

Dans les guérisons à distance, c'est également le second mode qui est appliqué. Il comporte cependant un certain risque pour le médium, car l'énergie impliquée pour former le pont de transfert exige une plus grande quantité de ses forces vitales. C'est pourquoi les entités guérisseuses n'interviendront de cette façon qu'avec l'assentiment de leur intermédiaire.

Le troisième mode implique l'utilisation d'un support matériel à l'énergie réparatrice. C'est celui que l'on m'enseigna dans l'astral de lumière et que j'ai déjà expliqué. Nous verrons un peu plus loin les possibilités qu'il peut offrir aux prieurs qui demandent le retour à la santé.

Cinquième étape

La cinquième étape consiste à obtenir la collaboration des Esprits guérisseurs de l'au-delà. Comme nous l'avons vu, leur intervention est essentielle pour obtenir les effluves de guérison dans notre monde matériel.

Pour déclencher leur processus d'intervention, le médium guérisseur doit d'abord répondre aux exigences des quatre premières étapes. Ensuite, il doit invoquer directement les Esprits de lumière. Il les invite à exprimer leur générosité inconditionnelle par une prière qu'il leur adresse directement. Il attend ensuite que leur présence soit confirmée avant de commencer le traitement dont il sera l'intermédiaire.

C'est lorsque les spécialistes de l'au-delà auront commencé à introduire l'énergie réparatrice que le processus de guérison s'enclenchera. Ensuite, il suivra son cours dans la pleine mesure de l'autorisation divine et du plan de vie de la personne traitée.

***

Il arrive fréquemment que des phénomènes fort bienveillants se produisent lorsque les Esprits de lumière sont en présence. Tout se passe comme s'ils se faisaient accompagner par leurs amis d'en haut. Il m'arriva régulièrement d'en prendre conscience. Certaines personnes venues me consulter en perçurent également les agréables manifestations.

UNE DOUCE CLOCHETTE

Maude accompagnait une amie qui me rencontrait pour un traitement par les énergies. Elle souffrait d'une grave maladie intestinale dont la médecine traditionnelle ne pouvait venir à bout. Elle m'avait donc demandé de contribuer à sa guérison en unissant mes efforts spirituels à ceux de ses traitements physiques.

Maude s'installa confortablement dans la petite salle de télévision. Elle était assise juste en face de la pièce où je me trouvais avec son amie. Environ quinze minutes après que j'eus refermé la porte derrière moi, Maude entendit un doux son de clochette provenant de mon bureau. C'était comme le tintement d'une petite cloche de verre ou de cristal. Au même moment, l'image du téléviseur sembla affectée par l'effet sonore. Tout revint à la normale dès le retour du silence.

Elle remarqua ensuite une lumière très blanche jaillir du bas de ma porte. La lumière semblait modifiée par le mouvement de plusieurs personnes se déplaçant dans la pièce.

Puis, la clochette tinta de nouveau. L'image du téléviseur réagit à son tour comme la première fois. Tout revint dans l'ordre dès que la clochette se tut.

La lumière continua son jeu de mouvements pendant tout le temps où j'appliquai l'énergie réparatrice à l'amie de Maude. Quant au tintement de la cloche invisible, il se produisit à cinq reprises, provoquant le même curieux effet sur l'écran de la télévision.

Lorsque nous eûmes terminé, j'ouvris la porte et nous rejoignîmes Maude. Son regard semblait très interrogateur. Elle nous fit part de ce qu'elle avait vu et entendu. Son amie et moi fûmes surpris, car nous n'avions été témoins d'aucun tintement de clochette. De plus, la lumière et les déplacements dont elle parlait ne correspondaient aucunement à ce qui s'était passé. Nous étions demeurés debout, sans changer de place pendant tout le transfert d'énergie réparatrice. Quant à l'éclairage de la petite pièce où nous nous trouvions, il n'avait aucunement la blancheur et la brillance perçues par Maude.

Elle se leva et entra dans mon bureau. Elle fut surprise de constater la petitesse de la pièce et ne pouvait comprendre comment elle avait pu apercevoir un jeu de mouvements si continus dans un espace aussi restreint.

En entendant le témoignage de Maude, son amie sembla surprise. Comme pour renforcer les propos de Maude, elle décrivit à son tour ce qu'elle avait perçu pendant qu'elle recevait l'énergie. Elle n'avait osé m'en parler de peur de passer pour une originale. L'aisance de Maude à rapporter ce qu'elle avait vu et entendu lui avait fait réaliser qu'elle aussi avait été privilégiée de percevoir un signe direct de l'au-delà et qu'elle ne devait pas cacher un si beau cadeau.

Les yeux pétillants, elle nous expliqua que, dès que je commençai à refaire circuler sa réserve de fluide animalisé vers son chakra coronal, elle ferma les yeux. C'est là qu'elle perçut une colonne de lumière bleue s'élever au-dessus de sa tête. C'était comme l'effet d'un puissant projecteur dirigé vers le ciel pendant une nuit sans lune. Elle vit ensuite des cristaux de lumière bleue qui descendaient du ciel. C'était comme de l'énergie concentrée. Une brillance étincelait sur leurs nombreuses facettes dans des tons dorés et argentés. Cette lumière cristallisée entrait dans son corps par la colonne lumineuse émergeant de sa tête. Une grande sensation de bien-être détendait tout son corps au fur et à mesure que la lumière bleutée entrait en elle.

Les témoignages de Maude et de son amie concordaient avec ceux de plusieurs autres personnes qui avaient déjà indiqué la présence des Esprits de lumière venus généreusement jusqu'à nous pour répondre à nos demandes. La sensation d'un grand bien-être, le calme, la douceur des éléments manifestés et la brillance de leur luminosité étaient tous des signes que seules les entités d'amour inconditionnel peuvent reproduire.

Quant à l'amie de Maude, il m'apparaissait bien évident que les balises de son plan de vie permettaient de belles possibilités d'intervention. Malheureusement, la gravité de son état impliquait plusieurs étapes dans le transfert de l'énergie réparatrice, et la jeune femme se retira du processus avant que nous puissions en constater les réels bienfaits.

Épuisée par les nombreuses années de soins médicaux souvent difficiles et décevantes, elle avait sans doute trop attendu des effets immédiats. Je trouvai cela dommage, car, avec tous les signes que nous avions reçus, nos efforts s'avéraient très prometteurs. L'énergie de l'au-delà, alliée aux efforts des médecins, aurait sans doute donné de bons résultats.

Mais sa liberté était complète. Peut-être qu'en Esprit, pendant ses heures de sommeil, elle avait jugé qu'il valait mieux pour elle qu'il en soit ainsi.

UN BEAU SIGNE D'AMOUR

Violette centrait désormais son existence sur les valeurs spirituelles qu'elle avait découvertes à la suite d'une douloureuse épreuve. Elle en imprégnait son quotidien qu'elle considérait maintenant comme un outil privilégié pour grandir vers la lumière aux vibrations divines.

Violette vint me consulter afin de faire appel à l'assistance de l'au-delà pour l'aider à résoudre un sérieux problème de santé qui l'empêchait de s'impliquer dans son incarnation comme elle l'aurait souhaité. Il lui semblait que la santé lui serait un atout crucial pour la réussite de sa vie.

Elle suivait scrupuleusement toutes les recommandations et les ordonnances médicales, mais elle croyait qu'elle devait traiter une dimension plus profonde pour résoudre son problème.

Violette se montra très réceptive à l'énergie réparatrice de l'au-delà. Plusieurs blocages dans sa ligne d'énergie empêchaient le fluide animalisé de nourrir adéquatement les parties malades de son organisme. Les traitements physiques de la médecine traditionnelle étaient excellents, mais la carence en énergie vitale maintenait une défaillance continue dans le corps de chair. La maladie avait donc tendance à reprendre le dessus dès que les traitements physiques cessaient leur effet.

Violette dut venir trois fois pour retrouver l'équilibre de sa circulation d'énergie périspritale. C'est lors de notre dernière rencontre qu'elle vécut un agréable phénomène que je voulais vous rapporter.

Violette sortit de mon bureau. Je l'accompagnai en parlant avec elle. Elle prit son manteau. Elle cessa subitement de parler et ferma les yeux en faisant un léger sourire. Comprenant qu'il se passait quelque chose de particulier, je cessai également de parler. Après quelques secondes, Violette ouvrit les yeux. Des larmes d'émotion ruisselaient sous ses paupières. Son regard rappelait celui d'une enfant recevant un magnifique cadeau.

Elle me dit calmement qu'elle venait de vivre quelque

chose de merveilleux. En entrant dans la pièce, elle s'était sentie accueillie par la présence d'une bienveillance inouïe. En s'avançant vers son manteau, cette présence invisible s'était faite encore plus insistante. La sensation était fort agréable. Violette s'était penchée pour prendre son vêtement et, en se relevant, elle s'était sentie étreinte par un être d'amour.

Pendant les trois fois qu'elle avait reçu l'énergie, Violette n'avait jamais ressenti d'effets particuliers, mais, juste avant de partir, un Esprit de lumière avait voulu lui signifier sa présence réelle et l'amour qu'il éprouvait pour elle. C'était sans doute son Ange gardien, heureux de la voir évoluer si vite, mais je n'en reçus aucune confirmation.

Violette me quitta très satisfaite. Elle avait retrouvé le chemin de la santé à la suite de notre intervention, mais ce qui était encore plus beau pour elle, c'est que, désormais, sa foi serait inébranlable, armée d'une double manifestation dont elle ne pourrait jamais nier l'existence.

***

Nous venons de voir le processus de guérison par les énergies qui s'opère directement dans notre monde physique par l'intermédiaire d'un médium. Mais que se passe-t-il lorsque notre dimension matérielle n'est plus impliquée ?

Dans ce cas, l'au-delà de lumière peut agir différemment pour nous aider dans notre lutte contre nos maladies corporelles. Les Esprits spécialistes de la guérison, et même d'autres Esprits bienveillants, peuvent en effet profiter de notre présence dans l'astral pendant nos heures de sommeil pour intervenir directement dans notre périsprit. Comme ils n'agissent pas dans notre monde matériel, ils n'en subissent pas les contraintes. Ils peuvent donc, si Dieu le permet, apporter l'énergie réparatrice dont ils disposent sans devoir passer par un médium incarné. L'efficacité de cette façon d'intervenir s'avère aussi grande que celle que nous venons de voir.

GUÉRIE DANS SON RÊVE

Guilaine me rapporta ce qu'elle avait vécu pour ajouter un autre élément de confirmation aux conclusions de mes recherches. Très sensibilisée aux phénomènes de l'Invisible depuis son expérience, Guilaine orientait désormais sa vie terrestre vers tout ce qui pouvait élever ses vibrations. Elle avait vu concrètement la réalité de l'au-delà, un avant-goût de toute la richesse que pouvaient y trouver les défunts qui s'étaient bien préparés à la conquête du meilleur dans la vie d'après-mort.

Guilaine avait perdu sa mère depuis plusieurs années. Jusque-là, son plan de vie ne lui avait jamais donné d'inquiétudes réelles. Son incarnation se déroulait sans encombre. Aussi, à cette époque, se laissait-elle bercer par les illusions du monde matériel masquant l'essentiel de notre existence.

Comme pour plusieurs d'entre nous, c'est par la souffrance qu'elle découvrit le chemin qu'elle devait suivre. Sans aucun avertissement, sa santé l'abandonna. Une attaque de paralysie lui immobilisa tout un côté du visage. Ses traits, qu'elle trouvait plutôt jolis, n'étaient plus qu'une masse musculaire difforme dont elle n'avait aucun contrôle.

La médecine ne pouvant pas beaucoup pour elle,

Guilaine se sentit livrée à elle-même. Ses proches l'assistaient le mieux qu'ils le pouvaient, mais elle se sentait isolée, étrangère au monde qui l'entourait.

Comme la dimension matérielle ne lui était pas d'un grand secours, elle se tourna vers celle, plus subtile, de la spiritualité. Ses premières demandes à Dieu empruntèrent la forme traditionnelle que lui avait léguée sa formation religieuse. Puis, approfondissant la question par de nombreuses lectures, elle s'adressa directement à ceux de l'au-delà qu'elle croyait le plus en mesure de l'aider.

Ses premiers efforts ne lui inspirèrent aucune forme d'encouragement. Sa situation était stable et semblait vouloir le demeurer longtemps. Sa foi dans les nouveaux principes qu'elle avait découverts la poussait cependant à persévérer avec courage.

Elle obtint la récompense de son insistance après plusieurs mois de supplications quotidiennes.

Guilaine s'était endormie en priant Dieu d'exaucer les demandes qu'elle adressait à ses frères désincarnés. À peine entrée dans les dimensions de l'au-delà, elle se retrouva en présence de sa défunte mère. Les retrouvailles furent touchantes et chargées d'émotion. Sans se parler, elles s'exprimèrent l'amour sincère qui les unissait pour toujours. Guilaine fut surprise de la luminosité fluorescente qui émanait du corps périsprital de la défunte. Elle observa la présence d'Esprits très lumineux qui l'accompagnaient. Ils regardaient Guilaine avec une grande douceur. Un amour pur et inconditionnel émanait de tout leur être.

Sa mère s'approcha très près d'elle. Les Esprits qui l'accompagnaient prirent une position de recueillement. La défunte posa sa main droite sur le côté paralysé du visage de Guilaine. Une grande chaleur pénétra en elle, parcourant son périsprit dans toute la ligne distributrice de son énergie vitale. Sa mère garda sa main sur la partie malade pendant un certain moment, puis elle la retira lentement. Elle fit un sourire à Guilaine, effectua quelques pas vers l'arrière et disparut avec ses compagnons. Guilaine sombra ensuite dans une inconscience totale, le temps de revenir dans son corps de chair et de sortir du sommeil.

Guilaine s'éveilla presque aussitôt. Elle ressentit une grande déception d'avoir dû quitter son rêve, mais sa tristesse ne dura qu'un bref instant. Elle se rendit rapidement compte qu'elle avait été guérie. Son visage avait repris toute sa souplesse et toute sa mobilité. Sa sensibilité était complètement revenue.

Guilaine se leva sur-le-champ. Elle alluma la lumière et se précipita vers le miroir de sa commode. Elle ne pouvait retenir sa joie. Elle éveilla les siens pour leur montrer sa pleine guérison. Elle partagea avec eux l'extraordinaire expérience qu'elle avait vécue directement dans l'au-delà. Sa fille la plus vieille voulut bien nier une pareille possibilité, mais sa pauvre raison ne put lui fournir aucune autre réponse valable.

L'au-delà avait démontré une autre belle possibilité que peuvent ouvrir les portes de l'appel à Dieu.

UN GROS MAL DE DOS

Mireille avait déjà fait appel à l'intervention des Esprits guérisseurs de l'au-delà en passant par mon intermédiaire. Des maux de tête incontrôlables, qui étaient apparus à la suite d'une mort clinique, la privaient de jouir pleinement de la vie. Elle se sentait toujours faible. Elle ne pouvait supporter d'être au soleil, ni même sous des lumières à forte intensité. L'intervention par les énergies lui avait permis de retrouver d'intéressantes possibilités qu'elle ne pouvait plus envisager. J'avais personnellement qualifié sa guérison de prouesse de l'au-delà.

Huit mois plus tard, Mireille fut aux prises avec de violents maux de dos. Comme elle me savait très occupé, et se disant qu'elle avait déjà reçu une bonne part de la générosité des Esprits de lumière, elle décida de ne pas m'en parler. Elle préférait laisser à d'autres la possibilité de profiter des mêmes avantages qui lui avaient été accordés.

Elle pria Dieu avec ferveur de bien vouloir l'assister dans les nouvelles difficultés qui se présentaient sur sa route. Elle consulta également les médecins traditionnels qui l'aidèrent beaucoup à soulager ses souffrances. Mais le mal semblait incrusté et reparaissait avec insistance.

Après plusieurs semaines d'invocations, Mireille reçut le retour de ses demandes répétées.

Alors que son corps s'était ancré dans la mer du sommeil, Mireille retrouva sa pleine conscience de veille. Elle fut grandement surprise lorsqu'elle se rendit compte qu'elle se trouvait toujours dans les dimensions subtiles de l'au-delà. Elle sentait son corps charnel très loin d'elle, mais toute la plénitude de son être lui semblait intacte. Une lumière agréable l'entourait sans prendre de forme particulière. Elle se sentait bien. La douce chaleur qui l'atteignait lui rappelait celle de sa mère qui la berçait autrefois.

Mireille aperçut ensuite une forme humaine sortir de la lumière qui l'entourait. Elle me reconnut rapidement. Je lui souriais. Je m'avançai lentement vers elle. Sans que je ne dise aucun mot, Mireille comprit que je venais l'aider dans le sens de ses prières.

Je tendis ma main droite vers elle. Une belle luminosité bleutée et argentée en jaillissait. Mireille se retourna sans réfléchir. Je m'approchai tout près d'elle. Je lui imposai de l'énergie de guérison directement dans son périsprit. Mireille sentait une force à la fois douce et imposante pénétrer dans les zones qui causaient la douleur à son corps charnel. La conscience de notre rencontre dans l'astral de lumière se prolongea quelques instants et Mireille retourna sous le voile qui fait oublier.

À son réveil, tout son mal avait disparu. Elle pouvait bouger sans que la souffrance vienne lui crisper le dos et la figer dans l'inconfort.

Mireille me fit part de cette expérience de guérison quelques semaines plus tard. Personnellement, je n'en gardais aucun souvenir précis. N'eût été de son témoignage, je n'aurais pu vous transmettre ces informations. Les partager avec vous m'apparaissait important, car le vécu de Mireille nous démontre bien toutes les possibilités que l'au-delà peut déjà nous offrir, malgré les limites imposées par notre incarnation. L'expérience nous fait également comprendre que nos acquis peuvent servir aux autres autant dans le monde des morts que dans celui des vivants. Elle nous rappelle aussi l'importance de la persévérance de nos prières qui, autant pour les vivants que pour les morts, sont toujours entendues et écoutées dans la mesure de l'autorisation divine, des possibilités et de la volonté des Esprits invoqués et des ouvertures de notre plan de vie.

UN TRAITEMENT DANS L'AU-DELÀ

Annie était venue me consulter pour mieux comprendre certains phénomènes médiumniques qu'elle vivait depuis son tout jeune âge. L'échange m'avait démontré un souci de progression spirituelle qui se traduisait concrètement dans sa façon de vivre.

Quatre ans s'écoulèrent avant que je reçoive de ses nouvelles. Un soir, je trouvai sur mon répondeur la voix d'Annie qui me demandait de la rappeler. Je vis par son numéro de téléphone que le marché du travail l'avait éloignée de la région saguenéenne. Je la rappelai dès le lendemain.

Après les salutations d'usage, elle m'apprit qu'elle s'occupait de certaines activités sociales de son nouveau milieu. Elle m'offrait de participer à un souper-conférence où je pourrais adresser la parole à un groupe de personnes désireuses d'approfondir leur réflexion spirituelle. Comme la date suggérée convenait à mon agenda, j'acquiesçai volontiers à sa demande.

Deux mois plus tard, je me retrouvai à l'heure et à l'adresse convenues. Les quatre années écoulées depuis notre dernière rencontre lui avaient donné une certaine maturité. La jeune fille que j'avais connue présentait maintenant les traits d'une femme forte et sereine, qualités que l'on rencontre souvent chez les gens profondément spiritualisés. De plus, son regard dégageait l'impression d'une excellente santé physique et morale.

Lorsque je lui en fis la remarque, elle me rétorqua que je n'aurais sûrement pas dit la même chose deux ans auparavant. C'est là qu'elle me rapporta la rencontre que nous avions eue dans l'astral de lumière dont elle avait gardé le plein souvenir.

Annie avait été malade au point que sa santé avait

sérieusement inquiété les siens. Des douleurs incessantes dans la partie supérieure du ventre n'avaient donné lieu à aucun diagnostic médical pouvant expliquer la présence des symptômes. L'inquiétude donnait donc libre cours à toutes sortes d'hypothèses. Comme elle ne trouvait pas de solution par l'approche physique, Annie se tourna vers l'intervention spirituelle.

Lors de notre rencontre, quatre ans plus tôt, je lui avais parlé de certaines maladies qui prenaient naissance dans le périsprit avant de s'extérioriser dans le corps de chair. Je lui avais expliqué que, dans ces cas, les symptômes ne pouvaient être médicalement dépistés, l'effet physique n'étant pas encore matérialisé dans la dimension charnelle. Je lui avais également fait comprendre que, dans ces situations, seule une intervention par énergie fluidique pouvait enrayer le processus de la maladie en développement.

Annie avait donc soupçonné que son mal pouvait provenir de son corps périsprital et elle avait décidé de demander l'intervention de nos amis de l'Invisible. Tous les soirs, en se couchant, elle invoqua directement mon Esprit. Dans ses prières, elle demanda, en prononçant mon nom, que je vienne l'assister. Elle implora Dieu de m'autoriser à intervenir auprès d'elle pour qu'elle retrouve la pleine guérison.

Quelques soirs plus tard, Annie se retrouva dans l'astral de lumière avec la pleine conscience de ce qu'elle vivait.

Elle se tenait debout, en attente d'une action dont elle sentait l'imminence. Puis, j'apparus devant elle. Je l'approchai doucement. Annie me percevait dans une lumière dorée. Je lui appliquai ensuite de l'énergie réparatrice sur la zone assombrie de son périsprit. Je procédai comme si je travaillais sur le plan physique. Quand j'eus terminé, Annie perdit la conscience de ce qu'elle vivait et retourna dans son corps de chair.

Dans les jours qui suivirent, la douleur diminua progressivement. Puis, elle disparut complètement.

UNE LONGUE ÉPÉE

Aline, qui avait des connaissances sur les phénomènes médiumniques, savait qu'une grande prudence était toujours de mise pour entrer en relation avec le monde de l'au-delà. Aussi, lorsqu'elle vécut cette rencontre la mettant en présence d'un être maléfique du bas astral, elle comprit rapidement qu'il ne s'agissait aucunement d'un simple rêve et qu'elle devait agir pour se protéger.

Aline dormait depuis quelques heures lorsque son sommeil s'agita. Elle se rendit subitement compte qu'elle avait la pleine conscience de ce qu'elle vivait dans le monde astral. À demi éveillée, elle comprenait tout ce qui se passait autour d'elle, mais elle se sentait incapable d'agir sur son corps de chair.

Les yeux ouverts, elle aperçut un Esprit très noir s'avancer vers elle. Il allongea son bras et la saisit fortement. En voulant réagir, Aline réalisa qu'elle ne pouvait plus bouger. Comme rassuré par son impuissance, l'Esprit noir la relâcha et recula d'un pas. De la cape noire qui tombait sur ses épaules, il sortit une longue épée dont la lame semblait très tranchante. Le métal reflétait la faible lumière de la pièce comme de véritables miroirs. Les intentions malveillantes de l'Esprit étaient évidentes, mais Aline ne pouvait se défendre.

Tout en la fixant, l'Esprit pointa son épée vers le cou d'Aline. Puis, dans un élan sec, il enfonça la lame pseudo-matérielle dans sa gorge. Aline ressentit une douleur très vive qui lui coupa le souffle. Elle s'éveilla complètement sur-le-champ. Elle porta instinctivement ses mains à son cou et fut surprise de ne trouver aucune blessure. L'idée lui vint qu'elle avait rêvé, mais la douleur persistante qui lui serrait la gorge l'obligeait à en déduire qu'elle avait bien vécu autre chose.

N'ayant plus le goût de retrouver le sommeil, elle se leva aussitôt. En examinant son cou devant le miroir, elle ne perçut aucune trace de quoi que ce soit. La douleur était pourtant présente et bien réelle.

Le lendemain et les jours suivants, la douleur persistait de plus belle. Comme je lui avais déjà apporté mon aide, Aline me demanda si je pouvais à nouveau faire quelque chose pour elle. Lorsqu'elle m'expliqua ce qu'elle avait vécu, je reconnus une façon de procéder utilisée par certains Esprits sans scrupules pour puiser de l'énergie vitale directement d'un chakra de leur victime. Ils enfoncent un genre d'épée pseudo-matérielle dans le point d'énergie du périsprit et s'en servent comme siphon pour absorber le fluide dont ils ont besoin pour se manifester dans le monde de la matière.

Comme Aline me rapporta une sensation de fatigue, je lui expliquai qu'il lui fallait un traitement avec l'huile d'énergie pour rétablir rapidement l'équilibre de son circuit énergétique. Malheureusement, mon agenda ne me permettait pas de la recevoir avant quelques semaines.

Dix jours plus tard, je reçus une carte de remerciement dans mon courrier. C'était Aline qui me remerciait de l'intervention que j'avais pratiquée sur elle, en Esprit, pendant nos heures de sommeil. Elle me décrivit que nous nous étions rencontrés dans un bureau de médecin de l'au-delà. J'y avais procédé au transfert d'énergie dont elle avait besoin pour s'éviter des problèmes de santé. Elle me mentionna la présence d'un jeune garçon d'environ trois ou quatre ans qui jouait du violon à côté de moi.

La douleur au cou, aiguë, persista pendant une semaine. Puis, elle disparut subitement. Elle la ressentit quelques fois par la suite, mais faiblement et de façon intermittente.

Personnellement, je n'avais gardé aucun souvenir de cette intervention de sommeil, mais l'expérience démontrait encore une fois l'importante action qui doit être appliquée au niveau périsprital pour éviter des désordres de santé dans le fragile organisme de nos corps charnels.

Je vous signale ici que lorsque Aline retrouva l'équilibre de son énergie vitale, elle ne récupéra pas la quantité de fluide qu'on lui avait volée. L'intervention put seulement permettre que l'énergie nourricière circule normalement dans tout le périsprit. Quant à la réserve de la rate périspritale, elle demeurait appauvrie d'une quantité de force vitale disparue à jamais.

***

Un aspect important que je voudrais souligner à ce stade-ci de notre réflexion concerne la totale liberté de Dieu en conformité au plan de vie qu'il nous a autorisé. Ce livre cherche bien humblement à vous démontrer l'importance de nos invocations et la pertinence de sa pratique, mais il ne veut surtout pas passer sous silence les interventions spontanées que l'amour divin peut déclencher même si aucune prière ne lui est adressée. Il ne faut jamais oublier qu'il connaît intimement l'histoire de notre évolution et tous les besoins particuliers qui peuvent en découler. Il est important de comprendre que la prière est porteuse d'une grande richesse et qu'elle joue en notre faveur, mais aussi que Dieu veille toujours sur nous.

UN ONGLE ARRACHÉ

À l'âge de sept ans, Mirtha fut l'objet d'un phénomène particulier qui nous confirme une fois de plus le pouvoir d'intervention de certains Esprits de lumière dans l'équilibre de notre santé physique. Quarante ans plus tard, Mirtha en gardait toujours un souvenir profond qui fut d'ailleurs un véritable moteur dans le cheminement de sa progression spirituelle.

Malgré une journée de grand froid, Mirtha voulut sortir pour occuper son samedi après-midi. Son père venait de lui faire une belle glissoire et elle voulait en profiter le plus tôt possible.

En moins d'une heure, le froid incisif eut raison de sa détermination. Mirtha dut bien admettre, dans son raisonnement d'enfant, qu'une pareille température ne convenait pas aux jeux extérieurs. Elle décida donc de rentrer.

Arrivée à la porte de la maison, Mirtha se sentit incapable de lever la clenche du loquet. Ses mains gelées ne pouvaient plus fournir la pression nécessaire pour actionner le mécanisme figé par le froid. Mirtha fit un grand effort, mais sa main glissa et l'ongle de son index droit fut arraché, complètement décollé. L'engelure anesthésia toute la douleur, mais des larmes inondèrent immédiatement les yeux de Mirtha.

À cet instant, un rire gras se fit entendre derrière

elle. Mirtha se retourna vivement. Elle aperçut une grosse masse sombre traçant la silhouette d'un géant tout noir. Son rire lui transperçait les oreilles. Une haine presque sadique sortait de sa voix rauque et semblait vouloir pénétrer en elle.

Mirtha cria de peur. Ses larmes n'étaient plus celles de la souffrance, mais exprimaient son impuissance devant tout ce qui lui arrivait subitement.

Au même moment, Mirtha vit une autre silhouette, toute blanche et brillante comme une véritable lumière fluorescente. Le géant noir avait disparu dès son arrivée. Mirtha se sentit entourée d'un grand réconfort. Toutes ses peurs s'étaient dissipées. Elle eut l'impression d'être enveloppée d'une sécurisante affection amoureuse.

Soudain, elle vit son ongle, flottant dans les airs, qui s'approchait doucement vers elle. Sans qu'elle y ait vraiment pensé, elle tendit sa main droite. Son ongle vint reprendre sa place sur son doigt et se recolla de lui-même, s'enracinant sous la peau comme avant le geste accidentel. Mirtha ne sentit aucune douleur. En se tournant vers l'être lumineux pour le remercier, elle s'aperçut qu'il avait disparu comme il était venu.

Les jours suivants, Mirtha ne remarqua aucun signe particulier ni aucune séquelle apparente. Le processus biologique avait repris son cours comme si rien ne s'était jamais passé.

Exemples de guérisons exaucées

Pour mieux vous faire comprendre le genre de résultats que nous pouvons obtenir par la requête aux forces surnaturelles faisant appel à l'intervention des Esprits guérisseurs de l'au-delà, je vous livre ici certains des nombreux cas dont je pus m'occuper. Ils nous démontrent clairement l'étroite relation qui existe entre la santé de notre corps physique et l'énergie vitale qui lui provient directement du périsprit.

Je commencerai par une expérience que je vécus personnellement alors que je fis appel à l'intervention de nos amis de lumière pour un problème qui m'affectait dans mon propre corps. Ce fut tout à fait extraordinaire pour moi de vivre un pareil phénomène, car je pus comprendre intimement ce que pouvaient ressentir ceux et celles qui me consultaient.

UNE HEUREUSE SUGGESTION

J'effectuais certains travaux de transformation à ma maison. Je devais pratiquer une ouverture dans le plafond du rez-de-chaussée. Pour y parvenir, j'utilisai une scie spécialement conçue pour ce genre de travail. L'inconvénient de l'outil était l'énorme quantité de poussière de plâtre qu'elle produisait.

Dès que mes mesures furent bien calculées, je commençai à percer le trou sans négliger de porter des lunettes protectrices et un masque pour la respiration.

Les travaux allaient bon train. Une importante quantité de plâtre m'arrivait dans le visage, mais mon équipement de sécurité m'enlevait toute inquiétude.

Soudain, malgré mes verres protecteurs, un éclat de gypse pénétra dans mon œil gauche. J'arrêtai et je tentai de l'enlever, mais rien ne semblait pouvoir déloger ce corps étranger. Une douleur apparut et devint de plus en plus vive. Je tentai à nouveau de dégager mon œil. En vain.

À ma grande déception, je me résolus à arrêter mes travaux pour me rendre au service des urgences de l'hôpital. Je m'apprêtais à m'enlever un peu de saleté lorsque ma fille Nathalie me suggéra d'essayer mon huile d'énergie. Étrangement, il ne m'était jamais arrivé d'y songer pour moi-même, comme si cet extraordinaire instrument de guérison ne devait servir qu'aux autres.

Certaines de la pertinence de cette suggestion, ma fille et mon épouse insistèrent pour que je tente l'expérience.

Je pris mon huile et je procédai comme je le faisais habituellement pour un autre. Je priai Dieu d'autoriser la guérison et demandai l'assistance des Esprits guérisseurs.

Dès la fin de mon invocation, un Esprit très lumineux apparut devant moi. Je fus surpris de voir qu'il était seul, car, chaque fois que je faisais appel à ces spécialistes de l'au-delà, ils se présentaient au moins à deux. L'allure de cette entité était assez particulière. Contrairement à ce que je vois le plus souvent, de magnifiques ailes très hautes et très larges encadraient son corps périsprital aux reflets argentés. C'était comme l'image traditionnelle des Anges apparaissant dans les anciens livres religieux.

J'appliquai l'huile d'énergie sur ma paupière. Dès que le liquide vint en contact avec la peau, la douleur commença à diminuer. Après quelques secondes, je ne ressentais plus aucun malaise.

Nathalie s'approcha pour regarder mon œil de plus près. Elle me fit la remarque qu'il était démesurément grand. Comme je ne sentais rien, je me regardai dans le miroir de la cuisine. Mon œil gauche était tout agrandi. On aurait dit que la paupière et tout le tour de l'œil s'étaient recroquevillés pour ne laisser place qu'au globe oculaire. Puis, après quelques minutes, tout revint à la normale. Je ne ressentais plus aucune douleur;

même les rougeurs, que j'avais provoquées en tentant de sortir le grain de plâtre, avaient disparu. Je me remis donc à mes travaux comme si rien ne s'était passé, en prenant bien soin de remercier cet ami de l'au-delà qui était venu m'aider. Voyons maintenant l'action des guérisseurs de lumière sur ceux pour qui j'adressai mes humbles prières.

***

COMME DE L'USURE

Bertrand avait pris rendez-vous pour parler de son cheminement spirituel, mais, à la fin de notre rencontre, il me demanda de tenter un transfert d'énergie par nos amis d'en haut pour soulager ses douleurs aux genoux et aux chevilles. Bertrand m'expliqua que, bien que dans la quarantaine, il présentait une usure prématurée dans certaines de ses articulations. Selon son médecin, le travail trop intensif commencé dans son enfance sur la ferme familiale avait eu des effets dévastateurs sur son ossature.

Je lui expliquai que l'action des énergies transmises se localisait dans le périsprit et non dans le corps charnel. Je lui exprimai mes réserves sur les possibilités de réussite, mais j'acceptai de tenter l'expérience. Je fis mes prières et, à l'arrivée des Esprits de lumière, j'appliquai l'huile chargée de l'énergie réparatrice.

Nous nous fixâmes un autre rendez-vous pour renforcer l'action, mais nous convînmes de l'annuler si, comme je le pensais, aucun effet positif ne se faisait sentir. Bertrand me téléphona deux semaines plus tard pour me dire qu'il n'avait remarqué aucun changement. Comme convenu, nous annulâmes notre second rendez-vous. Le lendemain, Bertrand me rappela. Il me raconta que, après avoir raccroché, il avait senti une chaleur envahir ses genoux et ses chevilles. Un travail s'était amorcé dans son corps, comme si notre conversation téléphonique avait déclenché un processus de guérison.

Lorsque nous nous vîmes six semaines plus tard, Bertrand considérait que sa santé s'était grandement améliorée. Selon lui, les douleurs avaient diminué de soixante-dix pour cent. On aurait dit que son corps physique avait reçu suffisamment de support en énergie pour reprendre le dessus. L'énergie absorbée dans le périsprit avait permis l'enclenchement d'un processus de guérison qui n'aurait pas pu s'effectuer de lui-même. Son corps possédait le mécanisme pour améliorer son état, mais la réserve nourricière du périsprit, dont il tire sa force vitale, ne disposait pas du support supplémentaire énergétique qui lui permit enfin de le mettre en branle.

UNE BOSSE SOUS LE BRAS DROIT

Évelyne voulut me voir au sujet d'une bosse de la grosseur d'un petit jaune d'œuf et de certaines douleurs qui l'accompagnaient. Je lui demandai si elle avait consulté un médecin. Elle me répondit par l'affirmative en précisant qu'il n'y avait trouvé rien de réellement dangereux. Il lui avait offert de passer par la chirurgie, mais, craintive, Évelyne préférait tenter une approche plus douce. Elle m'exprima la profonde confiance qu'elle avait dans les possibilités offertes par les entités évoluées de l'au-delà. Il lui apparaissait important de tenter sa chance de ce côté.

J'adressai mes invocations et, dès l'arrivée des Esprits guérisseurs, je procédai au traitement d'énergie. Le périsprit d'Évelyne absorbait abondamment le fluide réparateur contenu dans l'huile que je déposais sur les zones malades. Une évidente carence en fluide animalisé privait les parties atteintes du corps charnel de son essence vitale. Je rétablis le circuit à partir de sa réserve de la rate périspritale. Après une quinzaine de minutes, l'équilibre du flux énergétique fut complètement rétabli.

Évelyne remarqua une amélioration dès le lendemain de notre rencontre. La bosse sous son bras droit avait complètement disparu. Lorsqu'elle entama le cycle menstruel suivant, elle fut très attentive à toute modification possible. Mais elle ne releva aucun symptôme désagréable.

Comme le recommandaient les Esprits guérisseurs, je revis Évelyne à deux reprises. Elle devait recevoir d'autres doses d'énergie réparatrice, dont le rappel que je fais toujours. Il permet de s'assurer que toutes les énergies nourricières ont bien repris l'autonomie de fonctionnement nécessaire pour vivre en bonne santé.

Deux ans plus tard, je rencontrai de nouveau Évelyne. Cette fois, elle me consultait pour une tout autre raison. Je m'informai de son état de santé. La bosse qui l'avait tant inquiétée n'était jamais réapparue. Seules certaines douleurs périmenstruelles avaient résisté.

KYSTE SUR UN OVAIRE

Myriam, que je connaissais bien, avait demandé de me voir pour tenter de régler un mal de gorge cyclique qui lui faisait sporadiquement perdre beaucoup de temps et d'énergie. Comme la médecine traditionnelle ne venait pas à bout de son problème, elle avait décidé de demander l'intervention des Esprits guérisseurs de l'au-delà par mon intermédiaire. Lorsque nous nous rencontrâmes, le rendez-vous était fixé depuis déjà plusieurs semaines.

En arrivant chez moi, Myriam me parut fatiguée. D'un naturel très dynamique, elle n'avait pas l'habitude de se montrer avec si peu d'entrain.

Dès ses premiers mots, elle me signala qu'elle avait bien failli ne pas venir. Elle précisa qu'elle avait dû prendre son courage à deux mains pour parcourir les cinquante kilomètres de route.

Je croyais que tout cela était dû à son mal de gorge, mais elle m'apprit qu'elle devait se faire opérer quatre jours plus tard. Un kyste s'était développé sur son ovaire droit, et son médecin ne voyait pas d'alternative, vu son état général et les résultats des examens. Elle prenait des médicaments pour calmer la douleur, qui irradiait jusque dans la jambe droite, mais ils n'avaient aucun effet.

Comme nous devions demander l'intervention des Esprits de lumière pour sa gorge, je lui offris d'étendre notre zone de transfert à son ovaire affecté et à sa jambe.

Nous fîmes notre prière. Beaucoup d'entités très lumineuses se présentèrent. On me fit le petit signe conventionnel qui, chaque fois, m'indique si le traitement par les énergies donnera les résultats espérés.

Dès l'application de l'huile, Myriam sentit un grand bien-être et de l'apaisement dans les parties malades. Elle perçut alors des couleurs lumineuses dansant devant elle. L'au-delà s'était donné la main pour l'assister dans le sens de nos demandes.

Pendant les deux jours qui suivirent, Myriam ressentit une très vive douleur à son côté droit. Elle se rassura en pensant à mon avertissement. Je lui avais expliqué que, dans certains cas, l'énergie provoquait une nette augmentation des symptômes pouvant durer un maximum de soixante-douze heures. Je l'avais également bien rassurée : ce phénomène ne présentait aucun danger. Je lui avais alors rappelé que l'énergie réparatrice en est une d'amour, dont la marge d'action s'étendait entre le statu quo et la pleine guérison. Aucun mal ne pouvant résulter de l'intervention des Esprits de lumière.

Le matin du troisième jour, Myriam se leva en pleine forme physique. Toutes les souffrances s'étaient envolées. Elle me téléphona pour m'en faire part. Je lui conseillai de voir son médecin pour qu'il puisse vérifier ce qu'il en était.

À sa grande surprise, tous les signes de la présence du kyste avaient disparu. Des examens plus approfondis confirmèrent la nécessité d'annuler l'opération.

Pour son mal de gorge, Myriam revint me voir à la fréquence dont nous avions convenu. Elle fut également libérée de cette souffrance devenue inutile dans son évolution spirituelle.

DEUX GUÉRISONS

Huguette fit appel à l'intervention des Esprits guérisseurs à deux reprises. Les deux fois, ses demandes reçurent grâce auprès de Dieu et de ceux que nous avions invoqués.

La première fois que je rencontrai Huguette, elle avait décidé de faire appel à mon aide simplement parce qu'une amie, qui nous était commune, le lui avait conseillé. Elle avait lu mes livres, et sa confiance était suffisamment grande pour frapper à ma porte. Elle recherchait une assistance dans son cheminement spirituel, mais s'occuper de ses problèmes de santé était bien plus urgent.

Huguette souffrait de chutes répétées de son taux de

glucose. Elle ressentait une extrême fatigue qui l'empêchait de répondre aux responsabilités de travail qu'elle aurait aimé assumer. Les symptômes qu'elle me décrivait étaient les suivants : angoisse, manque d'énergie, réflexes lents, perte de mémoire, manque de concentration, étourdissements, insomnie, agressivité, incapacité de prendre des décisions, bref, bien des empêchements à se réaliser comme elle le souhaitait.

Ces symptômes se manifestaient à des degrés plus ou moins marqués lorsqu'elle consommait du sucre sous toutes ses formes. Vin, desserts, fruits, jus de fruits devaient impérativement être éliminés de sa diète. Si elle consommait un fruit sans l'accompagner d'une protéine, il s'ensuivait une légère chute de glucose.

Elle devait déjeuner dans les dix minutes qui suivaient son réveil, et ses heures de dîner et de souper ne pouvaient être retardées ne fût-ce que d'une demi-heure.

Tout cela assombrissait son existence. Elle était constamment sur le qui-vive et ne pouvait jamais espérer avoir assez de ressort pour profiter de la vie. Ses médecins faisaient de leur mieux, mais, de leur propre aveu, ils ne pouvaient la guérir de son mal.

Huguette reçut trois traitements par les énergies à un mois d'intervalle. Tout ce qu'elle ressentait, c'était un froid intérieur. Chaque fois, la sensation durait quelques heures, mais rien d'autre ne se manifestait. Cette façon de réagir à l'énergie réparatrice donnait la fausse impression qu'elle n'était d'aucune efficacité dans son périsprit. Notre erreur fut corrigée deux semaines après notre dernière séance. Après ce délai, Huguette constata une amélioration très marquée de son état de santé.

Elle pouvait désormais consommer un dessert sans ressentir d'effets secondaires. Elle pouvait également boire une ou deux coupes de vin sans pour autant être en état d'ébriété. Le petit-déjeuner pouvait attendre une heure et même deux heures. Les périodes d'anxiété avaient disparu et son sommeil était meilleur. Huguette sentit que sa capacité physique augmentait. Elle pouvait effectuer des travaux et des activités manuelles qu'elle n'aurait pu accomplir avant l'intervention des Esprits guérisseurs.

Ne subsista qu'une seule règle stricte à observer : renoncer définitivement au sucre au repas du matin. Sinon les effets étaient immédiats et prenaient du temps à disparaître. C'était sans doute un mode de rappel qu'elle devait conserver pour continuer l'évolution spirituelle en train de s'achever.

Huguette fut très reconnaissante envers Dieu et les Esprits de lumière venus agir par mon intermédiaire. Pour bien le manifester, elle m'écrivit les détails de son cheminement de guérison dont je viens de vous livrer les grandes lignes.

L'année suivante, Huguette fit de nouveau appel à mon aide. Elle souffrait d'une douleur au sein droit depuis plus de deux mois. Au début, elle n'y avait pas accordé beaucoup d'importance. Elle se disait que ça passerait. Mais plus le temps avançait, plus la douleur augmentait. C'était devenu une souffrance aiguë qui envahissait toute sa poitrine et s'irradiait jusqu'à sa cage thoracique. La nuit, la douleur la réveillait.

N'ayant aucune idée de la nature du mal et s'inquiétant de plus en plus, Huguette prit un rendez-vous à la clinique du sein. Comme il était fixé assez loin dans le calendrier, elle m'appela et nous pûmes nous rencontrer avant la date de son examen.

Les Esprits de lumière se présentèrent comme nous

leur avions demandé. Je procédai au traitement d'énergie en prenant bien soin de rétablir un bon contact entre sa réserve fluidique et le foyer de son mal.

Huguette commença à ressentir des améliorations dès le lendemain du traitement. La douleur s'estompa peu à peu dans une courbe progressive pour disparaître complètement au bout de deux semaines.

Comme je le lui avais fortement conseillé, Huguette se rendit quand même à son rendez-vous à la clinique du sein. Les résultats des différents examens ne décelèrent rien d'anormal. Tout était rentré dans l'ordre.

Lorsqu'elle revint pour son rappel, plus aucun symptôme n'apparaissait et sa ligne d'énergie éclatait de lumière.

UNE GRANDE DIFFICULTÉ À RESPIRER

Lorsque Marthe me téléphona pour prendre rendez-vous, sa voix était presque étouffée par une grande difficulté à respirer. Elle était gravement malade.

Elle avait appris qu'une intervention faisant appel à l'énergie spirituelle pouvait grandement aider les soins médicaux qui ne parvenaient pas à la guérir. Elle voulait donc tenter l'expérience.

Elle arriva chez moi accompagnée d'une amie qui la soutenait dans les marches qu'elle montait péniblement. À plusieurs reprises, elle prit quelques instants pour retrouver son souffle.

Enfin installée dans mon bureau, elle m'expliqua en détail son problème de santé. Marthe avait dû quitter son emploi. Sa grande difficulté à respirer l'avait forcée à demeurer chez elle depuis quelques années. Elle voulait se sortir de cet état, mais tous les efforts ne donnaient que des résultats qui lui semblaient limités, bien qu'ils l'aient maintenue en vie.

Marthe présentait une large zone sombre dans sa ligne d'énergie. Cette carence vitale s'étendait de la gorge jusqu'au centre de la poitrine. C'est ce qui expliquait que les soins médicaux ne pouvaient apporter la pleine guérison. Ils donnaient tout le support physique dont l'organisme avait besoin, mais la faiblesse en support d'énergie était trop importante.

Cette carence en fluide animalisé avait été engendrée par l'usage du tabac. Plusieurs fumeurs présentent un semblable affaiblissement dans la même région périspritale. Tous n'ont pas les mêmes problèmes de santé que Marthe, car le degré en est rarement aussi avancé, mais tous risquent un jour de les connaître selon la quantité de leur réserve d'énergie et la qualité de leur circuit à travers le périsprit.

J'appliquai la précieuse huile dès que les Esprits guérisseurs apparurent à la suite de mes invocations. Marthe absorba une grande quantité d'énergie réparatrice. Je lui fixai une deuxième rencontre pour continuer le processus de rééquilibrage de son fluide vital dans les zones carencées.

Lorsqu'elle revint cinq semaines plus tard, elle n'était plus la même. Une grande transformation s'était effectuée en elle. Elle me rapporta qu'elle avait pelleté de la neige quelques jours plus tôt, chose qu'elle croyait ne plus jamais refaire. Ses forces lui revenaient rapidement. Elle reprenait goût à la vie. Ses espoirs pouvaient renaître lorsqu'elle regardait devant elle.

Malgré l'énorme amélioration, Marthe absorba encore beaucoup d'énergie réparatrice. Elle dut même revenir une troisième fois avant que la circulation ne soit complètement rétablie. Je conseillai à Marthe de ne pas abandonner son suivi médical, car un ajustement du traitement physique pouvait l'aider pour retrouver définitivement la santé.

Je reçus les dernières nouvelles de Marthe un an plus tard. Elle s'était littéralement donné une nouvelle existence où elle appréciait à sa pleine valeur la santé, cette richesse dont nous sommes si facilement portés à ignorer la fragilité.

UN STRESS MAL CONTRÔLÉ

Lyna vint me consulter pour une maladie de peau qui affectait son confort et son apparence. La cause de son problème ne découlait cependant pas directement de l'équilibre constitutif de son périsprit, mais plutôt de la ligne distributrice de son fluide animalisé. L'effet était sans doute le même, mais l'approche que devait entreprendre Lyna pour favoriser la guérison s'avérait fort différente.

Lyna hébergeait sa mère qui ne pouvait plus prendre soin d'elle-même. Elle s'était littéralement imposée à Lyna pour finir ses jours en toute sécurité.

Le problème qui se posait venait de l'attitude intransigeante et fort égoïste de la vieille dame qui dictait sa façon d'être et de penser à toute la maisonnée.

L'époux de Lyna et ses deux enfants réagissaient sans trop se laisser atteindre. Leur personnalité souple et lymphatique les aidait à prendre tout cela avec un grain de sel.

Il n'en était cependant pas ainsi pour Lyna chez qui le stress atteignit rapidement un niveau incontrôlable. Ce stress favorisa l'apparition d'éruptions cutanées qui conduisirent Lyna directement chez le dermatologue. Les médicaments prescrits diminuèrent beaucoup les symptômes, mais ne purent atteindre la cause profonde.

Lorsque Lyna vint me rencontrer, je vérifiai la circulation de son fluide animalisé. La réserve de la rate périspritale était très abondante et devait normalement permettre une excellente santé physique. En parcourant la ligne distributrice avec l'huile d'énergie, je perçus de véritables nœuds juste au-dessus du chakra du cœur. On aurait dit des petites boucles serrées fermement. À partir de ces nœuds, le fluide vital passait en quantité restreinte jusqu'au chakra coronal.

Dans un premier temps, je dus appliquer plusieurs passes d'énergie pour que les Esprits guérisseurs puissent rétablir une circulation normale. Ensuite, un balayage du périsprit donna à la réserve animalisée le support nécessaire pour permettre la guérison demandée.

J'expliquai ensuite à Lyna la cause première qui lui occasionnait ses problèmes de santé. Je lui prodiguai les conseils que son Ange gardien m'inspirait pour elle.

Lyna retrouva la pleine santé après trois séances d'énergie. Son corps périsprital avait repris l'équilibre de son fluide vital et son corps physique en exprimait tous les bienfaits. Il ne restait plus à Lyna qu'à domestiquer le stress qu'elle ne pouvait éviter pendant encore un certain temps. Sa bienveillance était certes son point d'appui, mais ses appels à Dieu constituaient le fournisseur de l'aide occulte dont elle avait besoin.

Bien d'autres maladies peuvent être déclenchées par un resserrement dans la ligne distributrice de l'énergie vitale du périsprit. Ce resserrement est toujours provoqué par des émotions mal contrôlées qu'une multitude de causes peuvent engendrer. Les difficultés au travail, les tensions de la vie familiale, la souffrance, les conflits avec les proches n'en sont que quelques exemples.

Les effets suivent toujours la même courbe de progression. Au début, la carence fluidique déclenche des signes physiques que les examens médicaux ne peuvent identifier clairement. Puis, après un laps de temps propre à chacun, la maladie s'installe et refuse d'abdiquer tant que la cause première n'est pas éliminée.

UN KYSTE AU CERVEAU

Lorsque Élaine me téléphona, Claudie, sa fille de onze ans, souffrait de violents maux de tête. Son problème de santé durait depuis plus de trois mois. La douleur était vive et continue. La fillette, jusque-là très dynamique et fort impliquée dans une multitude d'activités scolaires et culturelles, n'était plus que l'ombre d'elle-même.

Ses récents examens médicaux laissaient entrevoir la présence d'un kyste au côté droit du cerveau. Une expertise beaucoup plus approfondie avait été demandée. Comme l'agenda du centre spécialisé était très chargé, Claudie devait patienter encore plusieurs semaines avant la date de son rendez-vous.

Considérant qu'elle n'avait rien à perdre et tout à gagner, Élaine me demanda de faire intervenir les Esprits guérisseurs de l'au-delà pour aider Claudie à retrouver le chemin de la santé.

Dès notre première rencontre, je fus surpris de l'ouverture spirituelle de Claudie. Compte tenu de son jeune âge, je ne m'attendais pas à autant de connaissances sur la dimension de l'Esprit. Il faut dire que cela concordait très bien avec l'intelligence de son regard et la brillance de son aura.

L'application de l'énergie réparatrice me laissa percevoir une zone d'un rouge vif sur le côté droit de sa tête.

On aurait dit une carence du fluide vital circonscrite dans un point bien précis.

Les Esprits de lumière qui nous entouraient semblaient travailler avec beaucoup de précision. Ils guidaient ma main dans des mouvements continus. L'énergie présente dans l'huile rétablissait progressivement le circuit nourricier qui avait trop appauvri le flux des forces animalisées.

Lorsque je cessai l'application, la douleur de Claudie avait complètement disparu. Elle me regarda avec un air surpris et, après une certaine hésitation, nous annonça qu'elle ne ressentait plus aucune souffrance.

Nous fixâmes un second rendez-vous trois semaines plus tard. Je demandai à Claudie et à Élaine de bien noter entre-temps les transformations positives qui pourraient se manifester. Je leur conseillai également de continuer à prier les Esprits qui s'étaient déplacés pour apporter leur aide.

Lorsque nous nous rencontrâmes la seconde fois, Claudie me rapporta qu'elle n'avait plus rien ressenti pendant seulement trois jours. À la quatrième journée, le mal était revenu avec toute sa vigueur et n'avait cessé depuis. La fillette semblait découragée. Je lui expliquai qu'il fallait plutôt se réjouir, car les soixante-douze heures de soulagement nous démontraient qu'ils pouvaient agir sur la cause de son mal.

Nous invoquâmes de nouveau les Esprits guérisseurs qui se montrèrent rapidement dans toute leur brillance. En appliquant l'énergie, je sentis tout de suite une nette amélioration dans l'écoulement du fluide vital. Une lueur rouge était encore visible au côté droit de la boîte crânienne, mais sa densité avait grandement diminué.

À la fin du traitement, Claudie avait de nouveau

retrouvé le calme que procure l'absence de douleur. Elle me quitta en m'exprimant son espoir que, cette fois, le mal ne reviendrait plus.

Nous procédâmes à une troisième séance trois semaines plus tard. Cette fois, la guérison semblait totale et permanente. L'application de l'énergie réparatrice me confirma que toute la zone carencée avait retrouvé sa pleine harmonie vitale.

Je conseillai fortement à Élaine de se rendre quand même au rendez-vous de Claudie au centre spécialisé. Il avait lieu dans la même semaine. Elle me promit de m'en donner des nouvelles.

Lorsque Élaine me téléphona, elle me confirma que tout était bel et bien rentré dans l'ordre. Les examens décelèrent la présence d'une anomalie au côté droit de la tête, mais ne trouvèrent rien d'actif pouvant susciter des craintes.

Claudie revint six mois plus tard pour son rappel d'énergie. Elle avait repris le rythme endiablé de ses activités coutumières. Elle était redevenue le soleil de la maison. Claudie avait retrouvé toute sa vigueur qui faisait de nouveau vibrer le cœur de tous ceux qui l'entouraient. Sans doute pour mieux harmoniser l'action énergétique dans son processus de croissance, les Esprits de lumière conseillèrent à Claudie de recevoir leur énergie une fois par an jusqu'à sa seizième année. Je transmis les recommandations à Élaine qui leur promit d'écouter la sagesse de leur savoir.

DES COMAS RÉPÉTÉS

Florette souffrait de violents maux de tête depuis de nombreuses années. Au début, son médecin parlait de simples migraines qui ne présentaient pas de danger réel, mais l'intensité et la durée des crises augmentaient sans cesse, comme si elles suivaient une courbe ascendante continue. Évidemment, l'inquiétude de Florette grandissait au même rythme que ses douleurs.

Quand elle fit appel à moi, elle ne pouvait pratiquement plus travailler. Ses souffrances étaient devenues telles qu'elle sombrait dans un coma dont elle se sortait de plus en plus péniblement.

Le médecin traitant lui avait fait passer une impressionnante batterie de tests, mais aucune anomalie pouvant expliquer son mal n'avait pu être décelée. C'était l'impasse totale.

Devant l'impuissance de la science médicale, Florette s'était résignée à mourir ainsi. Elle avait même fait son testament, certaine qu'un jour où l'autre elle y laisserait sa vie.

En dernier recours, elle consulta des médiums et même des maîtres en énergie, mais l'effet bénéfique ne durait que quelques jours. Le mal semblait implacable. C'est donc avec un espoir bien timide qu'elle aboutit chez moi.

Dès son arrivée, elle me dressa la liste des nombreux échecs qu'elle avait essuyés. Une certaine résignation se lisait dans le timbre de sa voix. Son regard exprimait tristesse et grande fatigue, mais quelque chose en lui me disait qu'une volonté opiniâtre s'y cachait.

En vérifiant la circulation de son énergie vitale, je constatai d'importants blocages tout le long du circuit de distribution. Son fluide animalisé irriguait très faiblement toute la partie supérieure de son corps. C'était donc évidemment la tête qui subissait la plus grande carence.

L'état de sa réserve d'énergie vitale lui conférait une

longue espérance de vie. En fait, Florette regorgeait d'une force nourricière qui ne faisait pas tout son travail. Avec les années, le corps physique, trop privé de son énergie de vie, avait laissé la maladie prendre progressivement racine.

Quand j'eus terminé le transfert d'énergie réparatrice, Florette se sentit admirablement bien. Elle me signala cependant qu'il en avait été ainsi avec les maîtres en énergie et que cela avait cessé au bout de quelques jours. Je lui conseillai alors d'avoir confiance en l'action des Esprits guérisseurs de l'au-delà. Trois d'entre eux s'étaient déplacés pour elle et j'avais la certitude intérieure qu'elle obtiendrait pleine guérison.

Nous nous fixâmes un second rendez-vous pour la fin du mois. Florette me quitta avec un sourire rayonnant.

À notre deuxième rencontre, j'accueillis une Florette très radieuse. Le mal n'était pas revenu. J'appliquai avec optimisme le second transfert d'énergie que lui donnaient les Esprits de lumière venus à la suite de nos prières. La circulation du fluide animalisé s'était conservée et même renforcée. Florette avait repris la pleine autonomie de ses forces vitales. Aucune autre rencontre ne s'avérait nécessaire. Elle était définitivement guérie.

Je reçus de ses nouvelles plus d'une année plus tard. Elle allait toujours bien. Non seulement elle avait repris le travail, mais elle avait ouvert un commerce dans une province voisine.

Je remerciai Dieu et nos amis de lumière pour leur grande générosité.

Exemples de guérisons non exaucées

Même avec les prières les plus sincères, l'exaucement de nos demandes n'est jamais garanti. Nous savons que plusieurs facteurs entrent en ligne de compte et qu'ils peuvent autant favoriser qu'empêcher l'obtention de nos invocations auprès de Dieu. Mais avec la connaissance qui nous est donnée, nous sommes assurés que ce n'est jamais par favoritisme ni par injustice qu'une demande est exaucée ou non : notre vie doit suivre une route directement conditionnée par notre passé, notre présente évolution spirituelle et les objectifs que nous sommes venus atteindre ici-bas.

Parfois, donc, l'absence de guérison est directement liée à notre histoire intime. Mais nos propres attitudes peuvent également constituer un sérieux barrage.

COMME SUR UN MIROIR

Mary souffrait d'un sérieux problème d'eczéma. La maladie était apparue dans sa petite enfance. Elle avait consulté plusieurs spécialistes qui ne purent jamais résoudre le problème qui l'assaillait depuis plus de trente ans. La cortisone donnait certains résultats, mais ils s'estompaient dès que Mary devait cesser son utilisation.

C'est à la suite d'une conférence où elle était présente que Mary me demanda d'intervenir pour elle. Nous nous rencontrâmes quelques semaines plus tard.

Dès la première application de l'huile d'énergie, je sentis comme une réverbération immédiate de la force réparatrice. C'était comme si le fluide guérisseur ne pouvait pénétrer dans le périsprit de Mary. J'accentuai mes invocations auprès des Esprits de lumière qui s'étaient pourtant déplacés. Je me concentrai davantage en priant Dieu de permettre que Mary puisse recevoir la guérison. L'effet de réflexion de l'énergie continuait à bloquer l'infusion souhaitée. Le fluide contenu dans l'huile réagissait comme s'il eût été placé sur un miroir. Rien ne pouvait pénétrer. Toute la lumière se réfléchissait sans atteindre les couches périspritales.

Je fus spontanément déçu d'un tel résultat, mais je me dis que Dieu savait ce qu'il avait à faire. Sans le montrer à Mary, je demandai si je pouvais connaître la raison d'un tel phénomène. Mon Guide me répondit que Mary subissait le contrecoup direct de ses abus antérieurs. Dans ses trois dernières vies terrestres, elle s'était abandonnée aux trompeuses invitations de la matière lourde. Cette négligence spirituelle l'avait fait stagner, malgré les belles résolutions prises en erraticité. Avec les années, ces jouissances trop accentuées et trop prolongées avaient fini par s'incruster dans son périsprit, affectant directement sa composante énergétique. Mary avait ainsi provoqué une véritable putréfaction de son périsprit. Trop atteint, il ne pouvait plus donner à son corps charnel l'équilibre du fluide vital nécessaire à sa bonne santé.

Comme dans la plupart de ces cas, Mary devait reconstituer par ses propres efforts l'équilibre de son enveloppe spirituelle. Elle devait d'abord discipliner sa façon de vivre. Peut-être plus tard pourrait-elle bénéficier d'une assistance extérieure pour renforcer la constitution intime de son périsprit.

Je questionnai un peu Mary sur sa façon de vivre. Elle commençait à comprendre certaines choses, mais ses efforts me paraissaient encore bien insuffisants pour atteindre les résultats qu'elle espérait.

Je lui donnai certains conseils en lui expliquant l'importance d'une bonne orientation spirituelle dans la solution de son problème.

Quelques mois plus tard, je reçus l'appel d'une autre

personne qui vivait une situation semblable. Il s'agissait de Laurie, une jeune femme âgée d'à peine vingt ans.

Un eczéma agressif empêchait Laurie de profiter de bien des plaisirs auxquels s'adonnaient les jeunes de son âge. Son épiderme était sérieusement atteint. Laurie se restreignait dans les modèles vestimentaires qu'elle portait, masquant du mieux qu'elle le pouvait le problème qui affectait son apparence.

Laurie réagit très positivement au premier traitement d'énergie. Comme il est généralement nécessaire pour ce genre de maladie, je dus procéder à un balayage d'énergie sur tout son périsprit.

Le fluide réparateur pénétrait en abondance. Chacun des chakras répondait bien aux efforts demandés. Une luminosité de plus en plus nette émanait des points d'énergie à mesure que l'huile transmettait ses forces réparatrices. Le plus grand optimisme était permis.

Un mois plus tard, lorsque Laurie revint pour sa deuxième séance de traitement énergétique, elle exprima la hâte qu'elle avait de me revoir. Les résultats de notre première tentative avaient suivi une courbe très instable.

Tout d'abord, les trois jours qui suivirent notre rencontre donnèrent lieu à une nette augmentation des symptômes de la maladie. Ensuite, au quatrième jour, une amélioration était apparue, atteignant progressivement un taux de guérison de plus de soixante-dix pour cent. Laurie était alors au comble de la joie. Depuis son enfance, sa peau n'avait jamais eu une aussi belle apparence.

Son bonheur fut assombri dès le début de la quatrième semaine. Sans qu'elle puisse comprendre pourquoi, les éruptions cutanées recommencèrent de plus belle, comme si l'énergie reçue s'était épuisée.

Lorsque Laurie me rapporta ces informations, je songeai au cas de Mary. J'interrogeai Laurie sur ce qu'elle avait fait pendant le mois qui s'était écoulé. Je compris alors la nature réelle de son problème.

La maladie cutanée de Laurie découlait d'une putréfaction périspritale acquise par les abus trop répétés de ses vies antérieures. L'affection qui en résultait l'avait incitée à se choisir un régime de vie presque austère. Cette discipline forcée avait favorisé une nette amélioration dans la structure constituante de son périsprit, mais pas au point, cependant, de pouvoir espérer une guérison définitive. L'énergie réparatrice reçue par le traitement avait finalement rééquilibré ce qui manquait pour que le corps charnel dispose de la force vitale nécessaire.

Or, se sentant libérée par sa guérison, Laurie oublia vite ses résolutions prises en Esprit et retomba rapidement dans certains abus qu'elle devait éviter. Ce simple relâchement suffit pour lui faire perdre le peu d'amélioration réelle qu'elle avait apportée à son enveloppe spirituelle. D'où le retour presque instantané de sa maladie.

J'expliquai tout ceci à Laurie et lui conseillai de bien analyser son comportement si elle voulait obtenir des résultats intéressants.

Pendant les mois suivants, nous procédâmes à trois autres balayages avec l'huile d'énergie. Comme l'au-delà me l'avait recommandé, je les espaçai de trois à quatre semaines. Au dernier rappel, Laurie avait retrouvé son taux maximal d'amélioration. Cette fois, tout semblait se stabiliser dans le sens de ses espérances.

Lorsque je revis Laurie plus d'une année plus tard, elle me confirma la permanence de ce qu'elle avait reçu. Elle devait cependant n'abuser de rien, certains signes physiques la rappelant rapidement à l'ordre.

***

Même nos propres décisions peuvent empêcher les Esprits de lumière d'appliquer ce qui fut autorisé par Dieu. C'est le cas de certaines personnes qui refusent de faire la part, même minime, qui leur revient.

UNE GRANDE FAIBLESSE

Diane avait une amie qui m'avait déjà consulté et avait alors bénéficié de l'intervention des Esprits de lumière. Par l'huile d'énergie, ils l'avaient guérie d'un mal chronique provenant de son périsprit. La maladie dont elle souffrait réapparaissait dès que les traitements médicaux étaient interrompus. L'effet des énergies réparatrices avait été très rapide et très efficace.

Diane, qui souffrait d'une grande fatigue, avait passé tous les tests prescrits par son médecin. Les résultats n'indiquaient rien d'anormal. Son état lui provoquait régulièrement de gros maux de tête et des problèmes de la vue. On parlait alors de migraines, mais sans pouvoir apporter aucun correctif.

Comme elle avait reçu le témoignage de son amie, Diane voulut bénéficier à son tour de l'intervention des spécialistes de l'au-delà.

En lui serrant la main, je sentis une grande nervosité. Au début, je craignis que je l'intimidais, mais je me rendis rapidement compte, par la suite, qu'elle se montrait à son naturel coutumier.

Je lui expliquai comment je procédais. Puis, je fis mes prières pour demander l'assistance et l'intervention des Esprits guérisseurs.

Sa réserve de fluide animalisé se sentait à peine à travers son chakra de la rate périspritale. Tout l'écoulement de l'énergie vitale semblait affaibli. Il fallait littéralement réactiver la circulation du fluide de vie. Tout au long du procédé, Diane sembla absorber difficilement les énergies des Esprits de lumière. On aurait dit qu'elle réfléchissait leur énergie réparatrice Je lui demandai si tout allait bien et elle me répondit par l'affirmative. Je cessai après quelques minutes. Elle ne me semblait pas suffisamment réceptive pour ce premier essai. Nous fixâmes une autre rencontre pour tenter à nouveau de faire intervenir nos amis de lumière. Je lui recommandai de prier d'ici là pour demander à son Ange gardien de bien la préparer pendant ses heures de sommeil.

Diane ne vint pas à son deuxième rendez-vous. Elle me téléphona pour m'en donner une raison de politesse. En fait, elle avait été déçue. Elle aurait voulu que nous réglions en quelques minutes un problème qui avait résisté à plusieurs années de recherches et d'interventions d'excellents médecins. Elle croyait que tout se passerait comme par magie, alors que son cas nécessitait plusieurs étapes de réparation énergétique, sans compter l'aide médicale qui aurait sans doute été encore nécessaire.

Pour son amie, tout s'était passé rapidement, mais, pour elle, la situation était fort différente : la réserve d'énergie elle-même était affectée. Je trouvai fort dommage que Diane réagisse ainsi, car, juste après leur arrivée, les Esprits spécialistes de la guérison avaient manifesté une généreuse évaluation des probabilités de retour à la santé.

Mais Diane avait été libre d'agir selon son intuition intérieure. Peut-être qu'en Esprit elle avait jugé que son évolution nécessitait encore la présence de ses souffrances.

***

Selon mes propres expériences, on ne peut jamais réellement parler d'un refus d'exaucement de la part de Dieu, car, pour chaque personne sincère qui lui adresse ses demandes, il réserve un précieux retour. Il prend souvent une forme bien différente de nos attentes premières, mais sa valeur et son importance s'avèrent toujours aussi grandes, sinon davantage.

VENUE POUR SA MÉMOIRE

Macha fit appel à l'intervention des Esprits guérisseurs de l'au-delà pour résoudre ses problèmes de mémoire qui lui causaient des désagréments depuis son tout jeune âge.

Pendant notre première rencontre, elle notait beaucoup de choses, de peur d'en oublier l'essentiel. Comme le problème existait depuis plus de trente ans, nous fixâmes trois autres rencontres à intervalles de quelques semaines. Les Esprits de lumière disposeraient ainsi de plus de latitude pour agir efficacement.

Chaque fois que nous nous voyions, Macha ne rapportait aucun changement pouvant nous faire entrevoir une amélioration quelconque, mais elle exprimait toujours la même motivation à continuer. Elle m'écoutait avec la même attention, notant tout ce qu'elle craignait d'oublier.

À notre dernier rendez-vous, je lui exprimai ma déception de constater que nos prières n'avaient pu être exaucées. Macha me regarda avec un véritable pétillement dans les yeux. Elle me dit avec un beau sourire qu'elle avait reçu beaucoup plus qu'elle n'avait espéré. Son problème de mémoire demeurait entier, mais une grande transformation s'était opérée en elle. Dès notre première rencontre, Macha s'était sentie transformée dans son âme. L'impatience que nourrissaient ses frustrations accumulées s'estompait d'elle-même, comme si, subitement, elle n'avait plus sa place.

À la deuxième rencontre, elle s'était sentie remplie d'énergie. Depuis ce jour, sa fatigue disparaissait avec ses nuits de sommeil. L'entrain de ses vingt ans s'était comme rallumé à la flamme de la vie.

À la troisième rencontre, elle avait fait tomber une foule de barrières qu'elle avait érigées autour d'elle au cours des ans. Macha se sentait subitement attirée par les autres. C'était comme si le contact avec les entités de lumière lui avait ouvert le cœur. Elle se sentait plus aimante, non seulement envers les siens, mais aussi auprès de ceux qu'elle rencontrait sur sa route.

Macha avait profité de la présence des Esprits de lumière, venus à la suite de nos invocations, pour continuer ses échanges avec eux pendant ses heures de sommeil. Ses problèmes de mémoire avaient encore leur raison d'être dans son plan de vie et son Esprit qui le comprenait maintenant très bien avait cessé de les voir comme un handicap.

Une profonde réflexion spirituelle s'était mise en branle et avait permis à Macha de saisir la richesse de son incarnation. Le regard qu'elle jetait sur sa vie voyait désormais les leviers qui avaient toujours été à sa portée. Elle souffrait toujours, mais la lumière lui montrait la route où elle devait diriger ses pas.

Macha me quitta en multipliant ses remerciements pour l'assistance que je lui avais apportée. Je lui expliquai que j'en avais très peu de mérite, mais elle insista sur l'importance du fait que nos routes se soient croisées.

DES MOMENTS OUBLIÉS

Dona vécut le même phénomène les deux fois qu'elle dut venir pour recevoir l'énergie réparatrice.

Elle avait demandé l'assistance de l'au-delà pour un type de maladie fort difficile à traiter. Des problèmes cutanés lui causaient une foule de désagréments, autant physiques que psychologiques.

On sait que les problèmes cutanés sont difficiles à vaincre dès qu'ils découlent d'une putréfaction périspritale, c'est-à-dire d'une détérioration de la constitution énergétique de l'enveloppe de l'Esprit. Un certain laps de temps, qui peut s'étendre sur des dizaines et même des centaines d'années d'incarnation dans les cas les plus graves, doit s'écouler pour que s'effectue la réparation constitutive. L'incarné aux prises avec ce problème peut favoriser le processus de guérison en se privant le plus possible des jouissances terrestres. Même avec l'énergie réparatrice, cette condition devient primordiale, tout en ne garantissant pas son efficacité immédiate.

Dona n'obtint qu'une amélioration partielle de son état physique, mais le rééquilibrage de la circulation de son fluide vital lui évita bien d'autres problèmes qui se préparaient dans son périsprit.

Les deux fois qu'elle vint me rencontrer, Dona absorba l'énergie comme une éponge. La vitesse d'absorption me causa de grandes chaleurs qui durèrent tout le temps du transfert.

Dona repartit de chez moi avec l'impression d'un calme indescriptible. Elle se sentait profondément reposée. Le soir même, en s'endormant, le détachement et l'insouciance de son enfance remontèrent doucement en elle. C'était comme si elle retrouvait un état d'âme qu'elle avait connu lorsqu'elle était toute petite. De semblables moments, qu'elle avait oubliés, reprenaient leur place dans son cœur redevenu enfant. Une douceur de vivre dépouillait subitement les tracas de leur relative importance. Dona retrouvait la pure joie de simplement exister, comme celle qui la berçait lorsqu'elle était fillette. L'importance réelle de chaque chose d'ici-bas reprenait scrupuleusement sa place. Cette impression de bonheur dura le temps de s'endormir. Il lui sembla que les portes du ciel s'étaient ouvertes devant elle.

Dona conserva un profond souvenir de ce phénomène qu'elle eut la chance de vivre à deux reprises. Elle tint à m'en faire part, car, pour elle, c'était une belle confirmation de l'action directe que l'au-delà pouvait exercer sur nous malgré les apparences trompeuses d'une demande de guérison non exaucée. Son expérience lui avait fait réaliser que, au-delà de nos attentes matérielles, pouvait être accordée une assistance d'amour qui, par sa force spirituelle, diminuait le poids de l'utile souffrance.

SON CORPS NE POUVAIT GUÉRIR

Lorsque Adélaïde me consulta, le cancer dont elle souffrait s'était déjà répandu dans tout son corps. Elle avait peine à marcher. Son ventre était enflé. Tout son visage exprimait une grande souffrance qu'elle cachait de son sourire bienveillant. Mais son intelligence était vive et sa réflexion très intense. Le moindre mot que je prononçais était soigneusement analysé dans toute sa portée. Elle me demanda d'intervenir par les énergies réparatrices. Je trouvai la situation délicate, car je compris rapidement que les Esprits guérisseurs ne pourraient pas la guérir de son mal.

Pour ne pas ajouter d'angoisse à tous les tourments qu'elle vivait, j'acceptai d'utiliser l'huile d'énergie sur elle. Je lui précisai cependant que je ne pouvais vraiment rien lui promettre. Par contre, j'étais certain que les entités de lumière qui répondraient à nos prières feraient de leur mieux.

Le périsprit semblait très mal en point, presque autant que le corps charnel dont les dommages se devinaient d'eux-mêmes. Plusieurs Esprits lumineux se déplacèrent auprès de nous. La petite pièce en était bondée. Un peu avant que je termine, je vis un Esprit agenouillé près d'Adélaïde. Il portait la soutane d'un prêtre. Ses mains jointes exprimaient la ferveur de ses supplications. Sa tête était penchée vers l'avant, donnant une impression de supplication.

Avant le départ d'Adélaïde, je lui recommandai des prières faisant appel à l'assistance des Esprits de lumière. Je lui conseillai de les faire souvent pendant plusieurs mois.

Je ne reçus des nouvelles d'Adélaïde que longtemps plus tard. Presque trois ans s'étaient écoulés depuis notre rencontre lorsque je vis sa fille qui put me faire part des derniers développements.

Adélaïde était toujours vivante. Après son traitement par les énergies, les examens médicaux avaient démontré que les cellules cancéreuses avaient ralenti considérablement leur progression, mais le cancer n'avait pas disparu. La fille d'Adélaïde me rapporta cependant un grand changement dans l'attitude de sa mère depuis notre rencontre.

Après l'apparition de son cancer, Adélaïde s'était aigrie. Elle se lamentait régulièrement de ses souffrances et se plaignait du mauvais sort. Elle sombrait de jour en jour dans un pessimisme de plus en plus lourd. Depuis qu'elle avait reçu un apport d'énergie dans son périsprit, elle se montrait forte et sereine. Elle supportait ses souffrances avec sagesse, exprimant sa pleine conscience du mieux-être qui en découlerait. La transformation dans sa façon de vivre sa lente agonie était telle, qu'Adélaïde encourageait ses proches à mieux supporter leurs épreuves respectives. Elle n'était plus la même. Avant, elle inspirait la pitié et maintenant elle était un modèle de courage.

Après avoir quitté la fille d'Adélaïde, je remerciai Dieu et les Esprits de lumière pour l'aide précieuse qu'ils lui avaient apportée. Son plan de vie ne leur avait pas permis de lui redonner la santé, mais ils lui avaient fait le don inestimable de la force spirituelle. Grâce à elle, Adélaïde pourrait atteindre pleinement les objectifs d'évolution qu'elle s'était fixés. Elle avait ouvert son cœur à leur générosité et Dieu avait bien voulu le combler.

5. INVOCATION ET INTERVENTION DANS LE MONDE ASTRAL

Dès que nous quittons notre corps physique, nous accédons directement aux dimensions astrales, là où vivent nos défunts dans la joie ou la souffrance engendrée par leurs actes passés. Les niveaux du monde astral nous sont donc facilement accessibles. Ils nous offrent toutes les possibilités de travail et d'évolution qui peuvent nous faire grandir.

L'invocation à Dieu et aux forces de lumière représente une véritable clef qui peut nous en ouvrir presque toutes les portes. Porteuse de bienveillance et de désirs d'avancer, elle nous donne accès à des possibilités propres à l'Esprit, que nous oublions si facilement sous notre voile d'incarnés.

Nos activités de sommeil

Pour bien comprendre les possibilités d'intervention qui peuvent s'offrir à nous dans le monde astral, nous devons d'abord savoir que, dès la sortie de notre véhicule charnel, nous pouvons facilement rejoindre ceux et celles avec qui nous vivons notre incarnation. Nous gardons alors le plein souvenir de notre état de veille et toute la plénitude de notre personnalité. De plus, tout ce qui est vécu pendant les heures de sommeil est aussi réel que nos activités quotidiennes d'incarnés. Nous entrons en relation directe avec un monde organisé dont la véritable différence avec le nôtre réside dans le niveau vibratoire de ce qui le constitue : la pseudo-matière de l'au-delà. Elle n'est en fait que de l'énergie malléable à laquelle nous pouvons donner la forme utile à nos actions de sommeil. C'est grâce à elle que l'au-delà possède un contexte environnemental qui se veut étroitement adapté à notre personnalité, nos connaissances et notre capacité de compréhension.

Voyons quelques exemples de ces activités de sommeil qui nous démontrent bien la pleine lucidité que nous conservons dans nos implications extracorporelles.

UNE LANGUE ÉTRANGÈRE

Ce témoignage me fut rapporté par ma fille aînée qui, ce matin-là, s'empressa de me raconter ce qu'elle avait expérimenté pendant ses heures de sommeil.

Comme à mon habitude, je m'étais levé assez tôt. Je préparais mon petit-déjeuner lorsque j'entendis le bonjour de Nathalie. Son visage exprimait une jovialité que l'on rencontre habituellement chez une personne satisfaite de ses réalisations.

Comme elle n'avait pas de cours ce matin-là, je lui demandai pourquoi elle s'était levée si tôt. Elle me répondit qu'elle avait trop hâte de me faire part de ce qu'elle avait vécu pendant son sommeil.

Nous nous sommes assis à table. Puis, j'écoutai avec beaucoup d'intérêt l'expérience consciente qui l'avait amenée dans les hautes sphères de l'astral, là où nous retrouvons les mondes pseudo-matériels de lumière subtile.

Nathalie reprit la pleine conscience de son vécu dès qu'elle fut bien entrée dans le sommeil. Elle se retrouva dans un endroit presque vaporeux qui lui semblait familier. En regardant le sol, elle se rendit compte qu'elle flottait au-dessus d'une matière plus ou moins opaque semblant s'étendre loin à l'horizon. Une lumière très agréable, dont elle ne pouvait localiser la provenance, éclairait toute la scène. Une douce chaleur venait caresser son corps périsprital momentanément dégagé de sa masse charnelle. Soudain, venant de nulle part, je me présentai à elle. Elle remarqua que je semblais pressé, comme si chaque seconde avait une importance capitale. Je lui souris et lui pris la main en lui disant de me suivre.

À la vitesse de la pensée, nous nous retrouvâmes dans un grand amphithéâtre dont le mur d'entrée était légèrement arrondi. La salle était disposée en forme de pointe de tarte. Les quelques milliers de sièges, tous occupés, convergeaient comme un escalier vers la partie plus étroite de la pièce.

Un personnage très lumineux parlait à l'avant.

Nathalie comprit alors que je l'avais amenée assister à une conférence de l'au-delà. Il lui sembla que nous étions légèrement en retard, mais personne ne tint compte de notre arrivée. On aurait dit que toute l'assistance était complètement absorbée par le discours du conférencier.

Dans les premiers instants, Nathalie prêta plus ou moins d'attention à ce qui se disait. Elle était encore trop absorbée par la curiosité que lui inspirait un tel lieu. En observant plus attentivement, elle se rendit compte que toutes les personnes présentes portaient un même type d'aube blanche. C'est à ce moment qu'elle réalisa que nous étions également vêtus de cette façon. Elle se demandait comment on avait pu l'habiller ainsi à son insu, lorsque je lui signalai que le discours était très important pour elle.

Dès que son attention fut centrée sur l'enseignement de l'Esprit de lumière, elle fut surprise de réaliser qu'il utilisait une langue étrangère. La consonance était très différente de ce que nous pouvons entendre sur Terre. En intensifiant sa concentration, elle commença à décoder certains mots, mais pas suffisamment pour comprendre le message livré. Je lui traduisis donc simultanément toute la conférence par transmission télépathique directe, procédé beaucoup plus commode, en Esprit, que le langage parlé des incarnés.

Nathalie profita encore de quelques moments de sa lucidité d'Esprit, puis elle sombra sous le voile qui fait oublier. À son réveil, ses souvenirs s'étaient précieusement conservés. Elle savait maintenant à quel point nos heures de sommeil sont importantes pour soutenir notre cheminement spirituel. Elle ne put cependant retenir aucun élément de ce qui lui avait été enseigné, la sagesse divine ayant sans doute établi qu'il valait mieux qu'il en soit ainsi.

DEUX GRANDES AMIES

Mimi était venue me consulter pour approfondir ses connaissances spirituelles. En entrant chez moi, elle avait beaucoup aimé les boiseries de ma maison. Elle était d'avis que le bois imprègne une demeure de sa chaleur. Avant de monter, elle s'attarda quelques instants devant notre horloge grand-père.

Le soir même, de retour chez elle, Mimi rêva à sa grande amie Josée. Dans son rêve, elles venaient toutes les deux chez moi. Dès qu'elles furent entrées, Josée indiqua que l'horloge était exactement comme Mimi la lui avait décrite. Puis, mon épouse se présenta. Mimi et Josée montèrent ensuite à l'étage pour me rencontrer.

En voyant Josée, je lui dis : « Ne t'en fais pas ! Il ne te reste que deux semaines à souffrir ! Deux semaines, ce n'est pas long ! »

Le rêve de Mimi cessa sur cette scène.

Le lendemain, Mimi rencontra Josée. « Tu étais dans mon rêve », dit Josée. Là-dessus, elle fit la description exacte du rêve que Mimi avait également fait. C'était comme si elles avaient vécu concrètement un même événement dans notre monde matériel. Tous les détails concordaient à la perfection. Même l'habillement de mon épouse était identique. De plus, mes propos concordaient parfaitement.

Mimi en avait la chair de poule. Le phénomène l'impressionnait beaucoup. Nous avions déjà parlé de la pleine réalité du vécu de nos rêves qui s'exécute dans la pseudo-matière de l'au-delà. Elle s'en était fait une certaine idée, mais elle n'aurait jamais cru en recevoir un jour une démonstration aussi concrète.

Le lendemain de leur rencontre, Josée reçut un appel téléphonique de son ex-ami. Leur relation amoureuse avait pris fin depuis peu et, se considérant grandement responsable de cette rupture, il voulait être rassuré sur le moral de Josée. Il termina l'entretien en disant : « Ne t'en fais pas ! Il ne te reste que deux semaines à souffrir ! » Josée demeura bouche bée. Il y avait un lien indubitable entre son rêve et ce qu'elle était en train de vivre.

Elle nota soigneusement tout ce qui s'était passé. Lorsque Mimi revint me voir, Josée lui demanda de l'accompagner. Elle fut frappée de reconnaître toute la scène vécue en rêve. Elle me remit les notes qu'elle avait prises. On aurait juré qu'elle était déjà venue chez moi. Le mobilier, la disposition des pièces, la description de l'horloge, l'emplacement et l'apparence de l'escalier ne laissaient aucun doute sur la valeur de ce qui avait été vécu.

Josée et Mimi m'apportèrent ainsi un autre exemple de l'intimité de relation consciente que nous maintenons pendant nos heures de sommeil.

Quant à la signification de la prédiction, elle se vérifia dans les délais annoncés, mais dans un ordre bien différent des inquiétudes qu'elle avait laissé supposer.

ELLE NE POUVAIT VENIR

Audrey devait venir pour son rappel d'énergie. Le rendez-vous était fixé depuis presque six mois. La veille de la rencontre, pendant la huit, je rencontrai Audrey directement dans l'au-delà.

Le début de mes souvenirs me situait dans une grande

salle où plusieurs incarnés en sommeil corporel venaient échanger. Une agréable ambiance de réception s'imprégnait dans toute la scène. La plupart étaient des habitués qui se réunissaient régulièrement pour échanger sur leur cheminement ou profiter des enseignements qui leur étaient offerts pour leur progression spirituelle. Certains Esprits venaient s'initier au groupe qui leur était nouvellement accessible.

Parmi ces incarnés venus se ressourcer, je reconnus Audrey. Son périsprit était tout à fait identique à son corps charnel : la même apparence, les mêmes traits, le même sourire accueillant. Elle semblait très heureuse.

Elle s'approcha vers moi et prit un air plus sérieux. Elle me sembla un peu mal à l'aise. En me regardant droit dans les yeux, elle me dit qu'elle ne pourrait pas venir à son rendez-vous du lendemain. Je lui fis comprendre que ce n'était pas grave. Je vis sur-le-champ qu'elle pourrait se reprendre plus tard si elle le désirait.

Reprenant son sourire, elle m'annonça quelque chose qui lui faisait plaisir. Là, je ne pus garder de souvenirs suffisamment précis pour rapporter la pleine nouvelle à mon conscient d'incarné. Je retenais cependant avec certitude le souvenir du chiffre cinq et la vague impression qu'elle était enceinte.

Le lendemain soir, comme je l'avais appris en astral, Audrey ne vint pas à son rendez-vous. Voyant qu'elle ne me téléphonait pas pour m'en avertir, je me permis de l'appeler. Mon désir de vérifier l'authenticité de ce que j'avais vécu pendant mon sommeil était si grand que je cédai à l'élan de ma curiosité.

Après les salutations d'usage et les excuses de politesse, Audrey m'annonça qu'elle était enceinte de cinq mois. Elle me fit part de son bonheur à vivre cette expérience qui se déroulait sans problème. Je rapportai à Audrey l'échange que nous avions eu en astral pendant notre sommeil. Elle n'en avait gardé aucun souvenir, si ce n'est celui d'un rêve un peu flou où j'étais vaguement apparu.

Notre conversation me confirmait l'existence effective de l'échange vécu dans l'au-delà. J'y vis un autre signe nous faisant comprendre la pleine réalité de notre entière personnalité subsistant en dehors de notre cerveau charnel.

Cette accession au monde astral revêt beaucoup d'importance pour nous, car nous y passons une très grande partie de notre temps d'incarnés. Pensons simplement que, sur une vie de soixante-quinze ans, nous aurons passé l'équivalent de vingt-cinq ans en période de sommeil directement dans le monde astral.

Le rêve et son interprétation

Souvenirs codés de nos activités de sommeil, les rêves font l'objet de très nombreuses interprétations. Plusieurs ouvrages sur la question ont été publiés. On me demande souvent mon avis sur la valeur de toutes ces clefs dont chaque auteur prétend posséder la meilleure. Je vous livre donc l'explication que nous donnent ceux qui nous ont précédés dans l'outre-tombe.

Il est vrai que l'au-delà nous permet de monter de véritables scénarios symboliques qui, gravés dans notre mémoire charnelle, apportent des messages directement à notre conscient. Ces messages peuvent réellement nous aider à mieux orienter notre cheminement spirituel et même terrestre.

Pour que le processus soit applicable, notre Esprit doit disposer d'un code de traduction auquel il pourra se référer. Le contenu de ce code n'a d'importance que pour l'Esprit lui-même. Tous ceux qui sont déjà publiés sont donc valables, mais à condition qu'on se limite à un seul d'entre eux. C'est presque nécessaire, car, d'un auteur à l'autre, un même symbole peut avoir des significations fort différentes, voire contradictoires. Nous pourrions d'ailleurs facilement nous passer de ces interprètes en écrivant nous-mêmes notre propre code de référence. L'important est donc simplement de fournir à notre Esprit des points de traduction qui lui permettront d'adresser à notre conscient des messages interprétables.

Même pour le décodage des rêves, l'appel à Dieu revêt une grande importance, car elle favorise son autorisation pour en conserver des souvenirs précis. De plus, elle éloigne les Esprits malveillants qui pourraient s'y immiscer pour fausser les données. Demander l'assistance de notre Ange gardien pour que nos rêves soient adéquats et utiles s'avère donc très pertinent.

Mais le rêve ne prend pas toujours une forme symbolique. Il arrive régulièrement, et surtout chez certains médiums, qu'il donne une description très précise d'un événement à venir. Ce sont les rêves que nous appelons prémonitoires. Ils lèvent le voile directement sur l'avenir qui est tracé devant nous. Ils révèlent généralement des événements que nous ne pouvons éviter dans l'écoulement de notre plan de vie. Malheureusement, le rêve prémonitoire s'attarde le plus souvent à des faits tragiques. De plus, son utilité n'est pas toujours évidente pour celui qui ne possède pas les connaissances spirituelles suffisantes pour en comprendre la venue.

UN RÊVE DÉSAGRÉABLE

Pour financer les hautes études qu'il voulait poursuivre, le fils d'Hélène devait régulièrement travailler deux jours par semaine. Comme l'emploi se faisait rare, il accepta une tâche dangereuse l'obligeant à manipuler des outils et du matériel à haut risque dans des conditions de travail fort difficiles. Mais la paye était bonne et il pouvait ainsi boucler son budget d'étudiant. Il calmait les inquiétudes des siens en leur rappelant qu'il s'agissait d'une mesure temporaire.

Une nuit, Hélène fit un rêve très désagréable qu'elle qualifia de véritable cauchemar. Elle vit son fils qui venait de subir un grave accident et baignait dans son sang. Ses deux jambes étaient coupées et l'hémorragie massive ne lui laissait aucune chance de survie. Elle tenta de le secourir, mais un curieux mur vitré qui entourait son fils l'empêchait de l'approcher.

Elle se réveilla tout en pleurs, s'apaisant peu à peu en réalisant que ce n'était qu'un simple rêve.

Le lendemain matin, elle téléphona à son fils pour prendre de ses nouvelles. Elle fut grandement soulagée en apprenant qu'il se portait bien.

Son mari, cartésien, fut d'avis qu'il s'agissait d'une simple projection des inquiétudes qu'elle entretenait quotidiennement pour leur fils. Hélène s'en remit à ce raisonnement plausible et rassurant.

Pour se sentir encore mieux, elle parla tout de même de ce rêve à son fils et souhaita qu'il redouble de prudence. Il l'apaisa en faisant à son tour une interprétation semblable à celle de son père.

Quelques mois plus tard, alors que l'incident était presque oublié, Hélène reçut un appel fatidique : son fils avait été victime d'un très grave accident de travail. À la suite d'une fausse manœuvre, il s'était littéralement sectionné une jambe. On l'avait retrouvé quelques instants plus tard, pratiquement au bout de son sang. Les chances de survie étaient nulles.

Longtemps après les obsèques, Hélène songeait encore au rêve qui l'avait si bien avertie de ce qui se préparait. Elle se questionnait sur la justesse de sa réaction. Elle se reprochait même de ne pas avoir suivi son intuition, s'en voulant de s'être laissée endormir par la sécurisante approche rationnelle des siens.

Mais comme son Guide nous l'indiqua lorsqu'elle vint me rencontrer, le message du rêve était clair. Un terrible accident, dont la nature fut même précisée, devait mettre fin aux jours de son fils. Mais, comme le mur vitré le symbolisait, elle ne pourrait rien pour aider celui qu'elle aurait tant aimé voir vieillir.

En fait, Hélène avait reçu cette information non pas pour empêcher le tragique événement de se produire, mais simplement pour bien s'y préparer et mieux y réagir.

La nature de l'astral

Un autre préalable important à notre compréhension des possibilités d'intervention dans le monde astral par la prière est la connaissance de la nature intime des lieux vibratoires où notre action peut s'appliquer.

Lorsque nous parlons globalement de l'astral, nous désignons trois niveaux qui se distinguent par leur degré de subtilité et celui des Esprits qui y vivent.

Le bas astral

Le bas astral représente le niveau vibratoire le plus lourd. Comme son nom l'indique, les Esprits qui y errent ne peuvent guère s'élever au-dessus de notre niveau physique d'incarnation. C'est le niveau des souffrances et des lamentations où les défunts subissent l'emprise de leurs faiblesses morales. Bien que ce ne soit pas véritablement un lieu, mais plutôt un état d'âme, le bas astral est littéralement collé à notre planète. Il se répand sur toute la surface du globe jusqu'au plus profond de ses entrailles.

Pour accéder à sa basse vibration, nous devons passer par de véritables couloirs caverneux dont les parois pseudo-matérielles donnent l'apparence du granite foncé.

C'est le repaire de nos défunts criminels et d'une grande partie de nos suicidés. Le moindre contact avec les Esprits du bas astral exige toujours une très grande prudence. Leur périsprit est très opaque et ils peuvent facilement nous atteindre jusque dans la dimension de notre corps physique. Même avec de bonnes intentions, nous devons nous méfier de leur malveillance. Voyons un exemple typique de leur indélicatesse.

DES SERREMENTS À LA GORGE

Georgette était venue me consulter pour prendre des nouvelles d'un proche décédé depuis plusieurs années. Le genre de vie qu'il avait mené lui inspirait bien des inquiétudes sur le sort que l'au-delà pouvait lui réserver.

La photographie qu'elle me présenta portait encore les traces des taches noires de son périsprit. Je la tins dans mes mains et procédai aux invocations d'usage pour m'assurer de la protection divine dont je pouvais avoir besoin. Je priai ensuite le défunt de se montrer dans sa réalité d'outre-tombe s'il le désirait et le jugeait à propos.

Dès que j'eus terminé mon invocation, je fus étouffé par un brutal serrement à la gorge. En fait, c'était comme si un objet m'avait transpercé le cou de part en part. Une toux incessante persista même après que j'eus laissé tomber la photographie sur la table. La sensation d'étouffement m'obligea à me lever et à prendre plusieurs gorgées d'eau fraîche. Je demandai l'assistance de mon Ange gardien. Les symptômes diminuèrent rapidement pour disparaître complètement.

En retournant à ma place, je demandai à Georgette de quelle façon le défunt était décédé. Elle me répondit, fort embarrassée, qu'il était mort assassiné d'un coup de couteau à la gorge. Je lui indiquai qu'elle aurait dû m'en avertir, mais Georgette me répondit qu'elle n'aurait jamais pensé qu'une simple photographie pouvait provoquer une pareille réaction.

En fait, ce n'était pas la photo qui était directement en cause, mais bien le défunt qui manquait totalement de respect et de savoir-vivre. L'Esprit invoqué n'avait nullement hésité à me faire sentir les atrocités de sa mort. Il voulait que Georgette soit bien certaine que c'était lui qui donnait de ses nouvelles et il n'avait pas jugé important de protéger ma santé.

L'échange qui suivit nous confirma que le défunt avait grandement besoin d'aide. Comme il l'avait exprimé par sa façon grossière de se présenter, il lui restait beaucoup de chemin à parcourir pour atteindre les vibrations de lumière. Je conseillai à Georgette de prier selon une fréquence systématique de plusieurs semaines. Je lui expliquai les pensées qu'elle devait émettre pour assister l'Esprit dans sa misère. Quant à ce dernier, je lui conseillai de profiter de la possibilité qui lui était offerte pour se libérer des souffrances qu'il perpétuait lui-même.

L'astral de la pseudo-matière opaque

L'astral de la pseudo-matière opaque est une réplique fidèle de notre monde physique. C'est le niveau le mieux connu pour plusieurs d'entre nous. C'est là que nous réalisons les scénarios de nos rêves codés. Tout s'y passe comme si nous étions dans notre monde d'incarnation. La ressemblance en est frappante. Plusieurs défunts commencent leur retour post mortem dans ce niveau vibratoire. La grande malléabilité de la pseudo-matière opaque permet la création de différents contextes d'arrivée dans l'au-delà qui s'adaptent bien à nos croyances, notre culture, nos connaissances et notre degré d'éveil spirituel. Après notre mort, les Initiateurs de l'au-delà et nos Anges gardiens l'utilisent pour nous éviter un trop grand effort d'adaptation qui risquerait de nous priver du bonheur dont nous pourrions être méritants. C'est ce qui explique que dans les expériences de mort clinique consciente, chacun rapporte une description de personnages et de lieux qui correspondent à ses propres connaissances. Voyons l'exemple d'un défunt pour qui l'épouse me consulta.

UNE MAISON RECONSTITUÉE

Lisette avait perdu son mari depuis presque deux ans. Elle se relevait difficilement de son veuvage. La mort avait frappé sans crier gare et elle devait s'adapter à un nouveau mode de vie qu'elle n'avait jamais envisagé.

Lisette croyait fermement en la survie d'après-mort. Cette foi lui inspirait le courage pour surmonter son épreuve. Savoir qu'elle retrouverait son amoureux dans une dimension plus subtile la poussait à bien réussir ce que la vie exigeait d'elle.

Elle m'appela un soir de septembre. Elle voyait

approcher le second anniversaire du départ de son mari et sa réflexion prenait la forme de plusieurs interrogations auxquelles elle cherchait des réponses.

Elle vint chez moi trois semaines plus tard. Son regard trahissait une souffrance intérieure, mais ne reflétait aucune démission face aux efforts qu'elle devait apporter à son quotidien.

Lorsqu'elle m'eut posé toutes ses questions soigneusement notées dans un petit calepin, elle sortit une photographie de son défunt mari. Je lui expliquai que nous ne pouvions l'invoquer, étant donné le trop court délai écoulé depuis sa mort. Je lui parlai de l'attente de trois ans que nous imposait la prudence pour nous assurer de ne pas nuire au défunt.

J'acceptai cependant de demander à mon équipe de me diriger vers lui pour que Lisette puisse connaître ses conditions d'existence. Je me concentrai en tenant la photo dans mes mains. Je demandai la protection contre les mauvaises actions des habitants du bas astral. Je priai Dieu d'autoriser que notre demande soit exaucée. Les images mirent un certain temps avant de prendre forme. On aurait dit une certaine hésitation à autoriser le contact médiumnique.

Je commençai par percevoir la silhouette de son défunt mari. Il marchait lentement. Il me semblait très décontracté. Je conclus, à sa façon d'agir, qu'il ne prenait pas conscience de ma présence.

Le défunt portait des vêtements bien coupés. On aurait dit un homme d'affaires vêtu pour une rencontre importante.

Soudain, le contexte qui l'entourait commença à prendre forme. Je distinguai de plus en plus nettement l'intérieur d'une imposante maison de style plutôt ancien. Un long escalier de bois tourné donnait accès à l'étage où se trouvaient les chambres. L'escalier longeait un corridor assez large qui partait d'un grand vestibule jusqu'à la cuisine donnant elle-même sur une salle à manger.

Le défunt marchait lentement dans cette maison de l'au-delà. Il y semblait très à son aise. Je le suivis un peu dans son déplacement. Il arriva près d'une porte d'arche flanquée de deux magnifiques panneaux vitrés. Ils s'ouvraient sur un spacieux salon aménagé avec beaucoup de goût.

Je décrivais à Lisette ce que je recevais au rythme où m'arrivaient les images. Quand tout fut terminé, Lisette brisa son silence. Fronçant légèrement les sourcils, elle me dit qu'elle ne comprenait pas. Rien de tout ce que je lui avais décrit ne pouvait correspondre au milieu où avait vécu son mari.

Lorsqu'elle partit, Lisette était heureuse de savoir que son mari se sentait bien dans son existence de l'au-delà, mais elle aurait aimé qu'il confirmât son identité par un détail quelconque qu'elle aurait pu reconnaître.

Ce n'est que le lendemain qu'elle comprit toute la valeur de ce que nous avions reçu. En s'éveillant, elle songea à la magnifique maison de son enfance. Cette vieille demeure n'existait plus depuis plusieurs années. Un violent incendie avait tout détruit, emportant avec lui toutes les vibrations d'amour et de paix que devait renfermer chacun de ses centimètres carrés.

Lisette y avait connu une enfance merveilleuse. Le souvenir qu'elle en conservait dans son cœur était comme un gros bouquet de fleurs à l'arôme intarissable.

En repassant tous les détails que je lui avais donnés, elle reconnut soudainement cette maison de rêve. Son défunt mari avait été beaucoup plus conscient de ma présence qu'il ne l'avait laissé croire. Connaissant l'intimité intérieure de Lisette ; il avait reconstitué dans la pseudo-matière de l'au-delà la réplique exacte de ces lieux. Il avait choisi ce moyen pour que Lisette comprenne la nature du bonheur qu'il vivait dans l'au-delà. Pour Lisette, le message devenait très précis. Elle savait maintenant que son époux connaissait un véritable bonheur d'enfant, qu'il avait retrouvé un état d'âme pur et innocent, un peu comme celui des souvenirs reliés à cette maison d'antan.

Lisette me téléphona le midi même. Elle ne pouvait continuer sa journée en sachant que je ne connaissais pas encore la richesse de ce que nous avions obtenu en retour de nos prières. Sa voix était, je dirais, presque souriante. Elle me remercia chaudement pour ce si beau message. Je détournai ses remerciements vers le défunt qui avait bien voulu collaborer à la démarche de son épouse dans la pleine mesure de ce qu'il pouvait faire.

***

La constitution pseudo-matérielle du monde astral se rapproche beaucoup de celle de notre monde physique. Bien que plus subtile, la pseudo-matière peut même suffisamment se condenser pour se manifester dans notre monde.

UN CRAYON DE BOIS

Le soleil venait à peine de baigner l'est de ses premiers rayons. Mon Esprit profitait encore de la liberté du sommeil avant que le devoir d'incarné me rappelle dans la matière lourde.

Tout juste avant la sonnerie du réveil, ma conscience de veille se retrouva dans le contexte de l'au-delà qui lui avait échappé pendant toute la nuit. Je me vis en train d'écrire. Je tenais un crayon de bois comme ceux qu'utilisent les jeunes écoliers. Avant que je prenne connaissance des mots qui se traçaient sur la feuille pseudo-matérielle, je m'éveillai complètement dans mon corps physique. J'ouvris les yeux. Les dernières images de ce qui ressemblait à un rêve conventionnel se prolongeaient dans ma mémoire qui en conservait toute la vitalité.

Mon attention fut fortement attirée par un objet que je tenais dans ma main droite. Ouvrant bien grand les orbites oculaires, je perçus nettement le crayon de bois que je tenais dans l'au-delà quelques instants plus tôt. Je sentais très bien sa masse et sa texture. On aurait dit un véritable crayon. Il y avait même la traditionnelle gomme à effacer à une extrémité. Le bois était lisse et donnait la sensation de froidure que dégage la peinture émaillée.

Le crayon semblait collé à moi. Il adhérait à ma main comme s'il s'y était intégré. Je tentai de le laisser tomber, mais même en écartant tous mes doigts, il demeurait bien en place. Je secouai ma main de petits mouvements secs. Le crayon disparut sur-le-champ. Il avait littéralement fondu sans laisser aucune trace, retournant dans le grand bassin de la pseudo-matière de l'au-delà.

Quelques secondes plus tard, la sonnerie mécanique interrompit ma réflexion.

Je pensai souvent au phénomène pendant ma journée. J'avais vu encore une fois la pleine réalité de la pseudo-matière que nous utilisons tous dans l'au-delà, autant pendant nos heures de sommeil que pendant les périodes d'erraticité de chaque après-mort. J'avais vécu une autre confirmation de la pleine matérialité qu'elle peut prendre directement dans notre monde physique lorsqu'elle prend de la densité à même notre réserve de fluide vital.

Cette réflexion me rapporta à l'esprit de nombreux cas de hantise dont je pus m'occuper. Je songeai à ceux qui mettaient en action cette même énergie malléable pour l'utiliser à très mauvais escient. Souvent, dans ces cas, les victimes n'osent pas trop décrire ce qu'ils ont vu et même senti dans leur propre chair, craignant d'être ridiculisés par les gens dépassés par ces possibilités pourtant bien réelles.

Même pendant nos heures de veille, nous continuons à agir sur la pseudo-matière. Cette action s'opère par le contrecoup de notre pensée dans les énergies de l'astral lorsqu'elle forme un égrégore, c'est-à-dire une pensée matérialisée dans le monde matériel ou pseudo-matériel. Sa densité peut devenir suffisante pour avoir un impact réel, négatif ou positif.

Le matériau constitutif d'un égrégore peut provenir de deux sources bien définies.

La première est celle de notre fluide animalisé. Elle concerne donc directement les êtres vivants qui sont les seuls à en posséder pendant leur incarnation. Selon cette provenance, l'Esprit incarné peut matérialiser sa pensée dans l'astral qui l'entoure et la projeter sur des distances considérables. Chez certains dont les pensées sont malsaines, de véritables réservoirs d'énergie négative peuvent ainsi se constituer et servir de carburant aux Esprits noirs du bas astral qui n'hésitent pas à l'utiliser dans leurs actions touchant le monde matériel. Par ailleurs, il en est heureusement de même pour les incarnés qui recherchent le bien. Cette énergie positive peut contrer et même détruire les énergies négatives qui ont pu s'accumuler autour de nous. Elle a aussi le pouvoir de s'étendre autour de notre planète si plusieurs personnes sont impliquées par des pensées bienveillantes poursuivant un même but. D'où l'effet parfois surprenant des prières de masse bien dirigées.

La deuxième source est celle de la pseudo-matière dans tout l'au-delà. Comme nous l'avons vu, la pseudo-matière se définit comme de l'énergie malléable à laquelle un Esprit peut donner la forme qu'il désire. Cette forme palpable par un corps à vibrations similaires demeure intacte le temps que dure la pertinence de son existence.

Or, cette manipulation de la pseudo-matière est à la portée de tout Esprit incarné. Pendant nos heures de sommeil, nous l'utilisons pour façonner les contextes de nos occupations astrales. Pendant nos heures de veille, il peut continuer à nous servir, mais notre pensée consciente doit être mise en œuvre pour y parvenir.

En puisant dans cette source de matériau, l'incarné a la possibilité d'engendrer des formes bien concrètes que plusieurs médiums voyants perçoivent facilement. C'est de cette façon que les miroirs de protection en forme ovale peuvent se constituer et demeurer dans des lieux précis pour en protéger les habitants.

Voyons une expérience que j'avais tentée pour en vérifier l'effet sur notre comportement.

DE VÉRITABLES CRISTAUX

J'étais en présence d'un groupe de vingt personnes. Leur occupation invitait au calme complet. Un climat très serein remplissait la pièce.

Je me plaçai un peu à l'écart. Après avoir demandé la protection contre toute interférence des Esprits malveillants, je me concentrai pour modeler des milliers de cristaux d'énergie. Après quelques secondes, leur existence devint très concrète. Chacun d'eux était façonné de plusieurs facettes très brillantes qui scintillaient dans leur mouvement. Des reflets argentés et fluorescents en accentuaient la luminosité.

En maintenant mon niveau de concentration, je fis descendre sur chaque personne plusieurs centaines de cristaux qui flottaient au-dessus de leur tête, à quelques centimètres du plafond.

Les égrégores d'énergie atteignirent l'émanation aurique des personnes présentes qui s'animèrent subitement. Elles se mirent à parler de plus en plus fort. Certaines riaient. Puis, après quelques instants, toutes abandonnèrent le travail auquel elles accordaient beaucoup d'importance avant l'introduction des formes-pensées.

Devant l'ampleur que prenait la confusion, je leur suggérai de reprendre le travail. Dès l'émission des premiers sons de ma voix, les égrégores disparurent. Le calme revint immédiatement. Chacun se remit à sa tâche comme si rien ne s'était passé.

Cette expérience me permit de comprendre et de constater la pleine réalité des égrégores que notre pensée pouvait engendrer à partir de la pseudo-matière de l'au-delà. Malheureusement, je pus également en déduire toutes les possibilités négatives à la portée des Esprits malveillants qui nous entourent. Cependant, je pus me rendre compte comme leur effet pouvait facilement être annulé par une pensée vibrant contre la pertinence de leur existence.

Encore une fois, je voyais l'importance de nos demandes d'aide spirituelle pour nous protéger contre cette arme potentielle des Esprits noirs du bas astral. L'émission de pensées bienveillantes et d'appels de soutien auprès de Dieu et des Esprits de lumière devenait nécessaire, non seulement pour améliorer notre niveau de vibration spirituelle, mais aussi pour contrer les tentatives sournoises de toutes les entités nous voulant du mal.

Cette expérience m'ouvrit des horizons très intéressants dans mon travail d'assistance auprès de ceux qui faisaient appel à mon aide. J'y découvris un outil de plus que Dieu plaçait à notre disposition pour mieux franchir l'étape difficile de l'incarnation terrestre. Il ne restait maintenant qu'à l'utiliser dans la pleine mesure de son autorisation.

L'astral de lumière

L'astral de lumière représente le niveau par excellence de l'au-delà. C'est là que vivent les Esprits les plus épurés et les plus méritants. Seuls les Esprits ayant atteint ce niveau peuvent réellement nous aider dans nos prières.

L'astral de lumière se divise en trois niveaux particuliers.

Il y a d'abord l'astral de lumière dense. Il ressemble beaucoup au monde de la pseudo-matière opaque, sauf que tout y est constitué d'une lumière merveilleuse. La musique y est douce et mélodieuse. Le bonheur de ses habitants y dépasse déjà de mille fois nos plus grands plaisirs terrestres. Pour eux, ce bonheur incommensurable n'a qu'une forme : l'amour de Dieu et des autres.

Il y a ensuite l'astral de lumière subtile. Très adapté aux vibrations intérieures de ses habitants, ce monde raffiné accueille les Esprits dont les vibrations sont déjà très proches de celles de Dieu. La luminosité des lieux et des Esprits est presque éblouissante. C'est là que vivent — bien différemment de nous — les Esprits intermédiaires si dévoués.

Il y a enfin l'astral de lumière pure où se retrouvent les Esprits ayant atteint la complète perfection. Ils y partagent la pensée divine et participent avec Dieu à l'existence de toute chose dans la poursuite du but ultime presque sans fin.

L'astral de lumière comprend donc trois degrés de niveaux vibratoires, mais, à chacun d'eux, nous retrouvons le même générateur de bonheur : vouloir et pouvoir vivre l'amour inconditionnel sans effort dans la pleine conscience de l'application du plan divin.

Voyons maintenant comment nos appels à Dieu peuvent atteindre les dimensions de l'astral et y agir efficacement.

Processus d'intervention dans le monde astral

Le monde de l'astral nous est donc naturellement accessible pendant nos heures de sommeil. Nous pouvons tous nous y rencontrer dans un environnement bien réel dont le niveau vibratoire est adapté à celui de notre périsprit. Mais alors, peut-on en déduire que toutes les possibilités de l'au-delà nous sont déjà accessibles comme pour les morts ? Nous pouvons répondre doublement par l'affirmative, du moins pour plusieurs aspects, car, non seulement nous y accédons comme nos défunts, mais encore nous pouvons en rapporter des avantages dans le quotidien de notre pèlerinage terrestre.

De nouvelles expériences m'ont amené à pousser plus loin la compréhension des interactions positives que nous pouvons entretenir avec le monde astral. Elles peuvent en effet nous placer en contact avec certains Esprits de lumière capables de nous aider à affronter certaines difficultés qui impliquent directement le comportement ou le libre arbitre de tous.

Ces interactions avec le monde astral doivent cependant remplir trois conditions : premièrement, être motivées par des intentions bienveillantes pour soi-même et pour les autres ; deuxièmement, s'appliquer en période de sommeil ; et troisièmement, faire l'objet d'une autorisation divine.

Les premières expérimentations de cette action directe dans le monde astral me furent prescrites par des Guides de lumière venus m'assister pour des gens qui vivaient de sérieux problèmes de relation conjugale. Les résultats obtenus me firent rapidement comprendre les magnifiques possibilités qui s'ouvraient à nous par ce procédé spirituel.

Les cinq étapes

La mise en branle du processus s'opère par l'adresse d'une invocation qui s'effectue en cinq étapes.

La première étape consiste à demander à Dieu l'autorisation d'échanger pendant nos heures de sommeil avec l'Esprit de la personne pour qui nous prions. Nous nommons alors la personne concernée. Nous expliquons ensuite avec le plus de précisions possible le but de cet échange qui doit se vivre dans l'astral de lumière.

À la deuxième étape, le prieur demande à Dieu une protection particulière pour empêcher toute intervention malveillante des Esprits peu scrupuleux qui seraient tentés de s'immiscer dans l'échange par leurs tromperies. Cette protection divine éloignera même les ignorants les plus fougueux.

À la troisième étape, le prieur invite, en le nommant, l'Esprit de celui pour qui il prie à venir échanger avec lui en astral de lumière pendant ses heures de sommeil. Il lui précise à son tour le but de cet échange. Il invite ensuite l'Ange gardien de cette personne, son propre Ange gardien et tous les Esprits de lumière en mesure de les aider.

À la quatrième étape, le prieur remercie Dieu d'autoriser l'échange demandé. Il remercie ensuite, en le nommant, l'Esprit de la personne pour qui il prie, son Ange gardien, le sien et tous les Esprits de lumière qui veulent bien l'assister dans son désir d'aider la personne visée. Le prieur s'endort ensuite pour sa période normale de sommeil.

La cinquième étape est ensuite appliquée à son réveil lorsque son sommeil est terminé. Le prieur reprend alors le contenu de la quatrième étape. Il remercie à nouveau Dieu et tous ceux qui ont participé à l'échange demandé. Cette invocation, fort simple, mais très efficace, doit s'effectuer sur une période de trente jours. Elle doit être maintenue même si les résultats recherchés se manifestaient rapidement.

Le premier cas que je vous livre pour démontrer la force dont est porteur ce genre de demande nous décrit très bien l'action engendrée dans le monde astral. Il nous révèle également l'impact qu'elle peut avoir sur l'influence occulte que nous pouvons subir.

ELLE NE RECONNAISSAIT PLUS SA SŒUR

Louisette se décida à me téléphoner après avoir lu mon second ouvrage. Sa sœur cadette présentait de sérieux problèmes de conduite et de comportement qui inquiétaient toute la famille depuis près de cinq ans.

À cette époque, dans sa naïveté d'adolescente, la sœur de Louisette s'était amusée avec ses amis à contacter les Esprits de l'au-delà par le Ouija. Comme cet instrument nous limite généralement aux entités les moins évoluées, elle ne put contacter que des Esprits sans scrupules aux titres mirobolants qui l'utilisèrent pour exprimer leur hargne.

D'un tempérament jusque-là facile, la jeune fille était subitement devenue agressive et haineuse. Toute sa personnalité s'était détériorée très rapidement. Son langage devint vulgaire. Ses gestes n'exprimaient plus la belle éducation qu'elle avait reçue. S'adonnant aux drogues de toutes sortes, son échelle de valeurs se réduisit à sa plus simple expression.

Guidée par son amour, sa mère continua de l'héberger et de voir à sa sécurité. Elle priait tous les jours pour sa fille, même si les résultats de ses supplications tardaient toujours à se faire sentir. Elle avait consulté un médium cupide exigeant un prix exorbitant pour une approche qui ne pouvait donner aucun résultat.

Tout en me décrivant la situation, Louisette m'exprimait beaucoup d'espoir à retrouver un jour la sœur qu'elle ne reconnaissait plus.

Je lui fis part des extraordinaires possibilités de nos

heures de sommeil dans de telles situations. Puis, je lui suggérai l'invocation qu'elle devait répéter pendant trente jours consécutifs. Comme j'avais déjà une certaine expérience dans ce genre d'intervention, je pouvais lui garantir les réelles possibilités de réussite.

Le premier soir, Louisette sortit consciemment de son corps. Tout à fait lucide, elle monta dans l'astral de lumière.

Elle se retrouva dans un coin de l'au-delà où la lumière baigne l'espace en tous sens. Elle tentait de se situer lorsque cinq Esprits très brillants s'approchèrent pour l'accueillir. Une belle lumière jaillissait de leur corps vaporeux. Ils étaient blancs et fluorescents. Leurs visages brillaient tellement que Louisette en distinguait à peine les traits. Une grande vibration d'amour émanait de leur être, enveloppant Louisette d'une délicieuse impression qu'elle aurait voulue éternelle. L'un d'eux lui dit d'une voix grave mais agréable : « Nous t'attendions ! » À cet instant, un sixième Esprit, encore plus brillant, s'approcha de Louisette qui baissa instinctivement les yeux dès qu'elle perçut sa présence. Louisette se sentait tout à fait indigne d'une telle pureté. Elle garda donc son regard vers le sol tant qu'il ne se fut pas retiré.

Relevant la tête, elle vit d'autres Esprits lumineux qui se tenaient un peu plus loin. Puis, elle m'aperçut en leur compagnie. Sans que je me déplace vraiment, mon visage s'approcha d'elle. Je lui souris et je lui dis : « Tu vois, Louisette, je suis ici pour t'aider. Tu n'as rien à craindre. »

Nous formâmes ensuite un cercle en nous tenant par la main et nous commençâmes à prier. Louisette me décrivit ces prières comme des incantations chantées en harmonie vibratoire. C'était comme des litanies grégoriennes. La langue utilisée était cependant tout à fait inconnue à Louisette.

Un peu après le début des prières, elle reconnut sa sœur qui se tenait au centre du cercle. Dès que Louisette voulut lui adresser la parole, elle perdit la conscience de son expérience astrale.

La même nuit, un peu plus tard, en sortant de son sommeil, Louisette sentit une présence dans son lit. Elle eut d'abord un peu peur, mais elle reconnut rapidement l'Esprit de sa sœur qui s'accrochait littéralement à elle. C'était comme si, au retour de l'astral, sa sœur était venue se réfugier près d'elle. Elle tenta de la calmer et, lentement, sombra dans le sommeil.

La seconde nuit, Louisette ne se souvint pas de son expérience de sommeil, mais, après s'être éveillée, elle sentit à nouveau la présence de sa sœur tout près d'elle qui, cette fois, appuya sa tête sur son épaule. Elle paraissait beaucoup plus décontractée que la veille. Louisette comprit que le cercle de prière venait tout juste de prendre fin et elle se rendormit sans réfléchir davantage sur la présence particulière de l'Esprit de sa sœur.

La troisième nuit, le même phénomène se reproduisit. Cette fois, l'Esprit de sa sœur lui prit calmement la main, et Louisette se rendormit comme si elle eût été rassurée sur le sort de sa sœur cadette.

Plus tard dans la journée, Louisette reçut un appel téléphonique de sa mère qui lui fit part de grands changements positifs semblant s'opérer chez sa fille rébarbative. La lumière reprenait enfin sa brillance dans ses yeux. Heureuse de ces résultats, Louisette parla de la démarche qu'elle avait entreprise. Sa mère lui offrit alors de participer avec elle.

Après trois semaines d'invocations communes, la jeune femme avait complètement retrouvé sa belle personnalité. Elle avoua cependant éprouver une crainte indéfinissable. Louisette en profita pour lui expliquer la démarche spirituelle qui avait été entreprise pour elle. Très heureuse et reconnaissante de leur générosité, la sœur de Louisette voulut à son tour se joindre à leurs efforts.

Louisette me téléphona après la trentième journée pour me confirmer la belle réussite de l'expérience. Sa sœur était enfin libérée de l'emprise des Esprits noirs qui l'avaient subjuguée et même possédée pendant près de cinq ans.

Je croyais l'affaire terminée lorsque Louisette me téléphona un mois plus tard. Elle semblait découragée. Sa sœur recommençait à subir l'assaut de ses agresseurs invisibles.

Je lui recommandai de reprendre un autre cycle de trente jours de prières pour faire taire définitivement la rage des malveillants, frustrés par leur défaite. Cette fois-ci, les Esprits tentèrent d'intimider directement Louisette. Ils passèrent d'abord par ses rêves. Ils lui firent vivre de véritables cauchemars qui perturbèrent grandement son sommeil. Après deux nuits d'essais infructueux, ils s'en prirent à ses heures de veille. Louisette voyait plein d'Esprits déformés autour d'elle. Ils paradaient comme s'ils voulaient l'attaquer. Après quelques jours de ce manège, Louisette se rendit bien compte qu'ils ne pouvaient l'atteindre ni la toucher. Rassurée, elle leur fit face et ils cessèrent leur cinéma.

Pendant cette même période, ils s'en prirent également à la sœur de Louisette. Elle percevait constamment des entités très sombres autour d'elle. Ils n'étaient cependant visibles que du coin de l'œil, comme s'ils craignaient d'être vus en face d'elle.

Les deux femmes persévérèrent. Après trois jours d'assauts incessants, les entités capitulèrent enfin. Renforcées par leur foi en Dieu et en ses assistants de lumière, Louisette et sa sœur étaient certaines de réussir. Ainsi, elles avaient pu se montrer véritablement à la hauteur de la part qu'elles avaient à accomplir.

Échaudée par sa première expérience, Louisette attendit quelque temps après la fin de ses appels à l'aide pour me confirmer que le calme était définitivement revenu.

***

J'ai vu d'autres cas de résistance manifestée par les Esprits malveillants que ce genre de demande dérangeait. Leur réaction en est toujours une de panique. Rappelons-nous que, lorsqu'ils en viennent à réagir aussi fortement, nous pouvons toujours en déduire une garantie de réussite contre eux. Il est donc très important de persévérer dans nos appels à Dieu lorsque pareille réaction se produit. Bien que leurs manifestations soient très impressionnantes, il faut toujours se rappeler que l'autorisation divine obtenue par l'invocation nous protège contre toute attaque pouvant nous atteindre dans notre intégrité. Ils peuvent faire peur, mais ils ne peuvent nous faire du mal. Voyons deux autres cas qui nous le démontrent très bien.

UN PACTE AVEC SATAN

En écoutant la voix de Lise sur mon répondeur, je compris tout de suite le chagrin et l'impuissance qui grugeaient progressivement l'espoir de son cœur de mère. Seule la prière lui permettait de croire encore que son fils adolescent s'en sortirait un jour.

Lise avait épuisé toutes ses ressources. Se tournant vers le spirituel, elle avait découvert mes deux premiers ouvrages. Comme elle considérait qu'elle n'avait rien à perdre, elle voulut faire appel plus directement aux aides bienveillantes de l'Invisible.

La situation vécue par son enfant m'apparaissait assez difficile, car son attitude négative se nourrissait de sa propre volonté à faire le mal.

Henrick avait sombré très jeune dans le profond marécage de la drogue. Il y avait retrouvé l'expression intime de sa pauvreté spirituelle. Il cherchait bêtement à éviter et à fuir le réel alors qu'il s'était incarné dans cette réalité précisément pour s'en servir comme levier d'évolution et mieux s'en libérer.

Comme pour la plupart des drogués, Henrick attira vers lui une horde d'Esprits inférieurs du bas astral. Heureux de le voir s'enfoncer dans ses vices, ils le soutenaient par leurs pensées négatives. Ils se réjouissaient de s'assurer qu'il viendrait les rejoindre dans leur misère, craignant la moindre lueur qui les aurait mis en face de leur répugnante réalité.

Ils encourageaient Henrick à se vautrer dans son ignorance et à repousser les conseils de lumière exigeant trop d'efforts. Ils lui manifestaient leur présence pour lui donner l'illusion d'être assisté de leur dévouement. Partout où il se déplaçait, Henrick entendait des pas qui le suivaient. Le soir, dans sa chambre, des lueurs rouges s'animaient. Elles bougeaient comme des yeux sans corps qui le surveillaient. Abruti par la drogue et aveuglé par sa naïveté, il ne savait y reconnaître le danger qui s'en dégageait. Souvent, lorsqu'il risquait un œil dans un miroir, Henrick voyait son regard se transformer. Bientôt, une voix étrange sortit de sa gorge, lui enjoignant de demeurer des leurs. Ils lui promirent de faux privilèges en échange de sa coopération. Voulant en tirer profit, Henrick poussa son inconscience jusqu'à leur proposer un pacte avec Satan. Il leur promit de leur sacrifier un de ses futurs enfants en échange de leurs services. Des rires gras et nerveux lui exprimèrent le délire que cette monstrueuse méchanceté leur inspirait.

En prenant conscience de la gravité de la situation, Lise se sentit vraiment démunie. C'est là qu'elle fit appel à mon aide.

Étant donné que toutes les approches conventionnelles avaient déjà échoué, je suggérai à Lise de tenter d'atteindre le cœur de son fils par la voie de l'astral. Je lui indiquai l'invocation qu'elle devait faire pour inviter Henrick à se prendre en main pendant ses heures de sommeil. Je la mis soigneusement en garde contre les probables tentatives des Esprits noirs pour la dissuader de poursuivre ses efforts. Je lui expliquai que, avec toute la protection de lumière dont elle bénéficierait, elle n'avait rien à craindre de leurs manèges.

Lise commença ses demandes dès le premier soir. Elle s'endormit en invoquant son Ange gardien de l'assister dans sa démarche.

Vers deux heures de la nuit, elle sortit brusquement, de son sommeil. Elle s'éveilla avec la certitude qu'un étranger se cachait dans sa chambre. Dès qu'elle ouvrit les yeux, Lise aperçut, tout près d'elle, se tenant debout à la droite de son lit, un enfant à la silhouette très sombre. En fait, il était tout noir. Ses cheveux, sa peau et ses vêtements semblaient former un tout homogène, très menaçant. L'obscurité qui s'en dégageait était tellement dense que Lise ne parvenait pas à percevoir le moindre trait. Après une ou deux secondes, elle distingua ses yeux. C'était comme s'il venait tout juste de les ouvrir. Une lueur rouge incandescente jaillissait de chacune des pupilles dilatées. Une très faible clarté s'en dégageait. Il regardait Lise fixement, comme pour lui faire peur.

Puis, des bruits de chaînes traînées sur le sol se cadencèrent à ceux des pas lourds s'avançant lentement sur le plancher de sa chambre. Lorsqu'ils parvinrent près du lit, Lise sentit des doigts aux ongles longs la pousser violemment. Les invisibles cherchaient à la faire tomber de son lit.

Son cœur battait à une vitesse folle, mais Lise conservait son calme. Elle songea aux recommandations que je lui avais faites et elle pria pour obtenir l'assistance des policiers de l'au-delà. Toute leur mascarade cessa sur-le-champ et le calme revint pour tout le reste de la nuit.

Lise reprit ses invocations le lendemain et les poursuivit pendant les trente jours dont nous avions convenu. Durant tout ce mois, elle se sentit parfois très mal à l'aise, mais elle ne revécut jamais plus de semblables assauts.

Lorsqu'elle me rappela, Lise n'avait pas encore obtenu les transformations qu'elle espérait tant, mais son cœur lui disait qu'en persévérant dans sa démarche, elle finirait par éveiller son fils à la réalité de sa déchéance.

Je l'encourageai à le faire, sachant par expérience que certains cas exigeaient des interventions soutenues sur de très longues périodes, condition souvent nécessaire pour vaincre le libre arbitre négatif du sujet visé qui refuse obstinément de comprendre et de coopérer.

INQUIÈTE DE SA FILLE

Manon avait toujours regardé grandir ses trois enfants comme le semeur devant son champ de blé rêvant de la belle moisson. D'intelligence vive, leurs résultats scolaires laissaient libre cours aux plus grands espoirs.

Lorsque Manon entendait parler des jeunes qui inspiraient de l'inquiétude à leurs parents, elle se sentait bien privilégiée de se voir à l'écart de ces tourments.

Manon fut ramenée à la réalité terrestre lorsque sa fille aînée eut atteint ses seize ans. Son jeune fils lui avait déjà rapporté des faits curieux concernant sa grande sœur, mais l'image que Manon entretenait d'elle l'empêchait d'y reconnaître les signes qu'un grave problème se préparait.

L'adolescente utilisait l'amour de sa mère pour la manipuler. De nature hypocrite, elle présentait les traits d'un Ange qui cachait des vices et des penchants bien enracinés dans son périsprit.

Lorsque son jeu fut découvert, ses comportements délinquants prirent plus d'intensité. Ses résultats scolaires, jusque-là excellents, dépérirent à vue d'œil. Elle sombra dans la drogue, entourée d'amis indésirables.

Manon avait l'impression qu'une pure étrangère avait pris la place de sa fille bien-aimée.

Voyant que ses efforts de mère ne donnaient rien, elle fit appel à des personnes ressources, mais ils ne réussirent pas mieux qu'elle. Il fallait atteindre son cœur et nul n'y parvenait.

À bout de souffle, Manon voulut tenter l'approche spirituelle. Elle ne pouvait se résigner à accepter qu'un enfant si prometteur pût gâcher toute sa vie pour de simples jouissances temporaires. C'est au bout de ses recherches qu'elle frappa à ma porte.

L'idée de travailler avec l'Esprit de sa fille pendant ses heures de sommeil lui inspira beaucoup d'espoir.

Pour mieux comprendre la situation, nous demandâmes l'avis de nos amis de lumière. Manon apprit que son enfant était un Esprit intelligent au périsprit lourd venu grandir en se confrontant à la matière. Cette information stimula Manon à persévérer. Elle savait maintenant que sa fille avait un plan de vie pour surmonter ses faiblesses morales et, dans son amour, elle voulut faire en sorte qu'elle puisse réussir.

Manon entreprit ses demandes spirituelles en réclamant à Dieu de permettre qu'elle puisse travailler avec l'Esprit de sa fille pendant son sommeil. Les premiers jours donnèrent des résultats inespérés. Un rapprochement entre elle et sa fille s'amorça. L'espoir prenait enfin une forme concrète.

Malheureusement, au bout d'une semaine, l'Esprit de son enfant commença à présenter une certaine résistance. Les Esprits noirs du bas astral interféraient pour retenir près d'eux l'Esprit de la jeune fille qui se tournait vers la lumière.

Ils attaquèrent sur deux fronts. Ils s'en prirent d'abord à leur victime, qu'ils invitaient sournoisement à refuser l'effort, et ensuite à Manon, qu'ils cherchèrent à impressionner pour l'arrêter d'intervenir.

Le premier soir, Manon ne put atteindre le sommeil profond. Elle se maintint toute la nuit en compagnie de personnages sombres qui lui ordonnaient de se retirer. Leur apparence était repoussante. Leurs visages, d'une grande laideur, exprimaient la haine et la malveillance.

Le deuxième soir, Manon subit à nouveau l'assaut d'Esprits déformés. Ils tentèrent de lui faire mal dans sa chair, mais ils ne pouvaient l'atteindre vraiment.

Manon se sentait coincée entre le rêve et la réalité, incapable de revenir à sa pleine conscience de veille. Elle ne s'en libéra qu'en pensant à Dieu pour qu'il vienne à son secours.

Malgré la peur qui la tenaillait, Manon demeurait rationnelle. Elle comprit rapidement que ses agresseurs ne pouvaient lui faire réellement mal. Ils ne cherchaient qu'à l'impressionner pour qu'elle abandonne.

Manon redoubla d'ardeur et pria encore plus souvent. Au bout de deux mois, les Esprits noirs se retirèrent du combat. La victoire était acquise.

Manon me téléphona pour me faire part de l'évolution de sa démarche. Un entrain lumineux vibrait dans sa voix. Mon Guide m'inspira de lui dire que les malveillants avaient dû cesser leurs assauts dès que sa fille avait choisi de continuer à progresser vers Dieu. Ils ne pouvaient désormais plus l'atteindre, devant respecter, sur l'ordre de son Ange gardien, sa pleine liberté de choisir entre le bien et le mal.

Malgré ce que nous venons de voir, il ne faudrait pas déduire qu'une pareille demande spirituelle déclenche automatiquement une réaction négative du bas astral. Cette réaction est plutôt exceptionnelle, car elle ne se manifeste que dans des cas graves, où les Esprits en présence sont particulièrement malveillants.

Dans quatre-vingt-quinze pour cent des retours que j'ai obtenus de ceux à qui j'avais recommandé de prier pour intervenir pendant leur sommeil, les choses se sont passées en douceur.

Certains d'entre eux concernaient des réconciliations qui étaient souhaitées. Nous avons d'ailleurs toujours obtenu de très bons résultats dans ce genre de buts recherchés.

UNE REGRETTABLE MÉPRISE

Andrée-Anne me consulta pour les difficultés de relation qu'elle vivait avec un membre de sa famille. C'était la première fois qu'une querelle s'éternisait avec sa sœur cadette. Auparavant, elles s'étaient toujours bien entendues. Andrée-Anne trouvait la situation insupportable. Elle avait tenté de reprendre contact, mais sa sœur s'obstinait fermement.

Andrée-Anne vivait d'autant plus difficilement cette épreuve que la mésentente découlait d'une regrettable méprise dont elle était l'innocente victime. Elle avait voulu tout expliquer à sa sœur qui se croyait trahie par elle, mais il n'y avait rien à faire.

Une lecture médiumnique sur la photo apportée par Andrée-Anne ne démontrait pas de mauvaise foi chez sa sœur. Seule la souffrance stimulait sa réaction strictement émotive.

Comme les qualités de l'Esprit de sa cadette démontraient une certaine évolution spirituelle, c'est avec beaucoup d'optimisme que j'expliquai à Andrée-Anne la façon de procéder pour échanger avec elle directement dans l'astral supérieur.

Andrée-Anne devait demander à Dieu la permission d'échanger avec l'Esprit de sa sœur pendant leur sommeil pour qu'elle puisse comprendre qu'elle n'avait joué aucun rôle négatif. Elle commença à prier le jour même.

Andrée-Anne me rapporta les résultats de ses demandes un mois plus tard. Elle m'expliqua que l'effet des échanges pendant leurs heures de sommeil avait été très rapide. Dans la même semaine, les deux femmes se rencontrèrent dans un centre commercial. Dès que leurs regards se croisèrent, elles furent comme attirées l'une vers l'autre. La sœur d'Andrée-Anne lui exprima tous ses regrets. Elle lui confia qu'elle avait subitement compris ce qui s'était réellement passé. Grâce à leur échange dans le monde astral, Andrée-Anne et sa sœur renouaient avec l'amour qui les avait toujours unies.

UNE QUESTION D'HÉRITAGE

Jusqu'au décès de sa mère, Corinne s'était toujours bien entendue avec ses frères et sœurs. Régulièrement, chaque année, ils se réunissaient au fil des fêtes et des anniversaires qui donnaient lieu à des heures agréables entre oncles, tantes, beaux-frères, belles-sœurs, neveux et nièces.

Lorsque sa mère décéda, Corinne reçut en héritage tous les biens de la défunte. La lecture du testament eut l'effet d'un grand choc émotif chez ses frères et sœurs. Ils ne comprenaient pas les dernières volontés de leur mère et soupçonnèrent Corinne de l'avoir manipulée. Ils la traitèrent même d'hypocrite.

Le corps de la morte n'était pas encore complètement refroidi que déjà les liens étaient rompus entre Corinne et sa famille qu'elle aimait tant.

Corinne s'était pourtant dévouée pour sa mère. Alors que les autres profitaient de leur pleine liberté, Corinne se résignait à demeurer chez elle pour en prendre soin. Elle ne s'en était jamais plainte. Peut-être était-ce pour cela que personne n'avait jamais réalisé tous les sacrifices que la situation lui avait imposés. De plus, Corinne ne désirait même pas cet héritage. Elle n'avait jamais considéré que sa mère lui devait quelque chose. Elle n'avait jamais attendu le moindre retour pour sa générosité naturelle.

Lorsque Corinne vint me voir, elle sortit plusieurs

photos de ses frères et sœurs. Elle voulait comprendre la raison d'un pareil revirement. Elle concevait mal que des liens d'amour puissent subitement se transformer en hostilité pour une simple question matérielle.

Je suggérai à Corinne d'entreprendre la démarche en cinq étapes pour échanger avec ses frères et sœurs pendant leurs heures de sommeil. Je lui expliquai la lucidité que nous retrouvions en Esprit, dégagés du voile qui fait oublier. Je lui livrai les étapes qu'elle devait suivre. Corinne commença ses demandes le soir même.

Trois semaines plus tard, Corinne me téléphona. Elle me fit part des merveilleux résultats de ses invocations. Elle avait scrupuleusement suivi mes instructions. Elle garda même le souvenir de quelques rencontres vécues en astral avec ses frères et sœurs. Ensemble, aidés de leur Ange gardien, ils analysaient leur attitude. Ils étudiaient des façons de se grandir dans cette épreuve. Chacun y cherchait le moyen d'en sortir renforcé sur le plan spirituel. Aucune mauvaise intention ne s'en dégageait.

Ils s'étaient tous retrouvés chez Corinne un dimanche après-midi sans que personne ne se soit consulté. Chacun s'était levé avec la résolution de mettre fin à cette désagréable situation. Leurs échanges pendant leur sommeil les avaient éveillés au blocage qu'ils opposaient à leur évolution vers Dieu. Ils gardaient une meilleure compréhension de tout ce qui leur arrivait et cherchaient maintenant à s'harmoniser avec la volonté divine.

Corinne avait retrouvé le sourire. L'amour rayonnait à nouveau autour d'elle. Je lui conseillai de terminer complètement sa démarche en lui rappelant l'importance de remercier Dieu d'avoir permis que sa demande soit autorisée.

***

Même après une rupture de couple, ce procédé peut permettre le rétablissement d'un certain contact qui avait été demandé. Le cas que je vous cite en exemple s'avère doublement intéressant, car il nous rappelle également la part qui nous revient pour compléter dans notre veille l'action enclenchée par la prière.

UN COUP DE TÉLÉPHONE

Geneviève venait de rompre avec son conjoint. Un événement particulier lui avait permis de réaliser que leurs routes respectives n'avaient pas la même destination. La rupture avait été plutôt difficile. Geneviève en gardait un profond malaise. Elle avait bien voulu échanger une dernière fois avec son ex-compagnon pour aplanir toute trace de colère et d'amertume, mais les circonstances ne lui permettaient de prendre aucune initiative.

Connaissant l'existence des Anges gardiens, elle avait tenté de les faire intervenir, mais ses efforts n'avaient donné aucun résultat. Elle l'avait d'ailleurs fait sans beaucoup de conviction spirituelle, condition souvent essentielle à la réussite d'une telle démarche.

Finalement, Geneviève me consulta pour vérifier si un autre type d'intervention directe de l'au-delà pouvait l'aider à résoudre son problème. Je lui expliquai les possibilités que nous offraient nos heures de sommeil pour de telles situations. Je lui indiquai les demandes qu'elle aurait à faire pour inviter l'Esprit de son ex-conjoint à échanger avec elle dans l'astral de lumière. Nous parlâmes du grave danger que pourrait comporter une semblable démarche motivée par de mauvaises intentions.

Puis, je répondis aux différentes questions pouvant éclairer sa réflexion sur les implications karmiques que son attitude avait pu engendrer. À la fin de notre rencontre, je lui recommandai d'être très attentive aux signes dont ils conviendraient pendant leurs heures de sommeil.

Trois semaines plus tard, Geneviève me téléphona pour me faire part de l'inefficacité de ses invocations. Au fil de notre conversation, elle me rapporta que, sans réaliser l'importance de ce qui s'était passé, le jour même, son ex-ami avait tenté de la joindre par téléphone. Elle avait alors décidé de ne pas décrocher en reconnaissant son numéro sur l'afficheur téléphonique. Fort surpris qu'elle n'ait pas réalisé qu'il lui avait ouvert une porte, je lui demandai pourquoi elle n'avait pas décroché. Sa réponse me fit comprendre que son orgueil l'aveuglait au point de ne plus saisir les évidences les plus élémentaires.

Je lui expliquai qu'elle avait sans doute manqué la chance qui lui avait été accordée.

Le lendemain soir, Geneviève me retéléphona. Elle me dit qu'elle avait beaucoup réfléchi après notre conversation et qu'elle avait bien réalisé la bêtise de sa réaction. Elle avait alors corrigé son erreur. Au téléphone, son ex-conjoint lui expliqua qu'il ne savait pas pourquoi il l'avait appelée la veille. C'était un geste spontané. Il ne lui laissa ensuite pas le temps de parler. Il lui signifia qu'ils n'avaient plus rien à se dire et lui demanda de ne plus jamais le rappeler. Il raccrocha aussitôt.

Geneviève avait donc été exaucée dans ses demandes, mais elle n'avait pas franchi le pas d'humilité qu'elle devait faire à son tour. C'était pourtant la seule condition que lui avait imposée l'autorisation divine.

***

Certains cas de violence ont même pu se résoudre par cette invocation demandant d'intervenir dans l'astral de lumière pendant nos heures de sommeil. D'importantes modifications ont pu être observées chez les personnes pour qui la demande était adressée.

UNE MÈRE INQUIÈTE

Nadine s'inquiétait pour la réussite de ses trois enfants. Ses inquiétudes ne visaient pas leurs études ou leur futur travail, mais les objectifs d'évolution spirituelle qu'ils s'étaient fixés dans leur plan d'incarnation.

Nadine avait longuement approfondi ses connaissances spirituelles. La découverte de l'importance de son rôle de parent la poussait à mieux connaître la marge d'implication éducative que l'on pouvait attendre d'elle. Elle tenait à agir dans la pleine mesure offerte par son plan de vie et ceux de ses enfants.

Elle me présenta des photographies des siens. L'au-delà me livra les quelques informations qui pouvaient lui être utiles.

Le cas le plus important concernait son fils aîné. Jeune adulte au début de la vingtaine, il présentait une mince couche aurique d'un rouge vif qui entourait toute la partie visible de son corps. Il m'apparut alors évident que le jeune homme devait contrôler une impulsivité dont il ne pouvait pas toujours être le maître.

Je demandai à l'au-delà plus de précisions sur cette particularité. Je compris alors qu'il était venu sur Terre pour enraciner certains acquis pour lesquels il s'était sérieusement préparé avant de naître. Cela concernait ses relations avec les autres. Le jeune homme devait apprendre à les respecter dans leurs différences. La première étape de son plan de vie l'amenait à s'exercer auprès des siens. Il devait ensuite étendre son champ d'application en dehors de sa famille et du cercle de ses amis.

Après avoir reçu ces informations, Nadine me précisa ses inquiétudes pour son fils. Depuis un peu plus d'un an, elle trouvait que son comportement se transformait. Elle allait jusqu'à penser qu'une violence latente s'organisait peu à peu dans sa personnalité.

La lumière rouge dans son aura confirmait la pertinence de ses observations, mais sa minceur démontrait également que beaucoup de travail avait déjà été fait. À vrai dire, son fils avait simplement besoin d'une assistance directe pour surmonter les pulsions encore trop vives.

Je conseillai à Nadine de travailler avec l'Esprit de son fils directement en astral pendant ses heures de sommeil. Je lui parlai de l'autorisation divine et lui indiquai les demandes d'assistance qu'elle devait adresser aux Esprits de lumière susceptibles de l'aider dans sa démarche.

Nadine nota soigneusement tout ce qu'elle devait faire. Ses appels, qui invitaient son fils à renforcer sa préparation d'incarnation, devaient durer trente jours.

Dans la première semaine, aucun signe ne vint encourager ses efforts. Nadine craignait que son enfant refuse de participer aux échanges qui lui étaient offerts. Elle persévérait cependant avec confiance, n'observant aucun comportement qui aurait pu démontrer qu'il s'offusquait, en Esprit, des efforts qui lui étaient demandés.

Ce n'est qu'au bout de dix jours que Nadine reçut un signe concret de l'efficacité de ses demandes. Ce matin-là, son fils se leva très tôt pour un samedi matin. Nadine, qui l'entendit préparer son petit-déjeuner, le rejoignit dans la cuisine. Il semblait de bonne humeur. Nadine lui demanda pourquoi il ne profitait pas de son samedi pour dormir plus longtemps. Il lui répondit qu'il avait la curieuse impression que sa nuit était terminée.

Nadine crut reconnaître le signe dont je lui avais parlé. Elle prépara à son tour son petit-déjeuner et ils discutèrent longuement ensemble. Le jeune homme lui parla d'une réflexion qu'il avait entreprise sur sa conduite. Il lui manifesta le désir de se montrer plus avenant envers les autres. Il lui confia qu'il avait la vague sensation de sortir d'un mauvais rêve, comme s'il se retrouvait lui-même tel qu'il devait être.

Nadine remercia Dieu et tous ceux de l'au-delà qui l'assistaient dans ses démarches de sommeil. Elle continua sa démarche pendant le délai prescrit et les prolongea de quelques semaines par mesure de prudence.

Lorsque Nadine me fit part des formidables résultats obtenus, elle me confia que ses attentes avaient été dépassées. Elle n'avait pas osé espérer une pareille évidence du travail réel qui s'effectuerait pendant ses heures de sommeil. Elle y avait suffisamment cru pour le faire, mais elle ne pensait jamais que tout cela pouvait être aussi efficace. Je lui répondis qu'en effet, il aurait pu en être autrement. La démarche avait bien fonctionné non seulement parce que les autorisations avaient été accordées, mais aussi et surtout parce que son fils avait voulu collaborer.

La collaboration du sujet concerné est en effet très importante, car, malgré les demandes que nous adressons, il demeure toujours libre de réagir à sa guise. Or, les Esprits de lumière sont particulièrement respectueux du libre arbitre de chacun. Voyons un exemple où le refus de collaborer du sujet empêcha la demande d'atteindre son but.

UN HOMME VIOLENT

Édith subissait la violence de son conjoint depuis quelques années. Au début de leur union, son amour pour elle avait pu contenir la fougue de son infériorité spirituelle, mais, de plus en plus, le vice semblait prendre le pas sur la vertu.

Édith fit appel à moi alors que la situation semblait prendre une ampleur inacceptable. Elle était maintenant décidée à mettre fin à cette relation qui prenait progressivement les traits d'un véritable cauchemar. Mais avant de couper définitivement les liens, elle voulait tenter un dernier essai. Elle me demanda si les Esprits de lumière pouvaient faire quelque chose pour elle. Je lui expliquai les limites imposées par le plan de vie de chacun et surtout celles découlant du libre arbitre qui nous laisse la pleine latitude face au bien et au mal.

Je lui suggérai de demander à Dieu la permission d'échanger avec son conjoint dans l'astral de lumière pour l'aider à voir plus clair dans les changements qu'il devait faire dans sa vie. Je rajoutai que, à ce point, les Esprits de lumière pourraient plus directement l'assister. Je lui expliquai les consignes à suivre et lui demandai de me tenir au courant des développements.

Quelques jours plus tard, Édith me téléphona avec une grande déception dans la voix. Elle me dit que Dieu n'écoutait sûrement pas ses appels, car la situation empirait depuis qu'elle priait.

Là, je vis que, contrairement à ce que croyait Édith, ses demandes avaient été accordées. Ce qui se passait réellement, c'était que l'Esprit de son conjoint refusait de collaborer avec elle. Il recevait très bien l'invitation à venir échanger avec les Esprits de lumière, mais il la rejetait avec rage. Il préférait écouter les Esprits noirs semblables à lui. La recrudescence de violence ne faisait qu'exprimer sa résistance et son refus de s'amender.

Je conseillai à Édith de cesser sa démarche. Elle avait tenté un dernier essai qui avait échoué par la faute de celui pour qui elle priait. Dans la pleine mesure de son plan de vie, elle pouvait maintenant partir sans regret, ayant accompli tout ce qui la libérait de la moindre charge dans le karma de son conjoint.

Ce type de demande peut également s'avérer très efficace pour aider les incarnés qui perdent le goût à la vie ou qui capitulent devant les épreuves de la route terrestre.

INCAPABLE DE RÉAGIR

Solange, une septuagénaire, me téléphona pour que je puisse aider son fils à se sortir de la léthargie permanente dans laquelle il semblait enfermé. La dame m'expliqua que son fils recevait des traitements psychiatriques depuis une dizaine d'années. Mais aucun résultat intéressant n'avait été obtenu jusqu'à ce jour.

Son fils de quarante-cinq ans avait fait un burnout qui avait débouché sur une inertie complète. Il était incapable, depuis, de reprendre ses responsabilités professionnelles et même quotidiennes. Plusieurs approches avaient été tentées, mais son fils semblait résister même s'il affirmait le contraire. Toute la famille s'était maintenant faite à l'idée qu'il finirait ses jours de la sorte.

C'est après avoir lu mes ouvrages que l'idée vint à Solange de faire appel à mon aide. Dans notre échange téléphonique, elle me dit être persuadée que je pouvais faire quelque chose pour elle. Contrairement à ses attentes, je lui répondis que ce serait elle qui viendrait au secours de son fils.

Je lui expliquai que nous pouvions échanger entre Esprits incarnés pendant nos heures de sommeil et que cette possibilité ouvrait des horizons fort prometteurs, autant pour les morts que pour les vivants.

Après lui avoir donné quelques exemples de cas résolus par cette approche, j'indiquai à Solange les invocations qu'elle devait faire. Solange commença le soir même.

Dix jours plus tard, Solange me retéléphona. Sa voix s'était transformée. Une joie très intense émanait de chaque mot qu'elle prononçait. Elle venait de recevoir un appel de son fils lui annonçant qu'il venait de faire sa première journée de travail depuis dix ans. Il lui raconta que, le matin, il s'était levé avec une vigueur tout à fait exceptionnelle. Le goût du travail lui était revenu. Les idées sombres qui l'emprisonnaient dans une noirceur intérieure avaient fait place à la lumière qui éclairait à nouveau ses heures de veille. La firme qui l'employait ne l'avait heureusement toujours pas mis à pied. C'est ainsi que, ce matin-là, il créa tout un émoi en se présentant au travail.

Solange avait retrouvé son fils et toute la confiance qu'elle avait en lui. Quelques nuits avaient suffi pour lui faire comprendre ce qu'il avait à faire. Il avait bien voulu collaborer avec les Esprits spécialistes venus à la suite des appels de sa mère. Son plan d'incarnation reprenait vie, lui évitant de tout recommencer.

Je conseillai à Solange de continuer sa démarche pour mieux soutenir son fils dans sa reprise en main. Elle me demanda finalement de prendre un rendez-vous avec moi pour venir me remercier en personne.

UNE VIE TROP LONGUE

Lucien m'avait écrit une longue lettre dans laquelle il décrivait les nombreux malheurs qui s'acharnaient successivement sur lui. L'appel à l'aide qu'il lançait était vibrant. Comme il m'indiquait son numéro de téléphone, je préférai lui répondre de vive voix.

Lorsque je m'identifiai, il sembla très surpris que nous puissions échanger directement l'un avec l'autre. Sa voix trahissait une grande fatigue, autant physique que morale. Comme pour s'assurer que je comprenais bien l'enfer qu'il vivait, il reprit son récit de A à Z.

Sa femme l'ayant quitté avec ses deux enfants, il vivait chez sa sœur dont l'entrain n'était pas tellement plus tonifiant que le sien. Il ne pouvait donc compter sur aucune aide concrète. C'est après avoir découvert mes écrits qu'il décida de frapper à ma porte.

Pour Lucien, cette démarche prenait les allures de la dernière chance. Comme il me le confia, n'eût été des informations qu'il découvrit en me lisant, il aurait déjà mis fin à ses jours. En fait, ce que je compris de ses propos, c'est qu'il avait communiqué avec moi pour vérifier, avant sa décision finale, si tout ce que j'avançais était vrai.

Pendant notre échange, un Esprit de lumière me montra que Lucien était revenu sur Terre pour reprendre l'épreuve du suicide qu'il avait ratée dans une vie antérieure. Il revivait les mêmes souffrances qu'autrefois. Encore là, il se sentait faussement dépassé. Mais cette fois-ci, il découvrait les connaissances spirituelles auxquelles il ne résistait plus dans son cœur.

Sa voix grave contrastait avec la fragilité de son état d'âme. Je le sentais tel un enfant dépourvu de toute ressource et de tout moyen. Nous parlâmes pendant plus d'une heure. Je lui expliquai les graves conséquences entraînées par le suicide. Je lui indiquai toute la pertinence de ses souffrances. Son Esprit guide m'inspira les arguments qui le touchèrent directement. Lucien me disait qu'une telle vie ne devrait pas être aussi longue. Je lui affirmai que chacune des secondes de son incarnation était porteuse d'un plus qu'il pouvait cueillir.

À la fin de notre conversation, je lui suggérai de demander à Dieu de rencontrer les Esprits de lumière pendant ses heures de sommeil pour qu'ils puissent l'aider à mieux supporter ses épreuves. Je l'informai de la demande à adresser à l'au-delà chaque fois qu'il s'apprêtait à entrer dans le sommeil.

Avant de raccrocher, je sentis Lucien rassuré. Ses souffrances demeuraient entières, mais il savait maintenant que ses difficultés avaient leur raison d'être. Sa vie épousait un nouveau but : surmonter pleinement les épreuves qu'il savait à sa mesure.

Les mois passaient et je ne recevais aucune nouvelle. Puis, une lettre me parvint de la même ville où il demeurait. C'était son frère qui m'écrivait. Lucien venait de décéder subitement à la suite d'un infarctus. Il avait tenu à me faire part de son décès, car Lucien avait passé les derniers mois de sa vie à leur parler de ce qu'il avait compris grâce aux appels spirituels qu'il répétait chaque jour avec beaucoup de dévotion.

Dans sa lettre, il me remercia pour l'aide précieuse dont Lucien avait bénéficié après notre échange. Il me fit part que son attitude pessimiste et dépressive s'était transformée en un espoir et un courage qu'il transmettait tout autour de lui.

Encore aujourd'hui, il m'arrive de penser à Lucien. Il trouvait sa vie trop longue alors qu'elle achevait. À quelques mois de la fin, il faillit tout rater. Comme aurait été terrible son déchirement en voyant l'absurdité de son geste inutile !

Mais grâce à l'ouverture de son cœur aux dimensions spirituelles, il avait su réfléchir et s'arrêter. Mais surtout, grâce à son appel à Dieu, il avait reçu la force et l'assistance qui le supportèrent dans ses derniers pas. Maintenant, il pouvait vivre tranquille, libéré de cette faiblesse pour toute l'éternité des vies à venir.

6. INVOCATION ET ÉCHANGES MÉDIUMNIQUES

Que ce soit directement par l'émission de notre pensée ou par l'intermédiaire d'un médium, les échanges avec l'au-delà exigent une très grande prudence, mais aussi et surtout l'assurance d'une protection nous mettant à l'abri des intentions malveillantes des Esprits retardataires.

Pour obtenir cette assurance, il faut combiner l'action de l'invocation des forces de lumière aux efforts soutenus visant notre amélioration spirituelle. Chercher à contacter nos frères de l'au-delà sans appliquer ces deux critères de base ouvre la porte à toutes sortes d'éventualités dont certaines peuvent s'avérer fort coûteuses.

Si vous planifiez de faire appel à l'intervention d'un médium, vous devez commencer à solliciter l'aide de lumière bien avant le jour de votre rendez-vous. Demandez à Dieu d'autoriser votre Ange gardien à conduire vers vous les entités qui seront réellement en mesure de vous aider. Demandez ensuite à vos protecteurs de s'unir à l'action de votre Ange gardien que vous aurez également sollicité. Si vos intentions sont valables et que votre questionnement se dépouille de toute curiosité et d'intérêts purement matériels, votre prière sera exaucée.

Pendant l'échange, vous devrez augmenter l'ardeur de votre requête faisant appel à l'autorisation divine pour mieux vous protéger. Demeurez critiques et vigilants devant tous les propos que l'on vous tiendra. Même si votre demande est sincère, il se peut toujours qu'un trompeur soit autorisé à se manifester quelques instants pour mettre à l'épreuve le fondement de vos intentions. Surtout, n'oubliez jamais qu'un Esprit de lumière vibre au diapason de l'amour inconditionnel. Ses propos sont donc toujours bienveillants. Si des paroles blessantes vous sont adressées, demandez aux Esprits policiers d'intervenir sur-le-champ, car c'est là l'indice indiscutable d'un Esprit malveillant.

Après la consultation, n'oubliez pas de remercier Dieu d'avoir permis d'obtenir les informations que vous aviez demandées. Faites appel de nouveau à la protection divine pour contrer toute éventuelle offensive de manipulation que des Esprits retardataires pourraient tenter auprès de vous. Certains d'entre eux profitent en effet de l'enjouement que l'expérience a pu créer pour laisser croire à une prolongation d'un contact privilégié. Il n'en résulte alors que de malsaines tromperies.

L'attitude de la personne qui consulte est aussi importante que celle du médium. Ses intentions doivent toujours exprimer une haute teneur en spiritualité. Ensuite, elle ne doit jamais considérer les entités, qui consentent à apporter leur aide, comme des esclaves ou de vils serviteurs. Il faut se rappeler que les Esprits bien intentionnés n'agissent que par pure générosité. Ne pas le comprendre exprime un orgueil encore très vif qui abaisse chez le prieur le niveau vibratoire de son périsprit. Cela éloigne par le fait même les Esprits de lumière qui, alors, ne peuvent plus agir.

Prendre conscience de sa redevance envers le médium revêt également une grande importance, car elle traduit le degré véritable de reconnaissance envers l'autorisation divine qui s'est exprimée à travers lui. Il est important de se rappeler que le médium n'appartient pas à la personne qui le consulte. Rien ne l'oblige à sacrifier ses heures de loisir, son temps de repos et les plaisirs de sa vie familiale au service de ceux qui font appel à son aide. Exploiter la générosité d'un médium sincère peut réserver à son auteur de bien désagréables surprises. J'entendais les propos d'un homme qui considérait qu'un médium n'avait pas à être récompensé parce qu'il exploitait un don reçu du ciel. Mais alors, doit-on cesser de rémunérer nos ébénistes, nos peintres, nos médecins, nos architectes, nos chefs cuisiniers et tous les autres qui brillent par leur adresse du fait que leur habileté découle d'un don venu du ciel ? Ce raisonnement ne possède aucun fondement et n'exprime tout au plus qu'une maladroite tentative d'excuser sa propre ingratitude.

En contrepartie, le médium doit agir sans aucun intérêt matériel. En consentant à servir, il ne doit pas entretenir d'attente envers ceux et celles qui le consultent. Faire le contraire le coupe automatiquement des Esprits de lumière. La lourdeur de ses intentions les empêche alors de l'atteindre. Tout au plus doit-il accepter le retour que la personne consultante pourrait lui offrir pour récompenser le temps de vie qu'il lui aura consacré. Je dis bien doit accepter, car l'au-delà accorde autant d'importance à l'accueil de la reconnaissance qu'à son expression, les deux s'inspirant directement de l'humilité. Ceux et celles qui croient avoir découvert une mine d'or par l'exploitation de leurs capacités médiumniques risquent donc de trouver à la place un amer filon d'effets boomerang à la mesure des Esprits trompeurs qu'ils auront servis.

7. INVOCATION ET NOTRE QUOTIDIEN TERRESTRE

Dans le quatrième chapitre de mon deuxième ouvrage, *Quand l'au-delà se manifeste,* je vous ai suggéré des formulations de prières. Je voulais aider ainsi ceux et celles qui avaient besoin d'un certain support pour mieux adresser leurs pensées à Dieu et à nos frères de l'Invisible. Depuis leur parution, j'ai reçu plusieurs demandes de lecteurs qui auraient aimé avoir d'autres prières répondant aux circonstances que je n'avais pas touchées.

Les besoins qui me furent exprimés m'amènent donc à vous présenter les nouvelles formulations qui vont suivre. Je les ai centrées sur les aspects de notre quotidien terrestre qui me furent indiqués et que nous sommes le plus susceptibles de rencontrer.

Invocation pour l'orientation de notre vie

Comme nous avons vu plus haut, notre existence terrestre n'est pas laissée au ballottement du hasard. Nous sommes ici dans un but bien précis, intimement relié à nos antériorités et à notre degré d'évolution spirituelle et intellectuelle. Pour nous assurer d'atteindre ce but, un plan de vie vient gérer les événements qui sont susceptibles de nous faire grandir. Mais tout au long de notre pèlerinage temporel, l'application de notre libre arbitre nous aiguille dans des directions qui ne sont pas toujours l'expression de la sagesse. Nous devons alors assumer des conséquences qui durent le temps nécessaire pour rejoindre une autre possibilité de choix prévue dans le plan initial. Or, si nous entretenons de bonnes intentions, maintenons le rythme de nos efforts de progression et recevons l'assistance des Esprits de lumière (dont notre Ange gardien), nous pouvons éviter beaucoup de souffrances par des attitudes et des choix plus judicieux.

Il est donc important de faire appel à Dieu et à nos amis bienveillants de l'au-delà dans tout ce qui peut toucher notre liberté d'orientation de notre vie d'incarnés.

Orémus :

« Dieu tout-puissant, bon Père du ciel, j'élève mon Esprit vers Toi pour m'imprégner des effluves de ta sagesse. Je suis actuellement aux confins d'une fourche de mon plan de vie et je dois appliquer la précieuse liberté que Tu m'as donnée.

« Aujourd'hui, je dois décider (C'est ici que le prieur explique le choix qui se pose dans son plan d'incarné. La décision peut concerner son orientation scolaire, le choix d'une carrière, le changement de travail et même des aspects comme l'orientation spirituelle ou l'engagement conjugal. Bref, tout ce qui aura une incidence directe sur ses conditions d'incarné.)

« Permets, mon Dieu, que je reçoive toutes les

inspirations dont j'ai besoin dans la pleine mesure des efforts de mon quotidien ! Autorise mon Ange gardien, et ceux qui veulent bien se joindre à lui, à m'inspirer pour que ma réflexion soit saine et que je puisse ainsi faire le choix qui me fera le mieux grandir vers Toi !

« Merci, mon Dieu, d'écouter cet appel. Merci, dévoués amis de lumière, pour l'aide précieuse que vous m'apportez. »

Invocation pour surmonter les difficultés scolaires

L'aide que peuvent nous apporter notre Ange gardien et certains Esprits de lumière, lorsque vient le temps de vivre ce genre de difficultés, est tout à fait surprenante. Ils agissent alors dans la mesure de nos efforts. Leur action ne consistera jamais à nous donner des éléments que nous avons négligés, mais à utiliser ceux que nous possédons déjà par notre étude terrestre ou nos acquis antérieurs.

L'invocation à adresser, pour obtenir l'aide dont nous avons besoin, prend deux formes particulières : l'une pour les apprentissages et l'autre pour les travaux et les examens.

Pour les apprentissages scolaires

Orémus :

« Dieu tout-puissant, bon Père du ciel, malgré les efforts soutenus que j'apporte à mes études, je ne parviens pas à obtenir les résultats qui devraient en découler. Je fais donc appel à ton intervention pour que je reçoive l'assistance dont j'ai besoin. Je Te demande de simplement autoriser que je puisse

cueillir le fruit de mon labeur dans la pleine mesure de mon plan de vie. Si ce dernier m'impose les problèmes que je vis, inspire-moi la force, le courage et la persévérance pour que je demeure toujours digne de Toi !

« Ange gardien et Esprits de lumière, par qui Dieu agit près de nous, veuillez m'assister dans la pleine mesure de l'autorisation divine qui me sera accordée !

« Je vous remercie de m'accompagner ainsi dans cette épreuve si lourde à porter. »

Pour les examens

Orémus :

« Dieu tout-puissant, bon Père du ciel, j'aurai aujourd'hui à mesurer le degré de mes connaissances scolaires par les examens prévus dans mon programme d'études. Je Te prie à nouveau pour que je puisse voir récompensés mes nombreux efforts d'apprentissage. Permets que ma pensée soit vigilante et ma mémoire vive ! Autorise que je puisse recevoir toutes les inspirations et la lumière de compréhension dans la pleine mesure de mon plan de vie !

« Je remercie mon Ange gardien et tous ceux qui m'apporteront leur assistance dans la pleine possibilité que mes efforts m'auront méritée. »

Invocation pour nos amis

Solliciter l'aide de Dieu pour être bien entouré par de bons amis honnêtes et sincères revêt une grande importance surtout du point de vue spirituel. Comme nous l'avons vu, chacun d'entre nous est accompagné d'Esprits familiers qui partagent nos forces et nos faiblesses. Certains de ces défunts apprécient simplement d'être en notre compagnie, d'autres nous observent pour mieux se préparer, d'autres encore y trouvent une source de plaisirs malsains dans leur recherche d'étanchement de leurs pulsions. Les gens qui nous entourent peuvent donc avoir un impact important, non seulement par leur propre façon d'être, mais également par l'action occulte qu'ils peuvent entraîner par les Esprits familiers qui les accompagnent. L'influence de la qualité de notre cercle d'amis dépasse donc bien largement les apparentes limites de nos conventions sociales.

Orémus :

« Dieu tout-puissant, bon Père du ciel, accorde-moi toute l'aide dont je pourrais avoir besoin, sous le voile qui obscurcit trop souvent ma lucidité spirituelle, pour m'assurer un entourage de frères incarnés qui m'aideront à me garder dans ta lumière !

« Dirige vers moi ceux et celles que je pourrai encore appeler mes amis chaque fois que je retournerai dans la clairvoyance du sommeil ! Permets que nous puissions nous enrichir et grandir ensemble vers les buts d'évolution que nous nous sommes fixés !

« Éloigne de moi tous ceux et celles dont l'influence serait néfaste à mon progrès ! Si mon plan de vie m'amène à eux, éclaire-moi en me rappelant l'étape à franchir ! Assiste-moi alors dans la pleine mesure de l'élévation de mes pensées !

« Si ma faiblesse est trop grande, autorise mon

Ange gardien à me rappeler les pas que je veux tant franchir !

« Merci, mon Dieu, d'écouter cet appel. Merci, cher Ange gardien, pour ta si pure et si grande amitié. »

Invocation pour bien accomplir notre devoir d'état

L'obligation la plus cruciale à rencontrer dans l'incarnation terrestre, si nous voulons atteindre les objectifs d'évolution que nous nous sommes fixés, se traduit dans l'accomplissement de notre devoir d'état. L'expression n'est pas nouvelle, mais elle désigne très bien le sens qu'il faut lui donner.

Le devoir d'état comprend toutes les obligations que notre situation personnelle, familiale, professionnelle et sociale nous impose. En somme, les éléments principaux qui permettent la concrétisation de plusieurs de nos épreuves terrestres. Nul ne peut prétendre pouvoir évoluer vers les vibrations divines sans s'assurer qu'il remplit les exigences de ses obligations.

Il va sans dire que l'accomplissement du devoir d'état n'est pas toujours facile. C'est d'ailleurs pourquoi notre appel spirituel peut prendre une grande importance, même si la pente nous apparaît longue et ardue.

Orémus :

« Dieu tout-puissant, bon Père du ciel, dans ta grande sagesse, Tu as autorisé le plan qui gère ma présente vie terrestre. Je sais ainsi que le devoir d'état que je dois accomplir est à la mesure de mes forces et de mes moyens. Cependant, sous le poids de mes faiblesses encore trop vives, j'ai parfois l'impression d'être dépassé. N'y vois pas une

négation de la justesse de ce que je dois accomplir, mais plutôt l'expression de mon besoin de soutien pour bien réussir.

« Autorise mes amis de lumière à venir me stimuler dans les efforts que je dois fournir autant pendant mes heures de veille que de sommeil !

« Permets à mon Ange gardien d'écarter tout Esprit malveillant qui voudrait me stimuler à lâcher prise ! Autorise mon Guide tant aimé à me supporter encore dans sa généreuse patience !

« Merci, mon Dieu, de comprendre ma faiblesse d'incarné. Merci, cher Ange gardien et chers amis de lumière, vous qui avez déjà franchi si vaillamment ces pas. »

Invocation pour contrer les idées suicidaires

La disparition des valeurs spirituelles et du cadre de référence qu'elles inspirent favorise grandement une prédisposition à la stérile capitulation devant les épreuves de l'existence terrestre. Le vide spirituel, amalgamé à des conditions sociales et économiques difficiles, favorise le chaos intérieur, terrain de prédilection des Esprits hypocrites du bas astral qui cherchent à entraîner avec eux ceux et celles qui ont eu le courage initial de prendre corps sur Terre. Utilisant les pièges trompeurs de la drogue, de la volupté, de la paresse, de l'égoïsme et de tous ses dérivés, les ouvriers du mal invitent sournoisement à gaspiller les chances de réussite que les incarnés se sont pourtant eux-mêmes données.

Ceux et celles qui ont déjà franchi l'épreuve échappent désormais à cette vile tentation, mais les autres — et il y en a beaucoup autour de nous — doivent à leur tour maintenir le cap jusqu'au fil libérateur de l'arrivée post mortem autorisé par Dieu.

L'invocation que je vous ai indiquée plus haut pour intervenir pendant les heures de sommeil est tout à fait indiquée pour aider une personne aux prises avec des idées suicidaires. L'Esprit concerné se voit alors offrir un support de réflexion qui peut lui être salutaire. Mais lui-même est également en mesure de s'attirer une importante assistance par la prière qu'il adresse à Dieu et à nos frères de lumière.

Orémus :

« Dieu tout-puissant, bon Père du ciel, je fais appel à ton aide pour que je puisse mener à terme cette si précieuse incarnation qui pourrait enfin me libérer de la douloureuse souffrance de devoir tout recommencer.

« Bien que je sache que Tu n'as rien autorisé au-dessus de mes forces, je me sens écrasé par la lourdeur de tout ce qui m'arrive. J'ai besoin d'une épaule pour m'appuyer.

« Dirige vers moi tous ceux qui pourront comprendre mon désarroi et me sortir du gouffre noir qui étouffe mon cœur !

« Autorise mon Ange gardien et mes amis de lumière à éloigner de moi tout Esprit malveillant qui chercherait à m'écarter du but de la vie que Tu m'as si amoureusement prêtée !

« Imprègne-moi de ta lumière ! Berce-moi de tes vibrations vivifiantes ! Rappelle-moi le réconfort qui m'attend au bout du chemin !

« Merci, mon Dieu, de me garder dans ton cœur. Merci, cher Ange gardien et chers amis

bienveillants, de me maintenir dans le vrai chemin libérateur, celui qui conduit au véritable bonheur. »

Invocation pour favoriser une belle ambiance dans la maison

Comme nous l'avons vu, nous sommes tous entourés d'Esprits familiers qui présentent des forces et des faiblesses similaires aux nôtres. Ils peuvent donc influencer grandement l'ambiance qui règne dans nos maisons. Il y a également les Esprits malveillants du bas astral et les Esprits légers qui adorent s'immiscer dans notre quotidien pour semer le trouble et la discorde. Eux aussi peuvent donc avoir une grande influence. Mais, d'abord et avant tout, il y a notre propre attitude et notre propre liberté qui, activées par nos intentions et notre degré de bienveillance, donnent la note d'envoi au concert de nos relations.

Toute demande adressée pour améliorer une ambiance défaillante dans une maison doit donc se centrer d'abord sur les incarnés eux-mêmes, pour ensuite viser ceux de l'Invisible qui, en fait, ne font que semer dans des terrains fertiles.

Orémus :

« Dieu tout-puissant, bon Père du ciel, je Te prie aujourd'hui pour Te demander d'imprégner ma demeure de ta lumière. Depuis quelque temps, je ne parviens plus à y trouver le calme et la sérénité si importants au bonheur d'ici-bas.

« Permets, mon Dieu, que je puisse trouver la source de ce qui assombrit l'ambiance de ma maison, qu'elle soit dans mon cœur ou bien ailleurs !

« Inspire-nous, aux miens et à moi, la pleine

lucidité pour que nous voyions bien clair en chacun de nous ! Que notre orgueil et notre égoïsme s'affaissent dans la pleine mesure de notre sincérité !

« Si nous subissons l'influence occulte d'Esprits ignorants cherchant à exploiter nos faiblesses, autorise nos Anges gardiens à les éloigner dans la pleine mesure de notre bonne volonté ! S'ils ont besoin d'aide pour mieux y arriver, permets que les policiers de l'au-delà viennent à leur secours !

« Chers Esprits de lumière, inspirez-nous votre désir d'amour pour que notre cœur annihile toute sympathie vibratoire avec les mauvaises intentions que l'on pourrait nous suggérer !

« Merci, mon Dieu, d'écouter cet appel. Merci, chers amis de lumière, de bien vouloir m'aider à retrouver la paix, le calme et la sérénité dans ma maison où vous êtes mes plus précieux invités. »

Invocation pour lutter contre l'attirance envers la drogue et l'alcool

Nous n'aurions pas besoin d'insister bien longtemps pour faire saisir l'ampleur du problème que causent actuellement la drogue et l'alcool.

La dégradation spirituelle qu'elles engendrent ouvre une importante porte d'accès aux criminels de l'Invisible qui trouvent chez leurs utilisateurs une main-d'œuvre docile dont ils se servent pour répandre le mal de leur ignorance.

Pour éloigner une victime de ces substances néfastes, je vous recommande d'abord la prière permettant de travailler avec eux directement dans l'astral pendant vos heures de sommeil. Lorsque le sujet aura compris le chemin qu'il doit suivre, il pourra à son tour demander l'assistance pour fournir les efforts qui le mèneront à la victoire totale. C'est le but que poursuit l'invocation suivante.

Orémus :

« Dieu tout-puissant, bon Père du ciel, j'ai voulu me libérer des limites que m'imposait mon incarnation, mais je vois que ta sagesse était plus grande que la mienne. Ce que j'ai pris pour une prison n'était que le tremplin de ma libération. Ce que j'ai cru en être la clef n'était que les fers qui me lient maintenant la tête, les mains et les pieds.

« Libère-moi de cet esclavage dans lequel j'ai glissé ! Ouvre-moi à nouveau les portes de ta maison !

« Guide vers moi les incarnés qui pourront vraiment m'aider ! Éloigne-moi de tous ceux qui chercheraient à me faire chuter !

« Autorise mon Ange gardien à m'inspirer dans mes heures de faiblesse ! Qu'il me rappelle les déchirements dont je devrai me libérer !

« Assiste mes proches que je fais tant souffrir ! Donne-leur également le courage ! Je l'ai tant épuisé. Rends-leur au centuple le bien qu'ils m'auront apporté !

« Mon Dieu, je T'aime. C'est de toi que je veux me rapprocher, tends-moi la main. Avec ton aide, je sais que je l'attraperai.

« Merci, mon Dieu, de bien vouloir m'écouter. Merci, chers amis de lumière, et surtout toi, cher Ange gardien, qui, malgré tout, voulez toujours m'accompagner. »

Invocation pour affronter les problèmes financiers

Les problèmes financiers font souvent partie des instruments d'évolution que nous avons choisis pour mieux atteindre les objectifs que nous nous sommes fixés. Mais plusieurs découlent simplement des erreurs de notre quotidien. En effet, certains ne sont que la résultante de notre négligence ou l'expression de notre manque d'expérience d'incarnation.

Cette distinction est importante, car elle nous permet de mieux orienter notre prière. Elle nous invite à faire preuve d'une meilleure évaluation des difficultés qui nous accablent, favorisant ainsi l'émission d'une demande plus appropriée.

Orémus :

« Dieu tout-puissant, bon Père du ciel, les problèmes financiers qui m'accablent obscurcissent les jours que tu me prêtes. Je Te prie pour recevoir toute la lumière et tout le courage dont je pourrais avoir besoin pour vaincre cette épreuve.

« S'il s'agit d'un affranchissement de vieilles erreurs de mon passé, donne-moi la sagesse de le comprendre et la force de l'assumer sans révolte ! Inspire-moi pour que je reconnaisse la part qui m'appartient sans éprouver de haine ni d'amertume pour ceux qui sont impliqués dans ma libération !

« S'il s'agit d'une épreuve pour mesurer la profondeur des leçons enseignées, donne-moi la sagesse de le comprendre et l'intelligence de mieux en profiter ! Que les apprentissages s'incrustent en moi pour l'éternité !

« Si j'assume les conséquences de mon igno-

rance, permets, cher Père, que j'en sorte grandi dans la pleine mesure des attentes de mon Esprit !

« Autorise mon Ange gardien à m'assister par ses pensées de courage et de persévérance ! Permets qu'il puisse m'inspirer dans la pleine mesure de mon plan de vie !

« Merci, mon Dieu, pour le soulagement et la force que tu m'apportes. Merci, cher Ange gardien, pour ta si profitable complicité. »

Invocation pour l'emploi

Pour bien centrer cette invocation, nous diviserons cet aspect en deux types distincts : recherche ou perte d'un emploi.

En recherche d'emploi, le prieur doit tenir compte des conditions de son plan de vie, mais aussi des efforts qu'il apporte lui-même pour arriver à ses fins. Attendre que l'au-delà fasse tout à sa place serait faire montre d'une grande naïveté.

Orémus :

« Dieu tout-puissant, bon Père du ciel, j'ai fourni tous les efforts que ma condition d'incarné m'imposait pour accéder au marché de l'emploi. Je suis toujours en attente d'une réponse favorable qui me permettra de faire ma place dans le monde matériel. Je veux tant apporter la contribution de ma compétence de travail ! Je Te prie de m'assister et de m'indiquer la porte qui me mènera là où je pourrai le mieux me réaliser.

« Si j'ai à faire preuve de patience pour grandir en ce sens, inspire-moi le calme et la sérénité pour

que mon cœur accepte de suivre ta sainte volonté ! Permets cependant que je puisse recevoir le fruit de mes démarches dans la pleine mesure du plan que tu m'as autorisé ! »

Lors de la perte d'un emploi, le prieur doit bien comprendre que la révolte (tout comme l'affaissement) ne favorisera en rien l'amélioration de son sort. Il faut toujours se souvenir que nous ne sommes aucunement abandonnés à un aveugle ballottement du hasard. Ici-bas, tout a sa raison d'être et tout peut servir pour nous faire grandir. Aussi, lorsque la perte d'un emploi entre dans les leviers de progression spirituelle, il est doublement important de bien y réagir, car, non seulement cela permettra-t-il de ne pas souffrir inutilement, mais encore la fin de l'épreuve en cours pourra en être grandement accélérée.

Orémus :

« Dieu tout-puissant, bon Père du ciel, selon ta sainte volonté, me voilà aujourd'hui sans travail. Je ne peux donc plus obtenir le pain dont les miens et moi-même avons besoin. Je Te prie dès aujourd'hui de m'assister dans cette épreuve que je sais cependant à la mesure de mes moyens.

« Si cet arrêt est nécessaire dans le cheminement de mon évolution, permets, mon Dieu, que je reçoive toute la lumière pour en profiter !

« Si c'est pour mieux m'orienter dans le travail terrestre que j'ai à accomplir, guide-moi dans le sens que je dois y donner ! Permets, mon Dieu, que la force de mon Ange gardien rejaillisse sur moi ! Qu'elle prenne emprise dans la pleine mesure de la

sérénité que je tente d'acquérir à la lumière de la foi que je mets en ta sagesse !

« Bénis les miens qui supportent eux aussi cette épreuve ! Apporte-nous le réconfort de l'assurance de lendemains meilleurs !

« Merci, mon Dieu, de ne jamais nous abandonner. Merci, cher Ange gardien, de m'en inspirer la pleine certitude. »

Invocation pour faciliter les transactions immobilières

Lorsque nous adressons une prière à Dieu pour favoriser la vente ou l'achat d'un immeuble, il est extrêmement important de ne pas oublier qu'il y a toujours deux parties impliquées dans la transaction. Il serait très naïf de croire que Dieu pourrait aider un côté ou l'autre strictement par favoritisme.

Pour que la requête soit efficace dans ce genre de demande, le prieur doit donc tenir compte du mieux-être de chacun en plus des véritables possibilités que lui offre son plan de vie.

Orémus :

« Dieu tout-puissant, bon Père du ciel, je Te prie aujourd'hui pour que je puisse recevoir l'assistance dont j'ai besoin pour conclure favorablement la transaction immobilière qui prend une importance particulière dans le stade actuel de ma présente incarnation. »

Pour la vente d'un immeuble, le prieur ajoutera :

« Permets, mon Dieu, que celui qui achètera mon bien temporel puisse conclure une affaire aussi bonne que la mienne !

« Garde-moi de toute tentation malhonnête que je devrais payer dans les temps ultérieurs !

« Ne guide vers moi que des acheteurs qui pourront y trouver le bonheur ou, du moins, la pleine réalisation des objectifs concernés dans leur plan d'évolution !

« Permets que mon Ange gardien m'inspire toutes les mises en garde dont je pourrais avoir besoin et que Tu voudras bien autoriser pour moi !

Merci, mon Dieu, merci, cher Ange gardien, de m'assister dans cette étape importante de ma vie d'incarné. »

Pour l'achat d'un immeuble, le prieur aurait plutôt ajouté :

« Permets, mon Dieu, que je puisse conclure cette affaire avec les pleins avantages que me permet mon plan de vie, sans pour cela nuire à celui dont le présent propriétaire pourrait avoir droit !

« Garde-moi de toute tentation d'exploiter la faiblesse de l'autre à mon profit égoïste ! Que la droiture et l'esprit de justice guident ma pensée !

« Si ma démarche ne doit pas suivre son cours, dirige-moi, mon Dieu, vers le bien matériel qui me convient le mieux pour la pleine réalisation des objectifs que je me suis fixés ! Permets que je puisse y trouver tout le bonheur qui m'est réservé !

« Permets que mon Ange gardien puisse m'appuyer dans la pleine mesure de ma bienveillance et de ma sincérité !

« Merci, mon Dieu, merci, cher Ange gardien, de m'assister dans cette étape importante de ma vie d'incarné. »

Invocation pour mieux supporter la solitude

Avec la transformation des conditions d'existence entraînée par la disparition des valeurs traditionnelles, la solitude prend de plus en plus de place dans la vie de plusieurs incarnés. En ajoutant à cela les causes naturelles, comme le veuvage ou le vieillissement, qui n'ont jamais cessé leur ravage, nous nous retrouvons avec un problème qui prend de plus en plus d'ampleur.

Plusieurs incarnés trouvent cette solitude très pénible à supporter. L'appel aux forces surnaturelles peut leur être d'un grand secours, car, non seulement elle leur rappelle la présence des invisibles qui nous côtoient, mais elle attire vers eux les Esprits incarnés et désincarnés qui peuvent véritablement les aider.

Orémus :

« Dieu tout-puissant, bon Père du ciel, je Te prie de bien vouloir m'aider, car la solitude que je dois assumer ronge mon cœur et mon esprit.

« Ne m'abandonne pas dans cette souffrance de l'âme qui assombrit mes jours ! Donne-moi une main à serrer, un front à baiser, un sourire à regarder !

« Dirige vers moi ceux que je pourrais combler de ma présence que je désire tant partager !

« Si mon plan de vie me confine à cette solitude, donne-moi la force de l'accepter, le courage de la tolérer et la sagesse d'en profiter !

« Permets que mon Ange gardien me fasse sentir sa présence !

« Cher Guide, cher ami, berce-moi dans tes bras ! Caresse ma joue de ta main lumineuse !

Dirige vers moi tous ceux dont l'amour pourrait convenir à mon plan d'incarné !

« Merci, mon Dieu, d'écouter cette prière.

« Merci, cher Ange gardien, de ta précieuse présence près de moi. Je ne te vois ni t'entends, mais je sens que ton amour m'entoure sans cesse. »

Invocation pour les difficultés au travail

Le milieu de travail représente un lieu privilégié pour l'application de certaines épreuves d'incarnation. Un très grand nombre parmi nous l'ont choisi comme laboratoire d'expérimentation dans l'élaboration de leur plan de vie.

Le milieu de travail peut fournir deux sources principales de difficultés. L'une est reliée à la nature des tâches à accomplir et des exigences à observer. L'autre réfère aux relations inévitables entre collègues de travail.

Par les tâches à accomplir, l'incarné développera ou enracinera certaines qualités intellectuelles comme la créativité et l'ingéniosité ou certains acquis spirituels comme la patience, la discipline, la persévérance et bien d'autres encore.

Par les relations avec ses compagnons et compagnes de travail, il pourra développer la tolérance, le dévouement, le respect, la patience, l'humilité et la générosité.

Le milieu de travail représente donc une source très riche en éléments de progression dont il est important de pleinement bénéficier.

Lorsque la situation au travail devient difficile, la prière peut toujours nous apporter une aide précieuse, ne serait-ce que celle de nous rappeler que tout a sa raison d'être et son utilité dans notre cheminement d'ici-bas.

Orémus :

« Dieu tout-puissant, bon Père du ciel, je vis actuellement certaines difficultés reliées à mon travail (expliquer ici la nature du problème). J'ai besoin de ton aide pour que je puisse franchir cette épreuve dans la pleine mesure de mes forces et de ma volonté.

« Permets que je reçoive l'inspiration dont j'ai besoin pour calmer mon orgueil !

« Pour relever ce défi, autorise mon Ange gardien à stimuler mon ardeur et à aiguiser ma détermination dans la pleine bienveillance de mon cœur et le plein accomplissement de mon devoir d'état !

« Inspire-moi le courage dans la pleine mesure de mon désir de réussir ! Montre-moi tout le positif que j'ai peine à discerner !

« Mon Dieu, mon travail est la source de mon pain et de celui des miens. Permets que je puisse répondre à ses exigences pour atteindre la pleine réussite des objectifs d'évolution que je me suis fixés !

« Merci, mon Dieu, de me donner les moyens pour réussir. Merci, cher Ange gardien, pour tes pensées vivifiantes qui décuplent en moi le désir de m'en servir. »

Invocation pour favoriser la progression spirituelle

Comme nous l'avons vu, la seule raison de notre présence sur cette Terre est qu'elle nous fournit d'excellentes conditions pour poursuivre notre lente progression vers les vibrations divines. Les caractéristiques géophysiques qui y prévalent répondent bien aux exigences encore nécessaires pour notre faible niveau d'avancement.

Malgré la prise de conscience de cette progression spirituelle que nous venons accomplir dans nos corps périssables, il arrive fréquemment que nos faiblesses et notre aveuglement prennent le dessus et nous empêchent de suivre notre route. Nous avons donc besoin d'un support direct de l'au-delà pour nous assurer la pleine lucidité dans cet univers trompeur qui nous entoure.

Orémus :

« Dieu tout-puissant, bon Père du ciel, j'élève mon Esprit vers toi pour m'assurer de ton soutien dans le difficile pèlerinage que mon ignorance spirituelle m'impose.

« Permets, mon Dieu, que l'intuition de ma préparation d'erraticité guide mes choix à chaque fourche qui se présente dans l'écoulement de mon plan de vie !

« Baigne-moi dans ta lumière ! Entoure-moi de tes effluves vibratoires pour que la tentation n'atteigne jamais mes pauvres faiblesses !

« Autorise mon Ange gardien à répondre à mes appels ! Permets qu'il puisse m'inspirer dans les heures difficiles pour que je franchisse les étapes et, qu'au bout du chemin, je retourne plus près de Toi !

« Place sur ma route les incarnés qui m'aideront à comprendre le sens de ma vie ! Éloigne ceux qui pourraient m'écarter du chemin qui mène jusqu'à Toi !

« Entoure-moi des Esprits de lumière que j'invoque dans mes invocations ! Permets qu'ils puissent m'accompagner dans mes jours et mes nuits !

« Merci, mon Dieu, de me tendre les bras. Merci, cher Ange gardien et chers amis de lumière, de me soutenir dans ce que je dois accomplir. »

Invocation pour un agonisant

Lorsque l'effondrement des forces vitales continue ses ravages malgré tous les traitements physiques et spirituels, il faut envisager l'hypothèse de l'échéance du plan de vie. L'agonisant peut alors grandement favoriser la qualité de son départ par une prière appropriée.

Si la personne en phase terminale d'incarnation est inconsciente, la même demande peut être adressée par quelqu'un d'autre qui soutient ainsi le retour du mourant dans les dimensions subtiles de l'au-delà.

Orémus :

« Dieu tout-puissant, bon Père du ciel, je m'apprête à retourner dans le monde de l'au-delà. Permets que je reçoive la pleine assistance de mes amis de lumière pour que la rupture avec notre dimension opaque s'effectue sans heurt, dans la pleine mesure de mes mérites !

« Allège mes souffrances si elles ne me sont plus nécessaires. Porte-moi dans tes bras si je dois les supporter pour mieux me dégager !

« Guide ma pensée vers la lumière qui m'attend ! Ravive la lucidité de mon Esprit pour que je puisse communiquer avec celle des personnes que je vais quitter !

« Apaise mes proches qui m'accompagnent dans mes dernières heures d'incarné ! Inspire-leur le calme et la sérénité !

« Esprit guide : qui fut mon Ange gardien, sup-

porte-moi dans mes derniers instants d'ici-bas pour que ceux-ci m'ouvrent les portes d'un monde meilleur! »

Si l'invocation est adressée pour quelqu'un d'autre que le prieur, celui-ci ajoutera :

« Esprit de (le nommer avec précision), écoute cet appel! Tu achèves les derniers efforts de ton passage terrestre. Bientôt, tu seras accueilli dans la vraie vie de l'Esprit. Écoute les entités de lumière qui viendront à toi! Ne t'attarde pas au monde de misère que tu quittes! Regarde-nous d'en haut! C'est là que nous nous retrouverons un jour.

« Merci, mon Dieu et chers amis de lumière, de m'accompagner dans mon ultime retour. »

Invocation pour exprimer notre gratitude

Lorsque nous prions, nous avons une tendance intuitive à demander. Il est bien normal qu'il en soit ainsi, car, pendant l'incarnation, nous sommes plongés dans un monde particulièrement exigeant. Le voile qui fait oublier nous masquant en plus notre nature réelle, nous nous retrouvons dans une difficile situation qui nécessite le soutien continu de ceux qui échappent à l'emprise du monde matériel et qui bénéficient de la pleine lucidité.

Mais, comme nous l'avons vu, toutes les entités bienveillantes qui acceptent de répondre à nos appels le font de façon tout à fait gratuite, sans aucune obligation de leur part. Le minimum de convenance nous impose donc de leur manifester notre reconnaissance par des pensées de remerciement. L'ingratitude est très mal vue dans l'au-delà de lumière. Nous avons donc tout avantage à prendre quelques instants pour dire à Dieu et à nos frères dévoués un petit merci du fond du cœur.

Orémus :

« Dieu tout-puissant, bon Père du ciel, je T'adresse ces quelques mots pour simplement T'exprimer la reconnaissance que je ressens face à Toi.

« J'apprécie tout ce que Tu autorises pour moi, pauvre créature qui évolue si maladroitement vers ta grandeur infinie.

« Je T'aime de tout mon cœur. Malgré la révolte qui gronde parfois dans le fond de mon âme, je sais que je suis le seul artisan de tous mes malheurs. J'apprécie énormément que Tu continues malgré tout à me tendre les bras, prêt à m'accueillir au bout du chemin.

« Je te remercie à ton tour, cher Ange gardien, pour ton dévouement incessant. Ton amour inconditionnel est l'idéal de ma vie : Ta patience et ta compréhension sont les modèles que je me propose. Merci, cher frère si généreux. Quel plaisir sera celui de te serrer dans mes bras !

« Je remercie également tous mes amis de lumière qui veulent bien répondre à mes appels et qui se dévouent dans tout ce que Dieu autorise pour moi. Merci de vous attarder à mes pauvres misères, vous qui aimez et n'avez jamais oublié comme il est bon d'être aidé.

« Je remercie enfin tous mes protecteurs de l'Invisible pour leur travail incessant qui contribue à la réussite de mon incarnation. Merci de grossir les rangs de ceux sur qui je peux vraiment compter. »

Nous aurions certes pu nous étendre davantage sur d'autres formulations, mais, avec les prières qui apparaissent déjà dans *Quand l'au-delà se manifeste,* je crois que vous avez un échantillonnage suffisant pour être en mesure d'adapter aux circonstances particulières les pensées devant être adressées à ceux que nous prions. Bien qu'elles aient toutes une grande valeur, je me permets ici d'insister sur l'une d'entre elles, car elle pourrait s'avérer particulièrement importante dans les décennies à venir. C'est l'invocation qui fait appel aux instances de lumière pour que la paix puisse s'instaurer dans notre monde. Je vous invite chaleureusement à la réciter quotidiennement dans la pleine ferveur de votre cœur. Je vous la cite telle qu'elle apparaît dans l'ouvrage en question.

Orémus :

« Dieu tout-puissant, bon Père du ciel, je Te prie de bien vouloir répandre le souffle de ta paix sur notre pauvre Terre malade. Permets aux Esprits de lumière d'accourir pour assister les Anges gardiens qui œuvrent auprès de chacun des incarnés de notre globe.

« Dieu tout-puissant, éveille le sentiment d'amour inconditionnel qui sommeille en mon Esprit et en celui de tous ceux qui peuplent notre monde ! Inspire-nous la tolérance ! Que l'acceptation de l'autre devienne le lot de chacun ! Apaise les Esprits malveillants du bas astral en les guidant vers la lumière ! Protège chacun d'entre nous contre l'appel des plus rebelles !

« Donne à chacun de nos Guides l'autorisation dont ils ont besoin pour nous rappeler sans cesse

que nous devons aimer l'autre autant que nous-mêmes !

« Bon Père du ciel, autorise les Guides des nations à inspirer directement les chefs de chaque pays de la Terre pour qu'ils choisissent le chemin de la paix ! Permets qu'ils leur rappellent tes attentes et le sens de ta grande volonté !

« Je Te prie de permettre que (les nommer), chefs de (nommer les pays), reçoivent l'assistance de nos amis de lumière afin qu'ils expriment la sagesse dans chacune des décisions qui se répercuteront sur la vie de leur pays. Permets que les Guides puissent leur inspirer, ainsi qu'à leur entourage, le sens de la vérité, la soif de la justice et de l'équité ! Qu'ils comprennent la nécessité de l'amour entre les peuples et que la paix devienne leur principal souci dans chacune de leurs responsabilités quotidiennes !

« Merci, mon Dieu, d'écouter cet appel. Je remercie tous les Esprits dont l'action bienveillante contribuera à établir l'ordre divin dans le cœur de chacun des humains de notre Terre. »

En terminant notre réflexion, j'aimerais souligner à nouveau l'importance de bien répondre aux exigences dont nous avons parlé pour assurer l'efficacité de nos demandes. Souvenez-vous que, sans le respect des conditions minimales que nous avons vues, l'invocation ne devient que de simples mots ne recevant aucun écho auprès de ceux à qui nous voulons nous adresser.

Qu'il plaise à Dieu que vous receviez, en retour de vos invocations, la pleine abondance pour vous-mêmes et les vôtres dans la juste mesure de vos plans de vie !

Conclusion

Le temps de nous quitter vient à nouveau de sonner. Le fruit de ma réflexion sur le troisième volet de ma recherche spirituelle fait désormais partie de vos propres connaissances. Il vous appartient maintenant d'en disposer selon l'élan de votre cœur.

Je tiens à vous souligner encore une fois que c'est sans aucune prétention que je vous ai livré les informations découlant de mes expériences médiumniques. J'ai simplement voulu offrir, à ceux et celles qui cherchent sincèrement les réponses à leur questionnement, les éléments nouveaux que mon propre vécu m'avait apportés.

Je dois remercier tous ceux et celles qui ont placé leur confiance en moi et dont les expériences ont permis d'approfondir la réflexion spirituelle que je vous dévoile aujourd'hui. Sans eux, bien des questions seraient demeurées sans réponse, du moins au niveau de mon propre cheminement.

Au moment où j'écris ces lignes, je ne sais pas encore l'orientation que prendra la poursuite de ma démarche spirituelle. J'ai cru cependant comprendre que la période de disponibilité, que je devais fournir pour permettre aux gens de me consulter, est maintenant terminée, du moins dans la forme où elle fut appliquée. J'aimerais ici souligner tout le plaisir que j'ai éprouvé à collaborer avec nos frères de lumière, qui se dévouaient si généreusement pour répondre aux prières que je leur adressais. J'ai retrouvé en eux l'apaisement que seul l'amour inconditionnel peut nous apporter. J'espère donc bien fortement qu'il me sera encore donné de travailler si étroitement avec eux.

Je dois vous avouer que cette période de recherche, depuis ma deuxième parution, ne fut pas très facile. Les exigences étaient très élevées, autant pour les miens que pour moi. Les obligations de mon travail professionnel, la disponibilité requise pour les consultations, les exigences minimales de ma vie familiale et la rédaction de ce présent ouvrage me laissaient à peine le temps de respirer. Heureusement, je n'eus jamais à négliger les impératifs de mes obligations d'incarné. J'en sors donc, sur tous les plans, satisfait du devoir accompli.

Je demande maintenant à Dieu de permettre que cet ouvrage puisse réellement vous aider à comprendre le sens de notre vie d'ici-bas. En connaissant la force réelle des demandes que nous Lui adressons, nous devenons mieux armés pour franchir les étapes que nous nous sommes fixées. Certes, l'effort demeure toujours nécessaire, mais son fardeau s'amoindrit avec toute l'aide qu'elle apporte dans sa totale gratuité.

Je remercie Dieu d'avoir permis que ce livre voie le jour. Je Le prie maintenant de vous autoriser, chères lectrices, chers lecteurs, tout le bien que sa compréhension et son utilisation pourraient engendrer.

Serge Girard

Achevé d'imprimer
à Noyelles sous Lens
pour le compte de France Loisirs,
123, bd de Grenelle
75015 PARIS

Imprimé en France
Dépôt légal : novembre 2011
N° d'édition : 67838